V&R

Analysen und Dokumente

Band 39

Wissenschaftliche Reihe des Bundesbeauftragten für die
Unterlagen des Staatssicherheitsdienstes der ehemaligen
Deutschen Demokratischen Republik (BStU)

Vandenhoeck & Ruprecht

Hinter vorgehaltener Hand

Studien zur historischen Denunziationsforschung

Herausgegeben von Anita Krätzner

Vandenhoeck & Ruprecht

Umschlagabbildung:
Brief an die Volkspolizei in Güstrow, abgeschickt
am 17. September 1989 in Dortmund.
Quelle: BStU, MfS, BV Schwerin, AU 743/89, Bd. 7, Bl. 3
Foto: BStU/Adam

Mit 5 Abbildungen.

Bibliografische Information der Deutschen Nationalbibliothek

Die Deutsche Nationalbibliothek verzeichnet diese Publikation in der
Deutschen Nationalbibliografie; detaillierte bibliografische Daten sind
im Internet über http://dnb.d-nb.de abrufbar.

ISBN 978-3-525-35081-2
Weitere Ausgaben und Online-Angebote sind erhältlich unter: www.v-r.de.

Druck und Bindung: ⊕ Hubert & Co, Göttingen

Gedruckt auf alterungsbeständigem Papier.

Inhalt

Anita Krätzner

Einleitung

1   Das Zitat, das keines ist

»Der größte Lump im ganzen Land, das ist und bleibt der Denunziant.« Kaum eine Abhandlung der historischen Denunziationsforschung kommt ohne das (einzige) Sprichwort aus, das den negativen Charakter von Denunzianten so klar herausstellt. Es wird zwar oftmals Hoffmann von Fallersleben zugeschrieben, die tatsächliche Entstehung scheint wohl etwas schwieriger nachvollziehbar zu sein.

Erwähnt wird das berühmte Zitat zum ersten Mal in Sanders Citatenlexikon von 1899.[1] Der dort angeführte Beleg »Hoffmann von Fallersleben, Polit. Gedichte: Sprüche Nr. 17« wird von den meisten nachfolgenden Historikern, Germanisten und Journalisten ungeprüft übernommen und auch in den folgenden Ausgaben der Sammlung von Sanders immer wieder erneuert. Als nächster druckte der Germanist Richard Zoozmann das selbige Zitat mit genau der gleichen Quellenangabe in seinem Zitatenschatz von 1910 ab.[2] Der Philologe Otto Ladendorf verwies zwar in seinem 1911 abgedruckten Aufsatz »Über Zitatensammlungen« darauf, dass »in der Genauigkeit der Belegstellen noch manches gebessert werden [könnte]. Wer z. B. das auf Hoffmann von Fallersleben zurückgeführte Zitat: ›Der größte Lump im ganzen Land, Das ist und bleibt der Denunziant‹ nachprüfen will, kann mit der notierten Quellenangabe nichts Rechtes anfangen.«[3] Seine Anmerkungen verhallten offenbar ungehört.

Es ist tatsächlich nicht nachzuvollziehen, worauf diese Quellenangabe verweisen soll. Denn das oftmals fälschlich zitierte und im Titel irgendwie ähnlich klingende Werk »Politische Gedichte aus der deutschen Vorzeit« von 1843[4]

---

1   Daniel Sanders (Hg.): Citatenlexikon. Sammlung von Citaten, Sprichwörtern, sprichwörtlichen Redensarten und Sentenzen. Leipzig 1899, S. 117. Auf diese Diskussionen bin ich auf der Internet-Seite Wikiquote gestoßen, die unter anderem Echtheit und Referenzen von Zitaten teilweise überprüft: Diskussion über die »Zitate« von Hoffmann von Fallersleben. Vgl. http://de.wikiquote.org/wiki/Diskussion:August_Heinrich_Hoffmann_von_Fallersleben (Zugriff 17.10.2013).
2   Richard Zoozmann (Hg.): Zitaten- und Sentenzenschatz der Weltliteratur alter und neuer Zeit. Leipzig 1910, Sp. 241.
3   Otto Ladendorf: Über Zitatensammlungen. In: Zeitschrift für den deutschen Unterricht 25 (1911) 4, S. 256 f.
4   Vgl. Hoffmann von Fallersleben (Hg.): Politische Gedichte aus der deutschen Vorzeit. Leipzig 1843.

enthält diesen Ausspruch von Hoffmann von Fallersleben nicht – wie denn auch, handelt es sich hier doch um eine Gedichtsammlung fremder Autoren und nicht einer von Fallersleben. Auch nicht die »Unpolitischen Lieder«[5], mit denen er berühmt wurde, lassen darauf schließen, dass der Ausspruch tatsächlich vom Urheber des Deutschlandliedes stammt. Offenbar machte sich in den nachfolgenden hundert Jahren kaum jemand Mühe, in Fallerslebens gedruckten Büchern nachzuschlagen, ob dieses Zitat dort wirklich auftaucht. Niemand hätte fündig werden können: es gibt keine gedruckte Fassung eines Werkes von Fallersleben, die diesen Ausspruch enthält. Nun stellt sich für Historiker die Frage, ob es sich bei dem Zitat eher um eine mündlich tradierte Sentenz handelt, die erst im Nachhinein Fallersleben zugesprochen wurde, um dann von Sanders mit einer frei erfundenen Quellenangabe in die schriftliche Überlieferung überführt zu werden, oder ob der Ausspruch tatsächlich zuerst von Hoffmann von Fallersleben getätigt wurde. Belege können weder für die eine noch für die andere These gefunden werden.

Der Ausspruch vom »größten Lump« wird sich dennoch weiterhin seinen Weg durch die Geschichtswissenschaft und Publizistik bahnen und immer wieder auf die Verwerflichkeit des denunziatorischen Handelns aufmerksam machen. Gerade in der Auseinandersetzung mit den Diktaturen des 20. Jahrhunderts war den Gesellschaften dies präsent.

Dieser vorliegende Sammelband ist das Ergebnis eines Workshops mit dem Titel »Historische Denunziationsforschung: Methoden, Längsschnitte, Vergleichsperspektiven«, der am 14. November 2012 im Bildungszentrum des Bundesbeauftragten für die Unterlagen des Staatssicherheitsdienstes der ehemaligen Deutschen Demokratischen Republik (BStU) in Berlin stattfand. Nachdem im März 2012 in der Abteilung Bildung und Forschung des BStU das Projekt »Denunziation – Alltag und Verrat in der DDR« begonnen wurde, sollte der Workshop die Möglichkeit bieten, Synergieeffekte zwischen internationalen und interdisziplinären Denunziationsforschungsprojekten zu nutzen. Zudem sollten verschiedene wissenschaftliche Blickrichtungen auf das Thema in Bezug auf die DDR-Forschungen vorgestellt werden, die Zukunftsperspektiven für das derzeit laufende und mögliche folgende Projekte aufzeigen können.

---

5   Vgl. ders.: Unpolitische Lieder. Hamburg 1840; ders.: Unpolitische Lieder. Theil 2. Hamburg 1841.

2 Denunziation – ein »unmodernes« Thema?

Obwohl schon unmittelbar nach dem Zweiten Weltkrieg die Empörung über die »massenhafte« Denunziation während der NS-Zeit um sich griff, das Thema in Tageszeitungen und von den Besatzungsmächten thematisiert wurde, benötigte die Geschichtswissenschaft Jahrzehnte, um sich der Denunziation als sozialer Praxis zu widmen. Unmittelbar nach der Friedlichen Revolution und inmitten des Prozesses der Wiedervereinigung schaute die Welt gebannt auf den Osten Deutschlands. Nicht nur, weil sich ein historisch interessanter Prozess eines friedlichen Aufbegehrens von Bürgern zeigte, sondern auch wegen der Entmachtung der Staatssicherheit und der Besetzung ihrer ehemaligen Machtzentralen. Die Angst vor der Vernichtung der Akten führte zu zwei Schwerpunkten der öffentlichen Auseinandersetzung mit dem untergegangenen System, die die gesamten 1990er Jahre prägen sollten: Die Verarbeitung von Einzelschicksalen im System der Repression und die öffentlichkeitswirksamen »Enttarnungen« von inoffiziellen Mitarbeitern (IM), die recht bald als Personifizierungen des Bösen und des Schlechten in der DDR herhalten mussten. Aber dennoch hatten diese Auseinandersetzungen einen außerordentlich fruchtbaren Effekt für die – bis dahin eigentlich nicht existente – Denunziationsforschung. Zuvor hatte sich die Geschichtswissenschaft, insbesondere die NS-Forschung, eher politik- und apparatebezogen spezialisiert. Ausnahmen bildeten die Arbeiten von Martin Broszat, Robert Gellately und Reinhard Mann sowie die Darstellungen des Instituts für Zeitgeschichte zu Bayern in der NS-Zeit, die das Potenzial der Denunziationsforschung bereits erkennen ließen, aber vor 1989 und dem Zusammenbruch des Ostblocks noch nicht die Durchschlagskraft entwickeln konnten.[6] Durch die Ereignisse von 1989 und mit den damit verbundenen neuen Quellenzugängen veränderte sich auch der Blick der Historiker auf ihre Forschungsgegenstände. Die Ostberliner Schriftstellerin Helga Schubert legte mit ihrem Buch »Judasfrauen« erstmals eine literarische Dokumentation über die denunziatorische Praxis von Frauen in

---

6   Martin Broszat: Politische Denunziation in der NS-Zeit. Aus Forschungserfahrungen im Staatsarchiv München. In: Archivalische Zeitschrift 73 (1977), S. 221–238; Reinhard Mann: Protest und Kontrolle im Dritten Reich. Nationalsozialistische Herrschaft im Alltag einer rheinischen Großstadt. Frankfurt/M. 1987; Robert Gellately: The Gestapo and German Society. Political Denunciation in the Gestapo Case Files. In: The Journal of Modern History 60 (1988) 4, S. 654–694. Peter Hüttenberger: Heimtückefälle vor dem Sondergericht München 1933–1939. In: Martin Broszat, Elke Fröhlich, Anton Grossmann (Hg.): Bayern in der NS-Zeit. Bd. IV: Herrschaft und Gesellschaft im Konflikt. München u. a. 1981. S. 435–526. Zur Entwicklung der Denunziationsforschung ausführlich Robert Gellately: Denunciation as a Subject of Historical Research. In: Historische Sozialforschung 26 (2001) 2/3, S. 16–29; Gerhard Paul: Private Konfliktregulierung, gesellschaftliche Selbstüberwachung, politische Teilhabe? Neuere Forschungen zur Denunziation im Dritten Reich. In: Archiv für Sozialgeschichte 42 (2002), S. 380–402.

der NS-Zeit vor und erhöhte damit die Aufmerksamkeit für dieses Thema.[7] Gleichzeitig trug sie bewusst zur Verfestigung der These von der Denunziation »als typisches weibliches Phänomen« bei, die zwar mehrfach widerlegt wurde, sich aber bis heute hartnäckig hält.[8] Danach erlebte die Denunziationsforschung eine erhebliche Konjunktur. Neben Robert Gellately und Sheila Fitzpatrick waren dabei vor allem die Sammelbände und Einzelpublikationen von drei durch die VW-Stiftung finanzierten Projekten die wichtigsten Ergebnisse der komparativ angelegten Denunziationsforschung.[9] Die erste richtungsweisende Monographie war die Dissertation von Gisela Diewald-Kerkmann über die »Politische Denunziation im NS-Regime«, die ebenfalls in der Hochphase des Interesses für denunziatorische Handlungsweisen entstand.[10]

Im hauptsächlichen Forschungsfeld der Denunziationsforschung der 1990er- und 2000er Jahre wurde der Blick zunächst auf den Nationalsozialismus und auf die Nachkriegszeit in Deutschland geworfen. Erst später wurden komparatistische Ansätze verfolgt, beispielsweise für die Geschichte Frankreichs, die Hexenverfolgung, den Vormärz und die Rechtsgeschichte unter dem Gesichtspunkt der Anzeige- und Denunziationspraxis. Die Forschungen zu Osteuropa blieben hingegen nur sehr oberflächlich und basieren zumeist

---

7   Helga Schubert: Judasfrauen. Zehn Fallgeschichten weiblicher Denunziation im Dritten Reich. Frankfurt/M. 1990.

8   Einen guten Überblick über die Entstehung und Verfestigung dieser These gibt: Gisela Diewald-Kerkmann: Politische Denunziation – eine »weibliche Domäne«? Der Anteil von Männern und Frauen unter Denunzianten und ihren Opfern. In: 1999. Zeitschrift für Sozialgeschichte des 20. und 21. Jahrhunderts 11 (1996) 2, S. 11–35. Die These wird ebenso widerlegt von Katrin Dördelman: Denunziationen im Nationalsozialismus. Geschlechtsspezifische Aspekte. In: Günter Jerouschek, Inge Marßolek, Hedwig Röckelein (Hg.): Denunziation. Historische, juristische und psychologische Aspekte. Tübingen 1997, S. 157–167; Stephanie Abke: Denunziation – ein typisch weibliches Delikt? Frauen und Denunziation im Kreis Stade 1933–1949. In: Stader Jahrbuch 89–90 (2001), S. 215–228, sowie Christoph Thonfeld: Frauen und Denunziation. Anmerkungen aus geschlechterhistorischer Perspektive. In: Marita Krauss (Hg.): Sie waren dabei. Mitläuferinnen, Nutznießerinnen, Täterinnen im Nationalsozialismus. Göttingen 2008, S. 127–147.

9   In Bremen wurde ein Projekt mit dem Titel »Denunziation in Deutschland 1933 bis 1955« von Inge Marßolek geleitet, hier entstanden unter anderem auch die Arbeiten von Stephanie Abke, Christoph Thonfeld und Olaf Stieglitz. An der Freien Universität Berlin wurde von 1996 bis 1998 das Forschungsprojekt »Spitzelwesen und Denunziationspraxis am Oberrhein. Eine Analyse von Machttechniken innerhalb des Entwicklungsprozesses moderner Staatlichkeit an der Wende vom 18. zum 19. Jahrhundert« gefördert, das von Michaela Hohkamp und Claudia Ulbrich geleitet wurde und an dem Christiane Kohser-Spohn und Dietlind Hüchtker mitarbeiteten. An der Humboldt-Universität zu Berlin beheimatet war das von Günter Jerouschek und Bernhard Schlink von 2000 bis 2004 betreute Projekt »Denunziation – zwischen Anzeige und Verrat«, aus dem unter anderen die einschlägigen Publikationen von Arnd Koch, Jakob Nolte und Michael Schröter hervorgingen.

10   Gisela Diewald-Kerkmann: Politische Denunziation im NS-Regime oder Die kleine Macht der »Volksgenossen«. Bonn 1995.

auf einer überschaubaren Empirie.[11] Regionale Untersuchungsgebiete, die über Deutschland und Frankreich hinausweisen, finden sich in der Historiographie nur selten[12] – Ausnahmen bilden vereinzelte Betrachtungen der Kollaboration in europäischen Ländern unter dem NS-Besatzungsregime.[13]

Nachdem diese Projekte erfolgreich abgeschlossen waren, ging das Interesse in den folgenden Jahren merklich zurück. Lediglich die Defizite der Denunziationsforschung wurden immer wieder benannt: Das schwer fassbare Begriffsbild, die unüberschaubare und meist wenig repräsentative Empirie, die Herausforderungen bei komparatistischen Ansätzen – auch zum Beispiel in der Frage, die die Historiker umtreibt, ob die Denunziation eine anthropologische Konstante oder doch systemverhaftet ist.

Auffällig ist, dass, obwohl sich doch die meisten der entstandenen Sammelbände und Monographien auf den Zusammenbruch der DDR und die damit einhergehenden »Enthüllungen« beziehen und dies auch teilweise ausdrücklich als Inspirationsquelle nennen,[14] nur wenige Veröffentlichungen zur Denunziation in der DDR über die Betrachtung der inoffiziellen Mitarbeiter des Ministeriums für Staatssicherheit hinausgehen. Sowohl in den Medien als auch in der Geschichtswissenschaft wurde die Staatssicherheit oft als isolierte Institution betrachtet, die DDR-Gesellschaft wurde nach IM und Nicht-IM aufgeteilt. Begleitet wurde diese Auseinandersetzung von Prozessen, in denen gerichtlich darüber entschieden werden sollte, ob jemand als IM bezeichnet werden darf oder nicht. Die Betrachtung des eigentlichen Phänomens *Denunziation* in der DDR rückte in den Hintergrund zugunsten einer Diskussion, ob jemand eine Verpflichtungserklärung beim Ministerium für Staatssicherheit unterschrieben hatte. Zweifelsohne hat die Betrachtung der Wirkungsweisen des MfS zu einer geschichtlich einmaligen Aufarbeitung und Erinnerungskultur zu einer Geheimpolizei geführt und das Bewusstsein der Gesellschaft für den Vertrauensbruch und die Gewissensentscheidungen geschärft. Die Enthüllungen über prominente Fälle von inoffiziellen Mitarbeitern und der Umgang mit den Hin-

---

11 Vgl. z. B. Karol Sauerland: Dreißig Silberlinge. Denunziation – Gegenwart und Geschichte. Berlin 2000; Irina Scherbakowa: Die Denunziation im Gedächtnis und in den Archivdokumenten. In: Jerouschek; Marßolek; Röckelein (Hg.): Denunziation, S. 168–182.

12 Eine Ausnahme bildet die kürzlich erschienene Habilitationsschrift von Olaf Stieglitz. Olaf Stieglitz: Undercover. Die Kultur der Denunziation in den USA. Frankfurt/M. 2013.

13 So fand z. B. 2011 im Falstad Centre in Norwegen eine Ausstellung zur Denunziation während des Zweiten Weltkriegs in Norwegen statt. Vgl. Ingeborg Hjorth u. a. (Hg.): Fienden blant oss. Angiveri i Norge under andre verdenskrig. Ekne 2011. Außerdem gibt es auch Untersuchungen zur Denunziation in Polen, um nur ein Beispiel zu nennen: Barbara Engelking: »Sehr geehrter Herr Gestapo«. Denunziationen im deutsch besetzten Polen 1940/41. In: Klaus-Michael Mallmann, Bogdan Musial (Hg.): Genesis des Genozids. Polen 1939–1941. Darmstadt 2004, S. 206–220.

14 Am deutlichsten: Sheila Fitzpatrick, Robert Gellately: Introduction to the Practices of Denunciation in Modern European History. In: Sheila Fitzpatrick, Robert Gellately (Hg.): Accusatory Practices. Denunciation in Modern European History 1789–1989. Chicago 1997, S. 1–21, hier 3.

terlassenschaften der Staatssicherheit haben nicht nur in Deutschland, sondern weltweit zu einem Umdenken in der Geschichts- und Erinnerungspolitik geführt. Deutschland wollte nicht den gleichen Fehler wie nach 1945 begehen, sich zu spät mit der eigenen Geschichte auseinanderzusetzen. Enquete-Kommissionen, zahlreiche Forschungsarbeiten, zivilgesellschaftliche Initiativen und geschichtswissenschaftliche Diskussionsprozesse waren die Folge. Aber auch die Wahrnehmung von persönlicher Schuld und Partizipation an der Macht gehörten dazu. Dieser Prozess hat die Denunziationsforschung nicht nur inspiriert, sondern initiiert. Doch die »Enthüllungen« über ehemalige inoffizielle Mitarbeiter wurden im Laufe der Zeit zu einem Selbstläufer, sodass sehr schnell nicht mehr zählte, ob jemand tatsächlich denunziert hatte, sondern nur, ob es die Verpflichtung dazu gegeben hatte. Nicht alle diese medialen »Entdeckungen« sind geeignet, von den Wirkungsmechanismen der Diktatur und über die Phänomene der Mitwirkung und Partizipation bzw. Unterdrückung zu berichten. Demgegenüber findet zwar in großen Teilen der Wissenschaft eine Einordnung der Staatssicherheit ins Machtgefüge der DDR statt, aber vor allen in den Medien wird diese Institution und damit einhergehend »der IM« doch losgelöst betrachtet. Dies hat auch dazu geführt, dass eine konsequente und systematische Denunziationsforschung für die DDR-Geschichte bisher nicht entwickelt worden ist. Vielmehr wurden Stereotype ungeprüft wiedergegeben, die aber auf keiner gesicherten Grundlage stehen. Eine dieser Thesen, deren wissenschaftliche Bestätigung bzw. Widerlegung bis heute fehlt, ist die Annahme, in der DDR hätte es keine oder kaum »freiwillige« Denunzianten oder Zuträger gegeben, das System der Informationsweitergabe hätte fast ausschließlich auf den inoffiziellen Mitarbeitern beruht.[15] Obwohl also die Denunziationsforschung durch die Perspektiven auf die DDR inspiriert worden ist, hat sie den SED-Staat selbst fast gar nicht in den Blick genommen. Stattdessen waren neben den benannten »Enthüllungsgeschichten« vor allem statistische Erhebungen, z. B. zu den Zahlen inoffizieller Mitarbeiter,[16] Gegenstände der Forschung. Zugleich wurden umfangreiche Dokumentationen z. B. über Dienstanweisungen des Ministeriums für Staatssicherheit herausgegeben, auch für den Umgang mit

15   Rainer Eckert: »Flächendeckende Überwachung«. Gestapo und Stasi – ein Vergleich. In: Der Spiegel (Sonderheft) v. 1.1.1993, S. 165–167; Gisela Diewald-Kerkmann: Denunziant ist nicht gleich Denunziant. Zum Vergleich des Denunzianten während der nationalsozialistischen Herrschaft und dem Inoffiziellen Mitarbeiter des Ministeriums für Staatssicherheit der DDR. In: Klaus Behnke, Jürgen Wolf (Hg.): Stasi auf dem Schulhof. Der Missbrauch von Kindern und Jugendlichen durch das Ministerium für Staatssicherheit. Hamburg 2012, S. 63–73; darauf weist auch Jens Gieseke hin: Jens Gieseke: Einleitung. In: ders. (Hg.): Staatssicherheit und Gesellschaft. Studien zum Herrschaftsalltag in der DDR. Berlin 2007. S. 7–20, hier 11, 17–20.

16   Helmut Müller-Enbergs: Inoffizielle Mitarbeiter des Ministeriums für Staatssicherheit. Teil 3: Statistiken. Berlin 2008.

inoffiziellen Mitarbeitern.[17] Dabei lässt sich zum einen der Trend festmachen, die Staatssicherheit losgelöst vom Macht- und Herrschaftsgefüge der DDR zu betrachten, und zum anderen mit politikgeschichtlichen Zugängen eine »Geschichte von oben« – also der Herrschaft – zu schreiben, die sich zudem sehr stark an den normativen Vorgaben und weniger an deren tatsächlicher Umsetzung orientiert. Natürlich gab es einige verdienstvolle Arbeiten zu Teilen der Gesellschaftsgeschichte der DDR, dennoch wurden die Weiterentwicklungen, die es in der NS-Forschung bezüglich der Denunziationsforschung gegeben hat, vielfach nicht auf die DDR-Gesellschaft angewandt. Die Betrachtung von Machtpartizipation und Mitwirkung hat sich viel zu sehr auf die inoffiziellen Mitarbeiter der Staatssicherheit beschränkt, womit aber immer auch das öffentliche und mediale Interesse bedient wurde. Dies führte dazu, dass sowohl Stasi-Logik als auch Stasi-Sprache reproduziert wurden und damit kaum Erkenntnisse einer integrierten und vergleichbaren Denunziationsforschung als Teil der Gesellschaftsgeschichte gewonnen wurden. Versuche, diese Vorgehensweise zu hinterfragen, wurden indes als Verharmlosungsversuch abgetan. Insbesondere die Debatten um das Buch »Stasi konkret«, das sich für ein Hinterfragen von scheinbar »gesicherten« Zahlen ausspricht und eine historische IM-Forschung und qualitative Denunziationsforschung anregt,[18] zeigen, dass es offenbar Historikern und Journalisten schwerfällt, altbekannte Theorien und adaptierte Kategorien aufzugeben, weil sie natürlich auch Teil der Selbstvergewisserung in den vergangenen 25 Jahren waren. Doch wie die NS-Forschung einen Prozess von einer politik- und apparatebezogenen Betrachtungsweise hin zu einer gesellschaftsgeschichtlichen und integrativen Aufarbeitung durchlaufen hat, kann sich dieser Trend auch für die DDR-Forschung durchsetzen. Die Initiativen zur Denunziationsforschung sind zwar, wie erwähnt, in den letzten Jahren spürbar zurückgegangen,[19] aber das Interesse an diesen Themen ist nicht gesunken und hat durch die Debatte um »Stasi konkret« wieder neue Impulse bekommen und eine größere Aufmerksamkeit erfahren.

---

17 Helmut Müller-Enbergs: Inoffizielle Mitarbeiter des Ministeriums für Staatssicherheit. Teil 1: Richtlinien und Durchführungsbestimmungen. Berlin 2001.

18 Ilko-Sascha Kowalczuk: Stasi konkret. Überwachung und Repression in der DDR. München 2013, S. 235 ff.

19 In den vergangenen Jahren erschienen nur noch wenige Werke zur Denunziationsforschung. Der Sammelband von Michael Schröter und die Habilitationsschrift von Olaf Stieglitz sind noch späte Resultate der beschriebenen, von der VW-Stiftung geförderten Projekte; die Habilitationsschrift von Ela Hornung ist das einzige neuere Werk, das nicht in diesem Kontext entstanden ist. Vgl. Michael Schröter (Hg.): Der willkommene Verrat. Beiträge zur Denunziationsforschung. Weilerswist 2007; Stieglitz: Undercover; Ela Hornung: Denunziation als soziale Praxis. Fälle aus der NS-Militärjustiz. Wien u. a. 2010.

3   Begriffsunschärfe

Von den Schwierigkeiten, die der Begriff »Denunziation« mit sich bringt, sind auch die Autoren dieses Bandes nicht verschont geblieben.[20] Nicht nur für die DDR-Geschichte, sondern auch für die Untersuchungen zu anderen Epochen bleibt der Denunziationsbegriff eher abstrakt und sperrig und bietet sich dennoch als Oberbegriff für die behandelten Phänomene an. Sie tragen, auch wenn sie in der bisherigen Forschung oft nicht direkt als »Denunziation« bezeichnet werden, dennoch denunziatorischen Charakter.

Will man die Beiträge anhand der dargestellten denunziatorischen Handlungen klassifizieren, dann bieten sich neben der gemeinhin bekannten »klassischen« Denunziation (als Anzeige an eine übergeordnete Instanz) die Schwerpunkte *Spitzelwesen, Verrat und Vertrauensbruch, Informationsweitergabe und Zuträgerschaft* an, um die Betrachtung des Gegenstandes zu erweitern. Außerdem wird die zweite Wortbedeutung des Wortes »Denunziation« – die *Diffamierung* und *öffentliche Bloßstellung* – vor allem durch die Medien verwendet und kann deswegen nicht vollständig aus dem Blick geraten. Für einen integrativen Ansatz der Denunziationsforschung plädiert der Beitrag von Christian Halbrock, der auf ein Zusammenspiel gesellschaftlicher, staatlicher und öffentlicher Faktoren bezüglich der Durchdringung der DDR hinweist und versucht, die Verzahnung aller Schwerpunkte in den Blick zu nehmen.

Stephanie Abke, Dorothe Zimmermann und Christiane Kohser-Spohn beziehen sich in ihren Aufsätzen auf den klassischen Denunziationsbegriff, der vor allem durch die NS-Forschung als freiwillige, spontane Zuträgerschaft definiert worden ist. Sie zeigen für drei völlig unterschiedliche Systeme und regionale Räume auf, wie sich die Bereitschaft der Bevölkerung zum Denunzieren entwickelte, wie die verschiedenen Systeme Anreize dafür schufen, aber auch, wie die Anzeigen verarbeitet wurden. Generell war die Denunziationsbereitschaft der Bevölkerung erwünschte Praxis für das jeweilige System und wurde erst beklagt, als der Verwaltungsaufwand zur Bearbeitung zu hoch wurde. Es zeigt sich beim Vergleich der drei Untersuchungsgegenstände (ländliche Region im nationalsozialistischen Deutschland, Frankreich in der Nachkriegszeit sowie Schweiz von 1930 bis 1948), dass die Regierungen zunächst die Denunziation durchaus förderten und unterstützten und dass es im Gegenzug auch einen verbreiteten Willen zur Zuträgerschaft in der Gesellschaft gab. Als Besonderheit kann die Schweiz gelten, wo der Schweizerische Vaterländische Verband als eine private Vereinigung geheimpolizeiliche Aufgaben übernahm, sogar Vertrauensleute anwarb und die Schweizer Bundesbehörden dessen Ermittlungsergebnisse zum Anlass ihrer Untersuchungen machten. Die

---

20   Eine ausführliche Diskussion des »Denunziationsbegriffs« findet sich im Beitrag der Herausgeberin »Zur Anwendbarkeit des Denunziationsbegriffs für die DDR-Forschung«.

Forschungen von Christiane Kohser-Spohn, Dorothe Zimmermann und Stephanie Abke sprechen vor allem durch den Vergleich der aufgezeigten Praktiken dafür, die Denunziation zwar unter den Vorzeichen systemischer Gegebenheiten, aber dennoch als übergeordnetes Handlungsschema wahrzunehmen.

Letztendlich hat die bisherige Forschung – und davor ist auch dieser Sammelband nicht geschützt –, ein Problem der Gegenüberstellung von Normenkategorien und nachträglicher Normenumdeutung in der Geschichtswissenschaft. Bei der Bewertung von Handlungsweisen – und allein das Wort »Denunziation« kann sich eben davon nicht gänzlich freisprechen – in geschichtlichen Prozessen schwingt immer die Perspektive der Historiker mit, die aber wissenschaftlich gehalten sind, die Perspektiven und rekonstruierbaren Normenkataloge der vergangenen Zeit als grundlegend zu berücksichtigen. Auch dieser Zwiespalt der (Um-)Deutung einer Handlung als Denunziation oder einer Handlung mit denunziatorischem Charakter kann als Plädoyer dafür dienen, die starre Begriffsbindung aufzugeben, ohne jedoch die Problematisierung aus den Augen zu verlieren. Für die Denunziationsforschung kann es durchaus befruchtend sein – und das war es bisher auch –, wenn auch ähnliche Handlungsweisen dargestellt und untersucht werden und ihre Nähe bzw. Schnittmengen mit der Denunziation, aber auch die Abgrenzungen dazu deutlich herausgearbeitet werden.

Die Versuche der Forschung, die Spitzeltätigkeit von der Denunziation abzugrenzen, waren nicht in jeder Hinsicht fruchtbar. Natürlich zeigt der Einzelfall, um welche Art des Geheimnisverrats es sich handelt. Doch das Spitzelwesen generell aus dem Denunziationshandeln herauszunehmen, erscheint nicht immer sinnvoll. Zu ähnlich sind die Handlungsweisen, zu wenig Trennschärfe ist vorhanden. Wann ist ein bezahlter Spitzel ein professioneller Agent? Inwieweit unterscheiden sich die Motivationen eines »freiwilligen« Zuträgers von denen eines Menschen, der zum Verrat aufgefordert wurde? Inwieweit lassen sich überhaupt *wirkliche* Motive für das Handeln herausarbeiten und inwiefern geben uns die Quellen darüber Auskunft?

Michal Chvojka konzentriert sich in seinem Beitrag auf die denunziatorische Praxis von Spitzeln. Er untersucht die Rolle der Vertrauensleute in der Geheimpolizei der Habsburger Monarchie. Sein Beitrag verdeutlicht zum einen, dass es durchaus zur alltäglichen Aufgabe von Polizeien und im speziellen von Geheimpolizeien gehört, Vertrauensleute anzuwerben. Er zeigt auf, wie sich die Zusammenarbeit zwischen den Spitzeln und den staatlichen Einrichtungen gestaltete und welches Entlohnungssystem dafür bereitstand. Zum anderen lässt sich nachvollziehen, wie die Behörden bestimmte Gruppen mithilfe ihrer Vertrauensleute überwachen wollten und welche »Delikte« dabei von besonderem Interesse waren. Zugleich ist, wie ferner in den anderen Beiträgen anklingt, auch in diesem Untersuchungsfeld die Grenze zwischen der

erwünschten Anzeige »kriminellen« Verhaltens und dem Verrat abweichender
politischer Haltungen häufig fließend – dies ist ein originäres Problem der
Denunziationsforschung.

Sowohl Doris Danzer als auch Udo Grashoff beschäftigten sich in ihren
Aufsätzen mit dem Verrat und der Denunziation innerhalb kommunistischer
Gruppen. Doris Danzer zeigt das kommunikative Geflecht, das den Verrat
umgibt, in ihrer Studie auf. In der Gruppe der kommunistischen Intelligenz
galt eine größere Solidarpflicht als in einer »normalen« Gesellschaft. Beide
Beiträge machen deutlich, dass zum einen das Schweigen als höchste Prämisse
galt und das Geheimnis bei eventuellen Verhören bis zum äußersten – auch
mit dem Leben – geschützt werden sollte, und zum anderen der Verrat innerhalb des kommunistischen Zirkels nicht nur erwünscht war, sondern verlangt
wurde. Diesen Zwiespalt konnte die kommunistische Führung nicht auflösen.
Der Loyalität innerhalb dieser Gruppe waren die kommunistischen Prinzipien
von Kritik und Selbstkritik übergeordnet. Trotz allem zeigt sich an diesen
Beispielen sehr deutlich die Wahrnehmung des Verrats und der Denunziation
bei ein und derselben Gemeinschaft, je nachdem, in welchem Kontext sie
vollzogen wurden. Die Deutung und Umdeutung der Handlungsmuster waren zwar kein speziell kommunistisches Problem, sind hier aber beispielhaft.

Die Beiträge von Hedwig Richter und Olga Galanova weiten diesen Blick,
jede schaut aber in eine andere Richtung. Während Hedwig Richter die »offi-
zielle« und auch nicht ganz öffentliche Berichterstattung der SED als ein Feld
der Herrschaftssicherung und Herrschaftsüberwachung der DDR in den Blick
nimmt, konzentriert sich Olga Galanova auf kommunikative Strategien des
Geheimnisverrats. Beide jedoch deuten auf die Quellen jenseits von inoffiziellen Mitarbeitern oder Dienstanweisungen und verweisen darauf, welches Potenzial sich bietet, die Informationsweitergabe im Allgemeinen einer Analyse
zu unterziehen. Dabei stehen die beiden aufgezeigten Kommunikationswege in
einem extremen Gegensatz. Das Berichtswesen in der DDR war stark ritualisiert und zumindest von den Menschen, die auf diese Weise mit der Herrschaft in einen Austausch traten, eingeübt und formalisiert. Es fungierte – auf
eine ähnliche Weise wie das Eingabensystem – als Ersatzöffentlichkeit in der
DDR. Aufgrund des stark in die Tiefen von Grundorganisationen eindringen-
den Informationssystems und der Weitergabe dieser Inhalte – oftmals jedoch
mit den Schwächen eines »Stille-Post-Systems« (der Filterung und Hervorhe-
bung bestimmter Stoffe) – hatten die Entscheidungsträger doch immer ein
Ohr am Geschehen. Dass sich dies als in weiten Teilen sehr effektiv erwies,
kann Hedwig Richter in ihrem Beitrag aufzeigen. Das Gegenteil von öffentlicher Kommunikation und damit gänzlich ohne Ritual und eingeübte Strategien war die Kommunikation mit dem Ministerium für Staatssicherheit, so wie
sie Olga Galanova vorstellt. Natürlich hat jeder Mensch für die Situationen
seines Lebens Handlungs- und Kommunikationsstrategien, aber beim Heran-

treten an die Geheimpolizei versagen die Techniken der »normalen« Kommunikation, da der unbedarfte Bürger kaum Informationen über die Institution hat, an die er herantritt.[21] Es handelt sich – ganz im Gegensatz zur »normalen« Berichterstattung – eben nicht um eine alltägliche Handlungsweise, sondern um eine spezielle Form der Informationsweitergabe. Auch deswegen wird die Gesprächsführung bei den Anrufen, die beim Ministerium für Staatssicherheit eingingen, in den dargestellten Fällen vom Adressaten übernommen. Gleichzeitig zeigen sich die Tücken der technischen Übermittlung der überbrachten Information, die sich von anderen Kommunikationsformen wie der schriftlichen und der persönlichen deutlich unterscheiden. Letztendlich können die Beiträge von Olga Galanova und Hedwig Richter – auch wenn es sich in den gezeigten Beispielen weniger um »klassische« Denunziationen handelt – Perspektiven für eine weniger losgelöste Denunziationsforschung aufzeigen, die versucht, Kommunikationskanäle und Informationsweitergabe in gesellschaftlichen Systemen integrativer zu betrachten und die Funktion von Machtpartizipation aufzuzeigen.

4   Quellen

Mit der Begriffsunschärfe geht das Problem der Systematisierung der verfügbaren Quellen, die Zeugnisse von Denunziation sind, einher. Um diese Überreste zu recherchieren, sollten die Forschenden die Handlungen an sich in den Blick nehmen. Der Akt der Denunziation ist eine kommunikative Interaktion, die zwischen dem Denunzianten und der Institution, an die die Denunziation gerichtet ist, stattfindet. Selbst wenn vom »Verratsdreieck« (der Denunziant, der Denunzierte und die Institution, an die die Information gerichtet ist) die Rede ist, so ist doch der Denunzierte selbst häufig nicht direkt beteiligt. Deswegen muss nach Zeugnissen gesucht werden, die vom Denunzianten selbst produziert oder vom Empfänger hergestellt wurden. Letzteres ist aber auch nur eine indirekte Quelle für die denunziatorische Handlung. Dem Forscher muss bewusst sein, dass es sich bei der Denunziation um eine Kommunikation im Geheimen handelt, die zugleich einer Interaktion mit einer übergeordneten sanktionierenden Instanz gleichkommt. Zu Recht beklagt Olga Galanova die »Medienvergessenheit« der Denunziationsforschung, zugespitzter gesagt findet nur in Ausnahmefällen eine Reflexion über die uns zur Verfügung stehenden Quellen statt. Eines der Hauptprobleme dürfte sein – und davon kann sich der vorliegende Band nicht ausnehmen –, dass wir vor allem auf Quellen und

---

21   Dazu jüngst Bettina Bock: »Blindes« Schreiben im Dienste der DDR-Staatssicherheit. Eine text- und diskurslinguistische Untersuchung von Texten der inoffiziellen Mitarbeiter. Bremen 2013.

Dokumente zurückgreifen, die aus den Beständen der verfolgenden bzw. bestrafenden Institutionen stammen. Daraus ergibt sich ein Zerrbild des eigentlichen kommunikativen Aktes, da eben in den meisten Fällen nur die Perspektive der übergeordneten Instanz (Herrschaftsakten) abgebildet wird.[22] Deswegen ist das Wissen über die Förderung von Denunziation und Anzeigeverhalten recht umfangreich, die Belohnungssysteme wurden ausführlich dargestellt.[23] Deutlich schwerer fällt die Suche nach den eigentlichen Überresten der Denunziation. Dass eine Denunziation überhaupt in die schriftliche Überlieferung überführt wurde, heißt, dass sie in der ersten Stufe »erfolgreich« gewesen sein muss. Damit ist nicht unbedingt die Strafverfolgung gemeint, sondern überhaupt der Wille, dass die Instanz, an die sie gerichtet war, das Kommunikationsangebot angenommen haben muss. Nur dann, auch wenn von einer Verfolgung des angezeigten Deliktes Abstand genommen wurde, gab es die Möglichkeit, dass überhaupt eine Art Aktennotiz, ein Vorgang, eine Akte oder Ähnliches existiert, worin auch zweifelsfrei zu erkennen ist, dass eine Denunziation stattgefunden hat.

Nichtsdestotrotz bleibt aber eine abgelehnte und nicht schriftlich fixierte Denunziation eine Denunziation, denn für die Klassifizierung zählt lediglich der aktive Akt, der Instanz die Information anzutragen. Doch dem Historiker bietet sich selten die Möglichkeit von diesem Akt Kenntnis zu nehmen oder ihn im Nachhinein zu rekonstruieren. Gleiches gilt, wenn die bestrafende Institution zwar aufgrund eines Fehlverhaltens eine Verfolgung des Denunzierten vornimmt, aber nicht schriftlich niederlegt, dass die Informationen von einem dritten Zuträger stammen. Das bedeutet, dass unser hauptsächliches Wissen über Denunziation nur durch die Folie der Institution, die über Speicherung oder Nicht-Speicherung, aber auch über die Art der schriftlichen Fixierung entscheidet, durchscheint. Wir können damit nicht über die Anzahl »nicht-erfolgreicher« und nicht überlieferter Denunziationen spekulieren und auch die tatsächlich überlieferten Sachverhalte nur aus dem vorgefilterten und damit auch vorinterpretierten Blickwinkel der Institution wahrnehmen. Das macht die Quellen der Denunziation zu methodisch besonders herausfordernden Quellen, was aber in der geschichtswissenschaftlichen Forschung aus vielen anderen Forschungsfeldern hinlänglich bekannt ist. Dennoch bleibt es heikel, wenn es um absolute Zahlen, Statistiken und repräsentative sowie vergleichbare Aussagen geht. In den bisherigen Studien wurden häufig Gerichtsakten, Akten politischer Parteien und Verbände, Polizei- und Geheimpo-

---

22 Dazu ebenfalls quellenkritisch z. B. Michael Schröter: Der willkommene Verrat. In: Schröter (Hg.): Der willkommene Verrat, S. 203–226; Diewald-Kerkmann: Politische Denunziation, S. 28 ff.

23 Vgl. z. B. Christoph Thonfeld: Sozialkontrolle und Eigensinn. Denunziation am Beispiel Thüringens 1933 bis 1949. Köln u. a. 2003, S. 83 ff.; Arnd Koch: Denunciatio. Zur Geschichte eines strafprozessualen Rechtsinstituts. Frankfurt/M. 2006, S. 28 ff.

lizeiakten als Quellen verwendet – die Autoren dieses Sammelbandes verfahren nach dem gleichen Prinzip. All dies sind genau solche institutionengebundenen Bestände, die es mit der gebotenen Quellenkritik, vor allem im Hinblick auf den Aussagewert und den Entstehungskontext, auszuwerten gilt. Ein denunziatorischer Brief, der sich in den Akten finden kann, ist dabei Zeugnis einer direkten Überlieferung der Kommunikation, während ein Aktenvermerk über eine mündliche Anzeige sowohl in der Form als auch im Inhalt die Färbung der Instanz erhält, die die Anzeige entgegengenommen hat. Die Audioüberlieferung von gespeicherten Telefonanrufen zum Beispiel kann zwar die Interaktion zwischen Denunzianten und Instanz offenlegen, offenbart aber durch die Zufälligkeit der Speicherung und Auswertung Schwächen. Deutlich wird außerdem, dass sich vor allem in frühen Überlieferungsstufen die Überreste von Denunziationen zeigen, während sie durch ein komplexes Berichtssystem häufig verschleiert werden.

Gleichwohl bergen scheinbar authentische Überreste von Denunziationen Risiken für die Auswertung. Die Kommunikation ist zwar geheim, ist aber, wie bereits erwähnt, eine Kommunikation mit staatlichen Institutionen. Dennoch hat der Überbringer der Information häufig das Interesse, dass seine Anzeige ernst genommen und verfolgt wird. Deswegen muss er nicht nur glaubhaft erscheinen, sondern häufig auch Maskierungsstrategien anwenden, um mögliche »negative« Motive seines Handelns oder die Angst vor eigener Bestrafung zu verbergen. Im Gegenzug wurde die »politische« Überzeugung als Veranlassung hervorgehoben oder es wird in der Kommunikation darauf verzichtet, Motive zu nennen. Die Strategie der Rechtfertigung des Verrats muss in der Auswertung der Quellen mitgedacht werden. Auch deswegen ist es schwierig, in der nachträglichen Bewertung überhaupt Motive festzustellen und sie zu benennen. Zugleich ergibt sich in vielen Fällen eine Gemengelage von unterschiedlichsten Beweggründen, die einen Menschen zu einem bewussten Handeln bewegen. In vielen Fällen ist es sehr schwierig, aufgrund der Aktenlage Motive zu rekonstruieren, es setzt zumindest voraus, dass die Institution überhaupt wusste, wer der Denunziant war, und dass sie sich überhaupt für die Motivlage interessierte. Zum anderen prüften die Strafverfolgungsinstanzen vor allem, ob eine Information wahr war, und weniger, warum jemand einen anderen anzeigte. Dies gilt es, in der Auswertung immer zu bedenken.

5   Danksagung

Ohne die tatkräftige Unterstützung meines Projektleiters Ilko-Sascha Kowalczuk und meines Abteilungsleiters Helge Heidemeyer wäre sowohl die Umsetzung des Workshops als auch des Sammelbandes nicht denkbar gewesen, weshalb ich ihnen meinen Dank aussprechen möchte. Außerdem danke ich Christian Adam, der als Leiter des Sachgebiets Publikationen beim BStU maßgeblichen Anteil an der Umsetzung eines solchen Sammelbandes hat. Vor allem gilt aber mein Dank den Autorinnen und Autoren, die alle sehr zeitig ihre Texte einreichten, mit denen ich einen ausgesprochen angenehmen Kontakt hatte und deren Ideen und Themen auch für meine weitere Arbeit eine echte Inspiration waren. Ohne sie wäre dieser Sammelband nicht zustande gekommen.

Michal Chvojka

»Die gespannteste Aufmerksamkeit gefragt …« – Habsburger Vertraute, Spione und Denunzianten in Mähren und Schlesien zwischen Napoleonischen Kriegen und Vormärz

1 Einleitung

Der Habsburger Monarchie des ausgehenden 18. und der ersten Hälfte des 19. Jahrhunderts wird überwiegend und in vielerlei Hinsicht zu Recht das Attribut eines »autoritären Polizeistaates« zugesprochen. Die Französische Revolution, die Napoleonischen Kriege und die zunehmende ultrakonservative Einstellung des Kaisers Franz II. (I.) brachten eine Ausdifferenzierung und Ausgestaltung der »politischen Polizei« mit sich, welche nach 1815 ihre Blütezeit erlebte. Die Furcht vor einer Rückkehr Napoleons, vor neuen Ideologien, vor den sozialen Unterschichten sowie vor Bestrebungen nach konstitutionellen Reformen des Staates und nicht zuletzt vor organisierter (inter-)nationaler Opposition zum Zwecke radikaler Veränderung der gesellschaftlichen Ordnung ließ das feinmaschige österreichische System der Geheimpolizei[1] erwachsen.

Basierend auf den Dokumenten der politischen (Geheimakten des Mährisch-schlesischen Guberniums) und Polizeibehörden (Polizeidirektion in Brünn (Brno)) werde ich in meinem Beitrag konkret nachfolgende Fragen erörtern: Wie und gegen welche Gruppen der Untertanen/Fremden waren die Habsburger Spitzel im angegebenen Zeitraum eingesetzt? Wie setzte sich die Habsburger Geheimpolizei in diesem Sinne mit den Auswirkungen der Französischen Revolution auseinander? Unter welchen ausgewählten Umständen diente die Denunziation sowohl der Abwendung von wirklichen/potenziellen Gefahren bzw. der Lösung von Problemen, als auch als ein Instrument zur Erreichung von »egoistischen« Zielen des Denunzianten? Dabei stütze ich mich auf die These, dass der Habsburger Geheimdienst im Laufe der Napole-

---

1   Zur weiterführenden Literatur siehe Michal Chvojka: Josef Graf Sedlnitzky als Präsident der Polizei- und Zensurhofstelle in Wien (1817–1848). Ein Beitrag zur Geschichte der Staatspolizei in der Habsburgermonarchie. Frankfurt/M. u. a. 2010, S. 22–24. Hinsichtlich der »tschechischen« Provinzen Böhmen, Mähren und Schlesien gibt es bezüglich der Polizei gar keine systematische Arbeit für die Periode von 1780 bis 1848.

onischen Kriege einen wesentlichen Funktionswandel durchlebte – und zwar vom Schutz des josephinischen Reformwerkes und der Untertanen zum Schutz des Staates und des herrschenden Systems. Demgemäß wurde in der Kriegsära sowie nach 1815 – bzw. nach den Karlsbader Beschlüssen von 1819 – neben den Ausländern aus ideologisch diskrepanten Regimen die einheimische bürgerliche Öffentlichkeit zum wichtigsten Objekt der Bespitzelung und Denunziation.

2   Gründung, Hauptbereich und Charakteristik des Geheimdienstes

Die Anfänge der staatlich organisierten geheimen Polizei in der Habsburger Monarchie lassen sich in die Mitte der 1780er Jahre zurückverfolgen, nachdem der im Auftrag des Kaisers Joseph II. stehende Graf Johann Anton Pergen die von Maria Theresia unternommene und auf Wien beschränkte Polizeireform weiter vorangetrieben und das Wiener »Modell« auch in die Provinzhauptstädte[2] zu transferieren begonnen hatte. Die wichtigste Grundlage des Habsburger geheimen Dienstes bildete die (josephinische) geheime Instruktion von 1786. Diese strikt geheime und lediglich für die Hände der jeweiligen Habsburger Provinzgouverneure bestimmte Richtlinie sah die Notwendigkeit der Zentralisierung des Polizeidienstes vor. Durch die Absendung »gut abgerichteter«, trainierter Polizeibeamter in die Provinzen sollte der Staat (1) die öffentliche Meinung wahrnehmen, (2) die innere Ruhe, Sicherheit und Wohlfahrt aufrechterhalten, (3) die Beamten, Militärs und den Klerus überwachen und (4) die Existenz und Verbreitung von unterschiedlichen »Sekten und Irrtümern« unterdrücken.[3]

Nebst diesen erwähnten Hauptaufgaben des geheimen Dienstes[4] wurden in zehn Paragrafen auch die »Mittel und Wege« zur Erreichung dieser Zwecke

2   Darunter wird die Errichtung von den der sogenannten Wiener Polizei-Oberdirektion untergeordneten Polizeidirektionen nach dem Wiener Beispiel und mithilfe der entsendeten und in Wien trainierten Polizeibeamten verstanden.

3   Siehe die vollständige Abschrift dieser Instruktion bei Hermann Leitner: Der geheime Dienst der Polizei in seinen Anfängen zur Zeit des österreichischen Absolutismus. Diss. Wien 1994, S. 195–201.

4   Trotz der elaborierten Akzentuierung geheimpolizeilicher Aufgaben für neue Polizeiautoritäten bereits im Jahre 1786 waren die meisten Polizeianordnungen, Aufgabensetzungen sowie die behandelten Fälle noch immer im Sinne der sogenannten »guten Policey« zum Zweck öffentlicher/privater Sicherheit, der Erhaltung der »Zucht/guter Sitten« sowie »guter Ordnung«. Über die intensivierte politische Polizei lässt sich grundsätzlich nur im Zusammenhang mit der Französischen Revolution sprechen. Zum Überblick über das Konzept »guter Policey« siehe zusammenfassend Karl Härter: Security and »Gute Policey« in Early Modern Europe: Concepts, Laws and Instruments. In: Historische Sozialforschung 35 (2010) 4, S. 41–65.

ausgeführt. Dazu sollten in erster Linie die Listen bekannter »gefährlicher« Personen, Werber, Emissäre oder Spione sowie das aktive Meldewesen (»Anzeigwesen«) gehören. Weitere Mittel betrafen den geeigneten Einsatz von Dienstboten, Lohnbedienten, Mietkutschern und Juden, die sogenannte »kleine Post« mit loyalen Personen, die genaue Korrespondenzkontrolle bedenklicher Personen sowie die eigene Vertraute aufseiten der Polizeibeamten. Diese »vertrauten Individuen« sollten die notwendigen Personaleigenschaften[5] zu ihrer geheimen Aufgabe besitzen, niemand anderem bekannt sein, konnten nie das Ganze ihrer Aufgabe übersehen und mussten vor dem Einsatz geprüft werden.[6]

Quellenmäßig können wir feststellen, dass die Aktenlage für die Periode von 1786/1789 bis 1815 keine Kontinuität aufweist und eher als fragmentarisch zu bezeichnen ist. Erst nach dem Wiener Kongress finden sich unter den Akten der politischen und Polizeibehörden kompaktere Informationsquellen, insbesondere bezüglich der Finanzierung der Geheimpolizei sowie ihrer Überwachungsaktivitäten. Die Unterteilung der geheimen Mitarbeiter können wir von Michael Forcher übernehmen, welcher neben den »vertrauten Individuen« noch geheime Agenten, Konfidenten und (Privat-)Korrespondenten erwähnt und ihnen ungefähr die gleiche Wirksamkeit zuspricht.[7] Einen Auftrag von der Polizeibehörde gegen das Versprechen einer angemessenen Bezahlung erhaltend, gehörten die Nachforschungen im In- und Ausland, die Überwachung der Bevölkerung bzw. ausgewählter Personenkreise und Gruppen, die Absolvierung von Dienstreisen sowie das Verfassen von »vertraulichen« Anzeigen zu ihrer Hauptbeschäftigung.[8]

3 Akteure und Einrichtungsverfahren des »vertrauten« Dienstes

Als eine für den geheimen Dienst außerordentlich geeignete Gesellschaftsklasse galt die Bürokratie. »Hinsichtlich der im Lande obwaltenden jüdischen Verhältnisse«[9] hielten es wiederum die Autoritäten für unumgänglich, mindestens

---

5 Michael Forcher führt die von den Vertrauten erwarteten Eigenschaften folgendermaßen an: Gewandtheit, Beobachtungsgeist, Sprachkenntnis, höhere Bildung, Eignung zum Umgang mit allen Klassen. Vgl. Michael Forcher: Die geheime Staatspolizei im vormärzlichen Tirol und Vorarlberg. Diss. Innsbruck 1966, S. 128–142, hier 136.

6 Leitner: Der geheime Dienst, S. 202–206.

7 Forcher: Die geheime Staatspolizei, S. 128 f.

8 Ebenda, S. 129 u. 135 f.

9 Sedlnitzky an Inzaghy am 9.2.1830. Mährisches Landesarchiv Brünn (MZA Brno), Mährisch-Schlesisches Gubernium-Präsidium (MSGP), Karton (Ktn.) 860, Nr. 57/g. Zur Stellung und zu Zahlen der jüdischen Bevölkerung in den Habsburger Provinzen Böhmen, Mähren und Schlesien siehe Jitka Lněničková: České země v době předbřeznové 1792–1848. Prag 1999, S. 248 f.

einen Juden als Vertrauten verwenden zu können. Anhand von zwei Beispielen können wir uns vergegenwärtigen, auf welche Weise und aus welchen Gründen Mitarbeit von bürokratischen Vertrauten entwickelt, initiiert bzw. auch abgelehnt worden ist.

Im Februar 1818 kontaktierte die Brünner Polizeidirektion Franz Philipp, den Landoffizial aus der k.k. Zoll- und Salzlegstätte zu Bielitz (Bielsko), um ihn zu verschiedenen »höheren« Polizeierhebungen zu verwenden. Einerseits galt er als ein verlässlicher, tätiger und vollkommen vertrauenswürdiger Beamter, andererseits eröffnete sich durch seine Anstellung die Möglichkeit zur unbemerkten Realisierung der notwendig werdenden Erhebungen mittels des ihm bekannten Zoll- und Aufsichtspersonals. Es wurde ihm sowohl Schutz vor jedweder Kompromittierung als auch die Ersetzung aller notwendigen Auslagen zugesichert. Die geheime Korrespondenz mit der Polizeidirektion sollte über eine fingierte Anschrift (Brünner Tor 249, Brünn) eines bürgerlichen Drechslermeisters Johann Niemayer Senior stattfinden.[10]

Dagegen wurde die aus Finanzgründen und Familiensicherung angebotene »vertrauliche« Verwendung[11] des Hauptzollassistenten Joseph Olbrich aus Troppau (Opava) wegen seines vorgerückten Alters (über 60 Jahre), »erhitzten« Temperamentes, seiner untergeordneten amtlichen Stellung, des Mangels vielseitiger Bekanntschaften und »Abgangs der Gabe, sich Fremde leicht zugänglich zu machen« zurückgewiesen.[12] Außer den (selten quellenmäßig zur Verfügung stehenden) Rapporten der Vertrauten sowie den Berichten des Brünner Polizeidirektors ermöglichen uns v. a. die finanziellen Quellen, die Zahl und Belohnung der Brünner Vertrauten sowie das Ausmaß und den Charakter der Aufwendungen für den Geheimdienst in Mähren-Schlesien zu bestimmen.

Den vierteljährlichen Rechnungen für geheime Polizeiauslagen können wir entnehmen, dass die Brünner Vertrauten die Taggelder seit 1815 in Höhe von 2 f. (Gulden) der Wiener Währung, seit 1821 in Höhe von 48 x. (Kreuzer) der Konventionsmünze (CM) bezogen. Eine Ausnahme bildete lediglich der jüdische Vertraute David Mayer. Für seine »Verdienste« zur Aufrechterhaltung der öffentlichen Sicherheit, wegen wiederholter Bittgesuche aus sozialen Gründen und begründet mit täglichen »Dienstbesuchen« von Kaffee- und Schankhäusern wurde ihm das Tagesgehalt seitens der obersten Polizeibehörde in Wien

---

10   Zuschrift der Polizeidirektion an Franz Philipp v. 16.2.1818. MZA Brno, Polizeidirektion (PD), Ktn. 1, Folie 109.

11   Schreiben von Joseph Olbrich an Brünner Landesgouverneur v. 11.11.1846 und an den Polizeipräsidenten Sedlnitzky. v. 4.2.1847; MZA Brno, PD, Ktn. 10, ohne Folionummer.

12   Schreiben des Brünner Polizeidirektors Hasenöhrl an den Polizeipräsidenten Sedlnitzky v. 28.4.1847 und die Zuschriften Sedlnitzkys an Hasenöhrl v. 6.4. u. 6.5.1847. MZA Brno, PD, Ktn. 10, ohne Folionummer.

allmählich bis auf 2 f. CM (d. h. 730 f. CM jährlich) erhöht.[13] Zum Vergleich: Ein jährliches Gehalt eines unteren Polizeibeamten (Konzeptspraktikant beim Brünner Polizeidirektorium) lag bei 300 f. CM jährlich (ca. 50 x. CM täglich), dasjenige eines mittleren Polizeibeamten (Polizeiunterkommissar beim Brünner Polizeidirektorium) bei 600 f. CM jährlich (ca. 1 f. 40 x. CM täglich) und dasjenige des oberen Polizeibeamten (Brünner Polizeidirektor) bei 2 000 f. CM (ca. 5 f. 30 x. CM täglich).[14]

Nach den oben erwähnten Angaben können wir in Brünn – spätestens seit dem 1. Quartal 1817 – sechs »systemisierte«[15] Vertraute feststellen. Diese wurden in den Quellen zum Zweck der Geheimhaltung am häufigsten mit den Initialen angeführt, und zwar als »F.N.«, »A.B.«, »D.M.«, »V.L.«, »L.G.« und »B.P.«[16]. Darüber hinaus gab es mindestens[17] noch zwei ad hoc bestellte Vertraute in Brünn. Der Vertraute »P« (Johann Pradatsch)[18] sollte den seit Juli 1817 bis Ende 1821 in Brünn befindlichen Giovanni Natale Santini[19] beobachten. Die Beobachtung der in Brünn ankommenden französischen und italienischen Fremden war wiederum dem Vertrauten »V.«[20] mit den entspre-

---

13   Er erhielt täglich zunächst 2 f. 30 x. und seit August 1817 einen erhöhten Betrag von 3 f. täglich. Seit 1821 bezog er täglich 1 f. 12 Kreuzer der sogenannten Konventionsmünze (CM), seit November 1821 (in der Tat aber als ein im 3. Militärquartal des Jahres 1822 rückzahlbarer Nachtrag) einen erhöhten Betrag von 2 f. CM. Vgl. Vermerk über geheime Polizeidienstauslagen v. 1.2. bis 30.4.1817. MZA Brno, PD, Ktn. 17, ohne Folionummer; Schreiben des Gouverneurs Mittrowsky an Okacz v. 2.8.1817. MZA Brno, PD, Ktn. 17, Nr. 199/g.; Ausweis über die geheimen Polizeidienstauslagen im 2. Quartal 1821 v. 20.4.1821. MZA Brno, PD, Ktn. 18, ohne Folionummer, sowie Gubernialschreiben an Muth v. 14.6.1822. MZA Brno, MSGP, Ktn. 840, Nr. 282/g, Folie 1. Siehe auch das Bittschreiben David Mayers an den Brünner Gouverneur v. 26.10.1821. MZA Brno, MSGP, Ktn. 840, Folie 16.

14   Vgl. MZA Brno, MSGP, Ktn. 349, Ausweis über die Brünner Polizeiauslagen vom 1. November 1818 an sowie MZA Brno, PD, Ktn. 66, Mittrowsky an den Brünner Polizeidirektor Muth, 30.10.1819.

15   D. h. mit einer festen Anstellung und Belohnung.

16   Vgl. Rechnung des Polizeidirektors Muth v. 1.2.1818 über die Art der Verwendung der Geheimdienstauslagen. MZA Brno, PD, Ktn. 17, ohne Folionummer.

17   Bei mehreren Personen (z. B. den italienischen Emigranten Gabriele Pepe und Pietro Coletta oder dem Fürsten Alois Kaunitz zu Rietberg) wurde nach den geheimen Polizeidienstauslagen ebenfalls die geheime Überwachung eingeleitet, ohne entweder konkrete diesbezügliche Vertraute zu erwähnen oder »neue und unsystemisierte« Vertraute (z. B. Vertrauter Wolf für den erwähnten Fürsten Kaunitz) anzuführen. Siehe Ausweis über geheime Polizeidienstauslagen im 1. Militärquartal 1822 v. 14.2.1822. MZA Brno, PD, Ktn. 18, ohne Folionummer, sowie das Schreiben des Polizeidirektors Muth an Mittrowsky v. 28.1.1823. MZA Brno, PD, Ktn. 33, Folie 209.

18   Siehe Polizeidirektionsrapport v. 18.7.1817 sowie die Rapporte des Vertrauten in Person des Brünner Staatsbuchhaltungsdiurnisten Johann Pradatsch v. 18.7. oder 21.7.1817. MZA Brno, MSGP, Ktn. 833, Folien 261, 266 u. 273.

19   Vgl. Die Zuschrift des Grafen Sedlnitzky an Mittrowsky v. 19.10.1821; MZA Brno, MSGP, Ktn. 838, Folie 459.

20   Seit 1821 bezog er ebenfalls sein Tagesgeld in der Konvenzionsmünze, und zwar in der Höhe von 48 Kreuzern täglich. Vgl. Ausweis über das 1. Militärquartal 1821 v. 20.2.1821. MZA Brno, PD,

chenden Sprachkenntnissen anvertraut. Beide erhielten den Tageslohn von 2 f.[21] Im Juli 1825 wurde zwar »V.« aus dem Dienst entlassen, aber nach der Juli-Revolution von 1830 engagierte die Brünner Polizeidirektion diesen außerordentlichen Vertrauten erneut. Laut der Quellen gab es also zwischen 1817 und 1821 mindestens acht Vertraute in Brünn, bis 1825 sieben und zwischen 1830 und 1843 wieder acht Vertraute, die je 48 x. CM täglich (d. h. 292 fl. jährlich) erhielten.[22]

Wie oben erwähnt könnte der Jude David Mayer als der erfolgreichste Vertraute im vormärzlichen Brünn gelten. Er trat im Jahre 1808[23] in die Dienste der Polizeidirektion und machte insbesondere durch die Ergreifung des berüchtigten Räubers Johann Georg Grasel[24] sowie mehrerer kleinerer Diebesbanden auf sich aufmerksam. Im Jahre 1818 entdeckte er die »Zusammenrottung« unter den Brünner Tuchscherern gegen die Maschineninhaber und wirkte wesentlich an der Vereitelung eines Ausbruches mit. Im Jahre 1819 war er mit der Suche nach einer Werkstätte für falsche österreichische Staatsschulden (die sogenannten Antizipationsscheine), welche durch preußische jüdische Handelsleute in Schlesien verbreitet werden sollten, beauftragt.[25] In den Jahren 1820 bis 1821 forschte er nach den Diebesbanden von Franz Fuß sowie von »Hlatky, Wojatschek, Müller und Kratochwil« und bewirkte deren Gefangennahme. Darüber hinaus hat Mayer Ende 1821 die Täter mehrerer Diebstähle (in Iglau oder Boskowitz) entdeckt und verhaftet.[26]

Im Laufe der Jahre 1823 bis 1825 versuchte allerdings der von ihm mehrmals gemeldete und auf acht Jahre schweren Kerkers im Brünner Provinzialstrafhaus verurteilte Sträfling Paul Goldschmidt wiederholt eine Aussage zu machen, um u. a. David Mayer als einen »eigennützigen, gefährlichen und

---

Ktn. 18, ohne Folionummer, sowie Schreiben Muths an den Gouverneur Inzaghi v. 6.11.1830; MZA Brno, MSGP, Ktn. 861, Nr. 540/g.

21 Schreiben Muths an den Brünner Landesgouverneur v. 8.1.1819. MZA Brno, MSGP, Ktn. 840, Nr. 7/g, Folie 11.

22 Siehe auch die Abbildungen über die Brünner Auslagen für Vertraute (1818–1843) am Ende des Beitrags.

23 Gubernialschreiben an den Polizeipräsidenten Sedlnitzky v. 16.2.1822. MZA Brno, MSGP, Ktn. 840, Nr. 783/g, Folie 3 verso.

24 Dafür erhielt Mayer eine außerordentliche kaiserliche Remuneration von 4 000 f. der Wiener Währung (Gubernialschreiben an den Brünner Polizeidirektor Okacz v. 11.1.1816. MZA Brno, MSGP, Ktn. 833, Nr. 16/g, Folie 3). Vgl. auch Dušan Uhlíř: Kriminálník. Případ Johanna Georga Grasela. In: Lukáš Fasora, Jiří Hanuš, Jiří Malíř (Hg.): Člověk na Moravě 19. Století. Brno 2008, S. 465–477, hier 475 f.

25 Muths Rapport an Mittrowsky v. 11.5.1819. MZA Brno, PD, Ktn. 28, Folien 355–356; Muth an Sedlnitzky (undatiert, aber inhaltlich auf das Jahr 1819 bezogen). MZA Brno, PD, Ktn. 1, Nr. 64/G.P.

26 Vgl. Ausweis über die geheimen Polizeidienstauslagen im 3. Militärquartal 1821 v. 30.7.1821. MZA Brno, PD, Ktn. 18, ohne Folionummer, sowie das Bittschreiben Mayers an den Brünner Gouverneur v. 26.10.1821. MZA Brno, MSGP, Ktn. 840, Folien 16–17 und das Gubernialschreiben an Sedlnitzky v. 16.2.1822. MZA Brno, MSGP, Ktn. 840, Nr. 783/g, Folie 20 verso.

bösartigen Menschen« zu entlarven.[27] Diese Angriffe gegen Mayer wurden wegen »Leidenschaftlichkeit«, »Voreingenommenheit« sowie wegen der sich widersprechenden Äußerungen Goldschmidts, welcher als überführter Lügner und Intrigant angesehen wurde, nicht ernst genommen.[28] Umso überraschender traf die Brünner politischen und Polizeiautoritäten die Nachricht im Juni 1829, dass sich die oben erwähnten Beschuldigungen in der Tat als wahrheitsgetreu erwiesen. Der Anzeige des Boskowitzer (Boskovice) Juden Moises Henneberger an die Vereinigte Hofkanzlei in Wien zufolge wurde David Mayer zahlreicher »Verbrechen gegen Gott und Staat« beschuldigt. Dem »erfolgreichsten« Brünner Polizeivertrauten wurden demnach im Rahmen einer detaillierten Anzeige die langjährige Zusammenarbeit mit den Diebesbanden, die Korruption und die Selbstbereicherung, Wucher und Erpressung, sowie Schwarzhandel, der Missbrauch der Amtsgewalt und eine unsittliche Lebensweise zur Last gelegt.[29] Trotz erfolgloser Überführung hat Mayer das Vertrauen seines direkten Vorgesetzten Muth verloren. Der Brünner Polizeidirektor schlussfolgerte, David Mayer »wußte [...] sich immer zu gewandt zu benehmen, daß man ihn nicht der gesetzlichen Imputation zuzuführen vermochte«.[30] Seit dem 1. November 1829 wurde Mayer wegen möglichen Kompromittierens des Geheimdienstes entlassen und durch zwei neue jüdische Vertraute mit 48 x. CM täglich ersetzt.[31]

Zusammenfassend lässt sich feststellen, dass die Einleitung der geheimen Beobachtung mittels Vertrauter seitens der Polizeidirektion erfolgte. Diese legte das erforderliche Budget beim Gouverneur der Polizeihofstelle in Wien zur Bewilligung vor, erstattete über die getroffenen Maßnahmen Bericht und erhielt von dieser übergeordneten Behörde Aufträge. Zur Steigerung der Effizienz des Geheimdienstes sollten auch die Behörden auf der mittleren und lokalen Ebene (Kreisämter, Grenz-, Zoll- und Finanzämter) einbezogen werden.

27 Vgl. Schreiben des Gubernial-Strafhauskommissars Schmidt an Mittrowsky v. 17.5.1823, Schreiben Muths an Mittrowsky v. 11.6.1824 und des Gubernialrats Ruber an Mittrowsky v. 20.9.1824. MZA Brno, MSGP, Ktn. 850, Folien 428, 369 u. 371 verso.
28 Ebenda.
29 Vgl. die Anzeige des Juden Moises Henneberger an die Hofkanzlei v. 2.5.1829 sowie das Hofdekret des Obersten Kanzlers Saurau an den Brünner Gouverneur Inzaghy v. 10.6.1829; MZA Brno, MSGP, Ktn. 860, Nr. 13406/1524.
30 Muth an Inzaghy am 8.12.1829. MZA Brno, MSGP, Ktn. 860, Nr. 518/g.
31 Sedlnitzky an Inzaghy am 9.2.1830. MZA Brno, MSGP, Ktn. 860, Nr. 57/g.

4   Vorbeugung der Ausbreitung von »Revolutionsprinzipien«

Im Rahmen der »Aufsuchung von Verbrechern und sonstigen Gesindels sowie
zur Hintanhaltung von Verbrechen«[32] als Hauptbeschäftigung der Vertrauten
spielte ebenfalls der ideologische und staatspolizeiliche Aspekt eine wichtige
Rolle. Diese Tendenz bekam ihre besondere Ausprägung zu Beginn der Französischen Freiheitskriege und zeigte sich auch stark in der Provinz Mähren-
Schlesien, wie nachstehend an zwei Beispielen demonstriert wird.

Im ersten Fall beauftragte der mährisch-schlesische Gouverneur Alois Graf
Ugarte im November 1792 den bürgerlichen Sattlermeister Michael Fischer
aus Altbrünn (Starobrno) mit einer geheimen Mission zur Entdeckung eines
die Ideale der Freiheit und Gleichheit preisenden Wirtes in Weisskirchen
(Hranice na Moravě). Da es damals keine oder wenige Vertraute außerhalb
Brünns gab, sollte Fischer nach den Anweisungen von Ugarte als ein Lederhändler nach Weisskirchen reisen, der in seinen Geschäften nach Galizien zu
fahren beabsichtige. Die Erwartung seines Handelspartners in Weisskirchen
wurde als Aufenthaltsgrund genutzt, wobei die Suche in Wirtshäusern für
Fuhrleute und Bauern zu beginnen war. Im nächsten Schritt sollte sich Fischer
mit dem Wirt bekanntmachen, das Gespräch auf den Krieg oder die Freiheit
der Franzosen lenken und seine eigene »profranzösische« Position akzentuie-
ren. Über alles Erfahrene hatte der bürgerliche Agent täglich an Ugarte einen
umfassenden Bericht zu erstatten, welcher an die fingierte Adresse (Konrad
Schmid, Lederhändler in Brünn) zu senden war.[33]
    Im zweiten Fall agierte der Pfarrer Ernst Roth als »bevollmächtigter« Agent
des Gouverneurs Ugarte Ende 1792 und zu Beginn des Jahres 1793, und zwar
wegen der Existenz einer Religionsgruppe mit deistisch-kalvinistischen Zügen
und sozialer Gleichheitslehre auf der Herrschaft Kunstadt (Kunštát). Die
Aufträge Ugartes umfassten die Rekonvertierung einiger »verführter« Katholi-
ken durch Widerlegung ihres »Irrtums«, die Entdeckung des Ortes der
Zusammenkünfte sowie des »Sektenführers«, geheime Nachforschungen zur
Sammlung von hinreichenden Beweisen und schließlich die enge Zusammenarbeit mit dem lokalen Grundherrn. Roth zeigte bei dieser Angelegenheit
sowohl einen religiösen Eifer als auch ein auf Vorsicht, Loyalität, Menschen-
kenntnis und taktischem Scharfsinn gestütztes professionelles Vorgehen. Diese
Tatsache, zusammen mit der moderaten Behandlung der Leitpersonen der
Religionssekte, war einer der Hauptgründe, dass die zum Kalvinismus konver-

---

32 Muth an Inzaghy am 8.12.1829. MZA Brno, MSGP, Ktn. 860, Nr. 518/g.
33 Ugartes Instruktion für Michael Fischer v. 25.11.1792. MZA Brno, MSGP, Ktn. 220, Folien 7–8.

tierten Untertanen auf der Herrschaft Kunstadt wieder die Annahme der katholischen Religion erklärt hatten.[34]

Mittels einer speziellen Vorschrift machte sich der Staat die Geistlichen zu Diensten, die in den 1820er und 1830er Jahren die politischen Häftlinge am Spielberg seelsorgerisch betreuten. Außer Anweisungen für die eigentliche Seelsorge und Einhaltung der sogenannte »Arrestpolizey«[35] umfasste diese spezielle Instruktion auch einen »nützlichen« Teil. Darunter verstand man den Fall, dass die inhaftierten Italiener den Seelsorgern neue Informationen über die Carbonarie enthüllen würden. Damit kann man zwar nicht einen übergeordneten hierarchischen Anspruch auf das Brechen des Beichtgeheimnisses gleichsetzen, da es dem Priester allein oblag, zu prüfen, inwieweit es die Arrestpolizey, die Sicherheit des Staates oder ein bevorstehendes Verbrechen anging. Der Priester wurde allerdings verpflichtet, über diese Fragen sofort Bericht zu erstatten, entweder an den Gouverneur (Arrestpolizey) oder an den Kaiser (Staatssicherheit), sodass das bestehende Regime von diesem geistlichen Dienst profitieren konnte.[36]

Aus ideologischen Gründen wurden im vormärzlichen Mähren und Schlesien zahlreiche Fremden(-gruppen) genau überwacht, insbesondere aus dem Französischen Machtbereich oder aus »revolutionären« Staaten wie dem Königreich beider Sizilien, dem Königreich Sardinien-Piemont, dem Freistaat Krakau bzw. aus den Staaten des Deutschen Bundes. Die Brünner Vertrauten hatten somit zum Beispiel mit Napoleons Schwester Marie-Anne als Prinzessin Elise Baciocchi sowie Napoleons Leiblakai Giovanni Natale Santini[37] unmittelbar nach dem Wiener Kongress zu tun und zu Beginn der 1820er Jahre ihre »gespannteste Aufmerksamkeit« den hochgestellten neapolitanischen Emigranten Gabriele Pepe und Pietro Coletta[38] zu widmen. In den schlesischen Kurorten Gräfenberg und Freiwaldau (Jeseník) wurden wiederum die sich dort zur Gesundheitsbesserung aufhaltenden Teilnehmer am polnischen Novemberauf-

---

34 Ernst Roth an den Freiherrn v. Honrichs, Daletschin v. 16.8.1792 sowie Ugarte an den Obersten Kanzler Grafen v. Kollowrat, 12.9.1792. MZA Brno, MSGP, Ktn. 220, Folien 126 u. 129 sowie Folien 117 u. 136; Siehe auch Roth an Ugarte samt Verzeichnis der zum Katholizismus Konvertierten, Daletschin v. 12.5.1793. MZA Brno, MSGP, Ktn. 220, Folien 190 u. 199.

35 Mittels dieser Verordnung wurde der Priester angewiesen, die Strafe selbst durch seine geistliche Assistenz in keiner Weise zu ändern oder zu lindern, vor allem in Bezug auf die Erhaltung der Ordnung und Sicherheit auf dem Spielberg. Es war ihm folglich verboten, das Urteil der Sträflinge zu beurteilen oder Geschenke und Nachrichten aller Art von und für die eingesperrten Carbonari zu überbringen.

36 MZA Brno, MSGP, Ktn. 947, Nr. 194/G ex 1825. »Instruktion für den an die italienischen Sträflinge auf dem Brünner Schloßberge abgesendeten Seelsorger«; Vgl. auch Michal Chvojka: Tra nazionalismo e assolutismo. I Carbonari, prigionieri politici di stato nello Spielberg. In: Francesco Leoncini (Hg.): L'Alba dell'Europa Liberale. La trama internazionale delle cospirazioni risorgimentali. Rovigo 2012, S. 31–48, hier 40–44.

37 MZA Brno, MSGP, Ktn. 831, Nr. 312/g u. Ktn. 833, Folien 256–384.

38 MZA Brno, MSGP, Ktn. 842, Nr. 88.

stand von 1830, zahlreiche ausländische Kurgäste und die Repräsentanten des liberalen ungarischen Adels wie Baron Miklós Vesselényi[39] beobachtet. Soweit es die Überwachung »einheimischer Opposition« betraf, stellte man insbesondere die Professoren und Studenten,[40] wissenschaftliche Vereine und literarischen Kabinette[41] oder liberale bzw. patriotische Schriftsteller und Zeitungsredakteure wie Christian Karl André oder Jan Ohéral[42], nicht zuletzt aber auch die Stützen des österreichischen Regimes wie die Bürokratie und Geistlichkeit[43] unter eine besondere Aufsicht.

5 Vom »staatlichen« Vertrautendienst zur »privaten« Denunziation

Während die Habsburger Vertrauten und Spione unmittelbare »geheime« Aufträge von den Repräsentanten des Staates erhielten und dafür eine konkrete Belohnung bezogen, gehörte die Denunziation in die Sphäre der verschiedenartig motivierten »freiwilligen Meldung«. Im vormärzlichen Mähren und Schlesien lassen sich vor allem zahlreiche Denunziationen aus politischen, moralischen oder religiösen Gründen identifizieren. Durch Anzeigen gegen Beamte wegen ihrer lauen Amtstätigkeit,[44] ihrer Korruption[45] oder Konflikten mit den Untertanen[46] konnten die Staatsbewohner auf die Defizite bzw. Übergriffe der Staatsverwaltung aufmerksam machen und damit aktiv an der Konsolidierung des Regimes partizipieren. Mithilfe von Hinweisen auf die Verbreitung von antistaatlichen bzw. antikatholischen[47] Äußerungen oder Aktivitäten kamen wiederum die staatsloyal-konservativen und engagierten Bürger in die Lage, die staatlich definierten »Feinde« zu bekämpfen und die Konfrontation mit fremden Werten zu vermeiden. Die politischen und Polizeibehörden waren dabei die exklusiven Empfänger solcher Denunziationen. Den anonymen Anzeigen schenkte man insofern Beachtung, als man ihren Wahrheitsge-

---

39   MZA Brno, MSGP, Ktn. 875, Nr. 229.

40   Bericht über das Benehmen der Studenten am Olmützer Lyzeum v. 23.7.1819. MZA Brno, MSGP, Ktn. 833, Nr. 79/G.P. sowie Ktn. 886-7 (Überwachung der Professoren und Studenten).

41   Gubernialschreiben an sämtliche Kreishauptleute Mähren-Schlesiens v. 25.12.1824. MZA Brno, MSGP, Ktn. 847, Nr. 749/g.

42   MZA Brno, MSGP, Ktn. 839, Nr. 18/g sowie Ktn. 876, Nr. 24/G.P.

43   MZA Brno, PD, Ktn. 33 (Beobachtungen).

44   Bericht des Administrators der k.k. Tranksteuergefälle Johann M. Smetana v. 29.11.1823. MZA Brno, MSGP, Ktn. 844, Nr. 377/g.

45   Gubernialdekret ans Appellationspräsidium v. 11.9.1821. MZA Brno, MSGP, Ktn. 839, Nr. 616/g.

46   Bericht des Iglauer Kreishauptmanns über den Saarer Oberamtmann Příborský v. 14.9.1824. MZA Brno, MSGP, Ktn. 846, Nr. 552/g.

47   Gubernialdekret an den Prerauer Kreishauptmann v. 10.3.1844. MZA Brno, MSGP, Ktn. 877, Nr. 10/gp.

halt überprüfte.[48] Wegen weiterer Aufschlüsse, Beweise sowie möglicher Polizei- und Kriminaluntersuchungen war allerdings die Verifikation des »Angebers«[49] von entscheidender Bedeutung. Auf der anderen Seite machten sich die Habsburger Autoritäten Gedanken über ein »eingreifendes Verfahren«, »um [...] bei jeder Angabe, die sich bei der Untersuchung als unwahr darstellen würde, ergiebige Schranken [...] zu setzen«.[50] Zum einen waren durch falsche Denunziationen nicht nur unschuldige Personen verunglimpft worden, »sondern auch noch die ohnehin mit Geschäften überladenen Behörden zu unnötigen Untersuchungen gezwungen«.[51]

Es würde sowohl den inhaltlichen als auch den quantitativen Rahmen dieses Beitrags sprengen, sich an dieser Stelle umfangreicher mit den Denunziationsfragen in Mähren-Schlesien in der ersten Hälfte des 19. Jahrhunderts zu beschäftigen. Aus diesem Grunde möchte ich meine Aufmerksamkeit der bereits erwähnten Anzeige gegen den Vertrauten David Mayer schenken, um dadurch einige wichtige Charakteristiken der »Habsburger Denunziation« sowie des Geheimdienstes in den abschließenden Bemerkungen hervorzuheben.

Vor allen Dingen handelte es sich bei der Anzeige des Juden Moises Henneberger vom 2. Mai 1829 in Boskowitz um keine anonyme, sondern eine ordentlich unterschriebene, datierte, geographisch lokalisierte und inhaltsreiche Anzeige. Henneberger begann seine 10-seitige »Abhandlung« mit der allgemeinen Klage, dass Mayers Skandale öffentliche Empörung herbeiführen, mehrere Staatsdiener in Misskredit setzen und die staatliche Polizei in Verachtung bringen würde.[52] Anschließend wurde David Mayers Lebenslauf als eine Kette von verschiedensten Verbrechen geschildert. Der Denunziant bekräftigte seine umfangreiche schriftliche Anzeige mit konkreten Angaben über Mayers Verbrechen, ihre kurze Entstehungsgeschichte und dessen modus operandi sowie mit potenziellen Zeugennamen und rhetorischen Fragen zu Auswirkungen von diesen Verbrechen auf den Staat und die Polizei.[53] Henneberger behielt es sich zugleich vor, eine weitere detaillierte Anzeige über Mayers Verbrechen nach der Sammlung weiterer Belege vorzulegen.[54] Trotz all dieser Angaben war es dem Polizeidirektor Muth nicht gelungen, den Vertrauten Mayer zu überführen, weil dieser alle Beschuldigungen hartnäckig mit dem Argument

48 Forcher: Die geheime Staatspolizei, S. 138.
49 Gubernialschreiben an den Hradischer Kreishauptmann v. 14.8.1825 wegen Identifikation des Angebers. MZA Brno, MSGP, Ktn. 850, Nr. 392/g.
50 Schreiben des Hradischer Kreishauptmanns ans Guberniumspräsidium v. 21.1.1823. MZA Brno, MSGP, Ktn. 842, Folie 688 verso.
51 Gubernialschreiben an das Brünner Fiskalamt v. 1.2.1823. MZA Brno, MSGP, Ktn. 842, Folie 691.
52 Vgl. die Anzeige des Juden Moises Henneberger an die Hofkanzlei v. 2.5.1829. MZA Brno, MSGP, Ktn. 860, Nr. 13406/1524.
53 Ebenda.
54 Ebenda.

in Abrede stellte, dass die Personen, gegen welche er polizeilich tätig war, ihm nur deswegen zu schaden beabsichtigten.[55]

Die letzten Archivdokumente über Mayer weisen allerdings darauf hin, dass gegen ihn schließlich ein strafgerichtliches Verfahren zu Beginn des Jahres 1830 eingeleitet worden war und demselben »nach Vollstreckung der ihm [...] etwa erkannten Strafe, in solchen Anlässen, wo es mit den bestehenden Gesetzen vereinbarlich ist, eine möglichst vorsichtige, seinem ehemaligen Verhältniß zu dem a.h. [allerhöchsten – M.Ch.] Polizeydienst entsprechende Behandlung«[56] auferlegt werden sollte.

6   Abschließende Bemerkungen

Abschließend können folgende Feststellungen getroffen werden: Die geheimen Polizeiauslagen in Brünn zwischen 1802 und 1815 wuchsen kontinuierlich trotz des Staatsbankrotts im Jahre 1811, wobei sie den Höhepunkt zwischen 1819 und 1822 erreichten, insbesondere mit Hinblick auf die Karlsbader Beschlüsse und Carbonari-Revolutionen in Italien. Während der Periode 1823 bis 1848[57] blieb die Finanzierung des geheimen Dienstes in Mähren und Schlesien auf einem ungefähr gleichen Niveau, mit Ausnahme der ersten Hälfte der 1830er Jahre, als es zur Erhöhung von Auslagen wegen Transporten und Bekleidung der russisch-polnischen Untertanen kam, welchen die russische Amnestie nach dem Aufstand von 1830/31 nicht zuteil wurde. Die Finanzierung in vierteljährlichen Raten erfolgte erst seit 1807, während es vorher nach Bedarf – d. h. in unregelmäßigen Zahlungen gegen die Vorschüsse – geregelt wurde. Damit war ein grundlegender Schritt von einem vorübergehenden und ad hoc bestellten zu einem ordentlichen und systematischen Geheimdienst gemacht worden. Die Zahl der Brünner Vertrauten im Vormärz war nicht besonders hoch und betrug 6 bis 8 Personen. Sie bezogen zwischen 40 und 60 Prozent sämtlicher Brünner geheimen Polizeiauslagen.[58] Das restliche Geld deckte die Sonderzahlungen für besondere Dienstleistungen, Bekleidung für

---

55   Muth an Inzaghy am 8.12.1829. MZA Brno, MSGP, Ktn. 860, Nr. 518/g.

56   Sedlnitzky an Inzaghy am 25.3.1830. MZA Brno, MSGP, Ktn. 860, Nr. 133/g.

57   Diese These lässt sich durch die gefundene geheime Rechnung für das 1. Quartal des Jahres 1848, verglichen mit den relevanten Rechnungen der Jahre 1818–1848 (siehe Abbildung 4), bestätigen. Ansonsten gibt es quellenmäßig die kompletten geheimen Rechnungen lediglich bis ins Jahr 1843 (siehe Abbildung 3).

58   Vgl. das Verhältnis zwischen den Brünner Geheimauslagen in den Abbildungen 2 und 3.

die Polizeiwache, Zeitungsabonnements, Postgebühren oder unbelegbare bzw. besondere Polizeidienstauslagen.[59]

Im Vergleich dazu gab es im Oktober 1837 in Prag 20 geheime Mitarbeiter mit einem jährlichen Gehalt zwischen 120 und 180 fl. CM.[60] Diese Zahlen korrelieren zwar mehr oder weniger hinsichtlich der Einwohnerzahl Brünns und Prags[61] sowie deren Rang, sozialer Struktur und geographischer Lage, bestätigen aber auch die These Miloslav Nováks, dass die geheime Polizei den wachsenden politischen und sozialen Spannungen seit den 1830er Jahren wegen der Personalunterbesetzung und der unzulänglichen Finanzmittel nicht standhalten konnte[62].

Wegen geringer Anzahl von Dokumenten, die direkt mit der Tätigkeit der Vertrauten zusammenhängen, ist es unmöglich, die Effizienz ihrer Aktivitäten zu beurteilen. Dies ließe sich beschränkt nur bei dem jüdischen Vertrauten David Mayer realisieren, wäre er 1829 nicht durch schwere Beschuldigungen kompromittiert gewesen und aus dem Dienst entlassen worden. Jedenfalls dienten die geheimen Rapporte der Vertrauten über die Diebesbanden, westliche Ausländer oder die Aktivitäten der bürgerlichen Gesellschaft den Brünner politischen und Polizeibehörden zur Information sowie als Grundlage für eigene Untersuchungen, nie aber als selbstständige Beweismittel.

Was die Denunziation anbelangt, können wir uns vergegenwärtigen, dass eine solche Tätigkeit vom Staat wesentlich unterstützt und erwartet wurde, falls die darin enthaltenen Angaben wahrheitsgetreu waren und mindestens die Indizien zur Erlangung von Beweisen enthielten. Eine typische Diskrepanz lag darin, dass einerseits die Anzeigen über die sozioökonomischen Missstände bzw. über die Verbrecher als positiv gewertet werden könnten, andererseits aber in soziopolitischer Hinsicht zu moralischen und menschlichen Dilemmata führten. Letzteres betraf solche Fälle, wo die Gesetze (z. B. das Familiantengesetz) seitens einiger Gesellschaftsgruppen (z. B. Juden) als unterdrückend und ungerecht angesehen wurden und ihre Umgehung daher nicht zu vermeiden war. Darüber hinaus haben die »egoistischen« Motive der Anzeigenden sowie die ideologischen Motive des Staates im Geheimdienst nach und nach diese Denunziationen zu »einem schätzbaren Wesen, aber auch einem notwendigen Übel«[63] transformiert.

---

59 Vgl. MZA Brno, PD, Ktn. 17, Geheime Auslagen 1799–1819. Ktn. 18, Geheime Auslagen 1818–1843.

60 Miloslav Novák: Rakouská policie a politický vývoj v Čechách před r.1848. In: Sborník archivních prací, Jg. III, Br. 1–2, Prag 1953, S. 72.

61 Während die Brünner Innenstadt im Jahre 1824 ca. 11 000 Einwohner (35 000 mit Umland) zählte, belief sich die Einwohnerzahl Prags (ohne Umland) zwischen 75 000 (im Jahre 1800) und 118 000 (im Jahre 1850). Vgl. Jaroslav Dřímal, Václav Peša u. a.: Dějiny Brna 1. Brno 1969, S. 198 und Elisabeth Lichtenberger: Wien – Prag: Metropolenforschung. Wien, Köln 1993, S. 18.

62 Novák: Rakouská policie, S. 67.

63 Vgl. die Anzeige des Juden Moises Henneberger an die Hofkanzlei v. 2.5.1829. MZA Brno, MSGP, Ktn. 860, Nr. 13406/1524.

7   Abbildungen

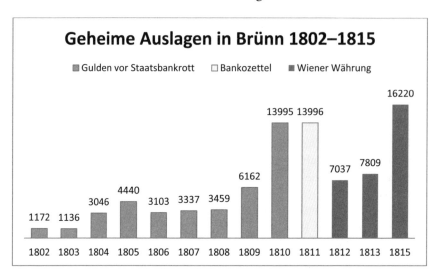

Abbildung 1: Geheime Auslagen in Brünn 1802–1815. Quelle: Mährisches Landesarchiv Brünn, Polizeidirektion[64]

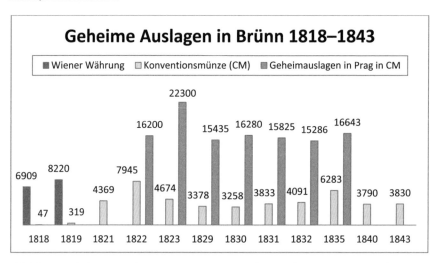

Abbildung 2: Geheime Auslagen in Brünn 1818–1843. Quelle: Mährisches Landesarchiv Brünn, Polizeidirektion und Novák: Rakouská policie[65]

---

64   MZA Brno, PD, Ktn. 17, Geheime Auslagen 1799–1819 sowie Schreiben des Polizeipräsidenten Sedlnitzky an den Brünner Gouverneur Mittrowsky vom 19.3.1819. MZA Brno, MSGP, Ktn. 840, Folie 8.

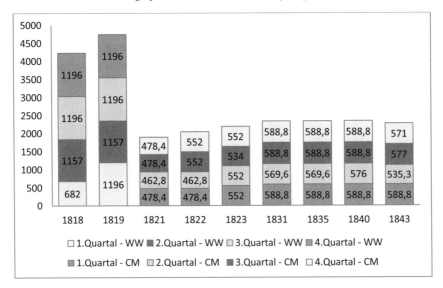

Abbildung 3: Brünner Ausgaben für Vertraute 1818–1843. Quelle: Mährisches Landesarchiv Brünn, Polizeidirektion[66]

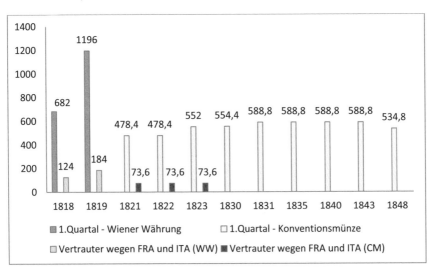

Abbildung 4: 1. Quartal-Ausgaben für Brünner Vertraute 1818–1848. Quelle: Mährisches Landesarchiv Brünn, Polizeidirektion[67]

65 Vgl. MZA Brno, PD, Ktn. 17, Geheime Auslagen 1799–1819; Ktn. 18, Geheime Auslagen 1818–1843 und Miloslav Novák: Rakouská policie a politický vývoj v Čechách před r. 1848. In: Sborník archivních prací, Prag 1953, Jg. III, Nr. 1–2, S. 72.
66 MZA Brno, PD, Ktn. 17, Geheime Auslagen 1799–1819; Ktn. 18, Geheime Auslagen 1818–1843.

Zu den Währungsangaben in den Abbildungen:

Wiener Währung: Die in den Quellen häufig vorkommende Abkürzung »W.W.« – seit 1813 eine Bezeichnung für Einlösungsscheine, welche vom Tage der Veröffentlichung des Patents vom Februar 1811 über den Staatsbankrott in der Habsburgermonarchie gegen vorherige um 4/5 devalvierte Papierbanknoten (sog. »Bankozettel«) umgetauscht werden mussten. Vgl. Helmut Rumpler: Österreichische Geschichte 1804–1914. Eine Chance für Mitteleuropa. Bürgerliche Emanzipation und Staatsverfall in der Habsburgermonarchie. Wien 1997, S. 123.

Konventionsmünze: Die in den Quellen häufig vorkommende Abkürzung »CM«, d. h. »Konvenzionsmünze« bzw. »Konvenzionswährung« – darunter ist das Habsburger Papiergeld nach 1816 zu verstehen, das jederzeit in Metall von der Bank eingetauscht werden konnte (mindestens durch 1/3), aus der Metallreserve der neu gegründeten Österreichischen Nationalbank gedeckt war und anfänglich (seit Juni 1816) eine Staatsobligation in einem Wert von 20 Gulden darstellte. In einem Versuch, die Papierbanknoten (Wiener Währung) aus dem Geldumlauf zurückzuziehen, erhielt man für 140 Gulden der alten Wiener Währung (W.W.) 40 Gulden Banknoten der neuen »Conventionswährung« (CM). Siehe Rumpler: Österreichische Geschichte, S. 148–150; Vereinigte Laibacher Zeitung, Nr. 49, Dienstag, 18.6.1848 (Beschluß der Finanzpatente vom 1.6.1816) sowie David F. Good: Der wirtschaftliche Aufstieg des Habsburgermonarchie 1750–1914. Wien, Köln, Graz 1986, S. 65–67.

67 MZA Brno, PD, Ktn. 17, Geheime Auslagen 1799–1819; Ktn. 18, Geheime Auslagen 1818–1843; Ktn. 116 (Präsidialakten 1848), Folie 213, geheime Rechnung für das 1.Quartal 1848.

Stephanie Abke

Denunziation, Überwachung und Kontrolle 1933 bis 1945 in einer ländlichen Region in Nordwestdeutschland

Denunziation trug wesentlich zur praktischen Durchsetzung von Teilen der nationalsozialistischen Politik bei: Die Effizienz bei der Ausschaltung politischer Gegner und der Umsetzung rassenideologischer Postulate beruhte nicht nur auf Überwachung und Propaganda. Vielmehr wurde sie durch die Anzeigebereitschaft zahlreicher »Volksgenossen« maßgeblich befördert und unterstützt. Der nationalsozialistische Staat schaffte mit diversen neuen Straftatbeständen, dem Postulat der »Volksgemeinschaft« sowie durch entsprechende Propaganda hierfür juristische und ideologische Anreize. Gleichzeitig behielten Verrat und Denunziation eine despektierliche Färbung; und Versuche, privat motivierte Anzeigen von herrschaftsrelevanten Informationen zu trennen, blieben stets uneindeutig. Um die erwartete Flut falscher und leichtfertiger Anschuldigungen einzudämmen, wurde zudem am 26. März 1933 der § 164 RStGB (falsche Anschuldigung) einer weitreichenden Novellierung unterzogen. Diese durchaus widersprüchlichen aber in der Tendenz richtungsweisenden Beobachtungen der neueren historischen Forschung zum Nationalsozialismus konnten im Forschungsprojekt »Denunziation in Deutschland 1933–1955. Verhalten, rechtliche Normen und staatliche Regulierung im Vergleich«, das wir von 1998 bis 2002 an der Universität Bremen durchgeführt haben, abermals bestätigt und durch zahlreiche weitere quantitative und qualitative Faktoren ergänzt werden.[1] Damit wurde auch der hartnäckige Mythos einer mit »tausend Augen und Ohren« ausgestatteten Gestapo abermals widerlegt. Darüber hinaus diente uns der Untersuchungsgegenstand an der Schnittstelle zwischen Staat und Gesellschaft als ein Echolot, mit dessen Hilfe es vielfältige Transmissionsprozesse und Herrschaftsmechanismen über den Nationalsozialismus hinaus zu entschlüsseln galt.[2] Hier war ein zentrales Ergebnis:

---

[1] Im von der Volkswagenstiftung finanzierten Forschungsprojekt unter der Leitung von Prof. Dr. Inge Marßolek wurde von drei Doktoranden und einem wissenschaftlichen Mitarbeiter Denunziation im Nationalsozialismus und in den beiden deutschen Nachfolgegesellschaften über den im Titel genannten Zeitraum systematisch erforscht. Dieser Beitrag ist eine Zusammenfassung meiner wesentlichen Erkenntnisse zur Denunziation im Nationalsozialismus im Rahmen meiner dort entstandenen Dissertationsschrift. Vgl. Stephanie Abke: Sichtbare Zeichen unsichtbarer Kräfte. Denunziationsmuster und Denunziationsverhalten 1933–1949. Tübingen 2003.

[2] Vgl. auch Christoph Thonfeld: Sozialkontrolle und Eigensinn. Denunziation am Beispiel Thüringens 1933 bis 1949. Köln u. a. 2003.

Obwohl das Jahr 1945 deutlich mehr als nur eine politische Zäsur für die
deutsche Gesellschaft markierte, hat es für Denunziation keine »Stunde Null«
gegeben. Abgesehen davon, dass sich eingeübte Wertvorstellungen und Verhaltensmuster meist als wesentlich langlebiger erweisen, als es politische Umbrü-
che suggerieren, geriet Denunziation als rechtsgeschichtliches, aber vor allem
als begriffliches und psychologisches Problem in das Zentrum unserer Aufmerksamkeit. Ein zentrales Ergebnis war: Denunziation ist kein statischer
Begriff, sondern muss in Anbetracht der jeweiligen zeit- und systemspezifi-
schen Bedeutung, der juristischen und gesellschaftlichen Wertungen sowie
einer nicht zuletzt immer im Retrospektiven verbleibenden historischen Sicht-
weise immer neu beschrieben werden.[3] Insbesondere umliegende Kommunikationsweisen wie Klatsch, Tratsch und Gerüchte sowie Konfliktmechanismen in
kleinen sozialen Netzwerken spielten eine bis dahin oft unterschätzte Rolle,
was nicht nur eine Reihe bis dato neuer Erkenntnisse zutage beförderte, sondern auch den interdisziplinären Charakter des Forschungsgegenstands unterstreicht. Im Folgenden möchte ich mich jedoch auf die wesentlichen Ergebnisse meiner Forschungen zur Denunziation im Nationalsozialismus beschrän-
ken. Regional war die Untersuchung auf den Regierungsbezirk Stade mit den
Landkreisen Stade, Bremervörde und Land Hadeln, eine protestantisch-
agrarisch geprägte Gesellschaft in Nordwestdeutschland, fokussiert. Als empiri-
sches Material dienten insbesondere Gerichtsakten unterschiedlicher Proveni-
enz sowie zeitgenössische Publikationen. Die regionalen, wirtschaftlichen und
politischen Gegebenheiten bildeten aber nicht nur die Kulisse, vor der Denunziationsmuster und Denunziationsverhalten zu erforschen waren, sondern
haben direkten Einfluss auf Inhalte und Ausprägung derselben genommen.
Insgesamt dominierten insbesondere kleine und kleinste Landgemeinden mit
weniger als 200 und höchstens 1 000 Einwohnern, lediglich Stade und Buxtehude hatten den Status einer Stadt. Durch die nationalsozialistische Machtergreifung 1933 und die Ausschaltung politischer Gegner, den Einzug großer
Teile der männlichen Bevölkerung ab 1939 zur Wehrmacht, den Einsatz von
Zwangsarbeitern und Kriegsgefangenen in der Landwirtschaft sowie den Zu-
zug von Flüchtlingen ab 1943 veränderte sich die Sozialstruktur im Untersuchungsgebiet maßgeblich. Das hatte tiefgreifende Folgen auf das bis dahin
eingeübte Machtgefüge und die traditionellen ländlichen Hierarchien, was sich
auch in den zu beobachtenden Kommunikations-, Konflikt- und Denunziati-
onsmustern ausdrückte. Nachfolgend werde ich einen zeitlich-chronologischen

---

3   Begriffliche Grundlage ist deshalb ein Verständnis von Denunziation als eine kommunikative
Praxis für die Weitergabe von Informationen, die das Ziel verfolgte, eine Person oder Personengruppe
in den Augen des Adressaten zu diskreditieren und Sanktionen zu bewirken. Zentral sind die Intention
der Diffamierung sowie die Unverhältnismäßigkeit der für das »Delikt« vorgesehenen Bestrafung,
hinter dem die Verfolgung sachlicher Interessen eindeutig zurücktritt. Vgl. Abke: Sichtbare Zeichen,
S. 61.

Überblick über Denunziation und benachbarte Verhaltensweisen im Kontext veränderter politischer, ökonomischer, gesellschaftlicher und juristischer Rahmenbedingungen geben. Abschließend möchte ich einige der wesentlichen hier bereits durchscheinenden Beobachtungen verdichten, um auf dieser Grundlage generalisierende Aussagen zu treffen und sie um weiterführende Aspekte zu erweitern.

1   Machtübernahme, Ausschaltung politischer Gegner und nationalsozialistische Rassenpolitik

Die antisemitische, antidemokratische und antikommunistische Propaganda der NSDAP war im Untersuchungsgebiet bereits vor 1933 auf offene Ohren gestoßen: Maßgeblich hierfür waren neben den auch auf dem Land spürbaren Folgen der Weltwirtschaftskrise das monarchistisch dominierte Weltbild der Bevölkerung gekoppelt mit der Homogenität und Geschlossenheit überwiegend kleiner protestantischer Landgemeinden. So verwundert es kaum, dass die Wahlergebnisse der NSDAP 1932/33 im gesamten Untersuchungsgebiet über dem Reichsdurchschnitt gelegen haben.[4] Insbesondere das Postulat der »Volksgemeinschaft« deckte sich oft mit dem Selbstverständnis dörflicher Lebenswelten, und trotz vielfältiger Einschränkungen wurden zahlreiche Interessen und Meinungen der neuen Machthaber vertreten: Grundlegender Konsens schloss punktuellen Dissens mit der Politik der neuen Machthaber allerdings keineswegs aus. Relativ eindeutig schien jedoch eine ablehnende Haltung gegenüber dem linken politischen Spektrum gewesen zu sein, denn bei der Ausschaltung politischer Gegner, hier insbesondere von Anhängern der KPD, waren im Nachgang zur Präambel zur Notverordnung vom 28. Februar 1933 in den Quellen einige Denunziationen zu finden. Es ist davon auszugehen, dass hier an bereits vor 1933 in großen Teilen der Bevölkerung dominierende antikommunistische und antidemokratische Auffassungen angeknüpft werden konnte. So hat Ian Kershaw mit Recht darauf hingewiesen, dass »die Propaganda vor allem dort erfolgreich war, wo sie auf bereits vorhandene Werte und Mentalitäten aufbauen konnte, die ihr nicht widersprachen«[5]. Allerdings beschränkten sich kommunistische Aktivitäten auf einige wenige Ortschaften, und in dem hier relevanten kleinstädtischen und ländlichen Umfeld hatte es sich im Laufe der Zeit auch bei der Polizei herumgesprochen, wer welcher Partei angehörte, was Denunziation im großen Stil überflüssig machte. Gleich-

---

4   Eine ausführliche Analyse findet sich bei Alexander Weber: Soziale Merkmale der NSDAP-Wähler. Zürich 1969, S. 80.
5   Ian Kershaw: The ›Hitler Myth‹. Image and Reality in the Third Reich. Oxford 1984, S. 4.

zeitig dürfte allerdings zusammen mit der »Verordnung zum Schutz von Volk und Staat«, den im Frühjahr 1933 kursierenden Hetzparolen über »kommunistischen Verrat« und »bolschewistische Greuelhetze« sowie der sogenannten »Heimtücke-Verordnung« vom 21. März 1933 auch die Zeitungsberichterstattung zu einem gesellschaftlichen Klima beigetragen haben, in dem es moralisch und rechtlich als legitim angesehen wurde, jeden anzuzeigen, bei dem oppositionelle Aktivitäten oder Einstellungen auch nur vermutet werden konnten. So forderte das Stader Tageblatt die Bevölkerung Mitte April 1933 zur Mithilfe auf:

»Anlässlich der Verteilung kommunistischer Flugblätter in Stade ersucht die Ortspolizeibehörde das Publikum, alle Wahrnehmungen über die Persönlichkeiten der Flugblattverteiler, ihr Aussehen, Kleidung u.s.w. der Polizei zur Kenntnis zu bringen. Strenge Verschwiegenheit wird zugesichert.«[6]

Aber auch »Nörgler«, Unangepasste und Andersdenkende sowie gesellschaftliche Außenseiter, wie z. B. Bettler, waren verstärkt von Denunziation, Ausgrenzung und Bestrafung bedroht und sollten zunehmend ins Visier einer zur Wachsamkeit angehaltenen Öffentlichkeit geraten. Entsprechend finden sich in den Quellen im Umfeld der sogenannten »Machtergreifung« einige Fälle von Denunziation, die ganz explizit an die radikal veränderte politische, juristische und gesellschaftliche Situation anknüpfen. Häufig reichten entsprechende Schlagworte und Symbole, die als systemfeindlich eingestuft waren und Anlässe zur Denunziation boten: So beschuldigte beispielsweise im August 1933 ein Bäckergeselle und SA-Mann aus Niederstrich (Land Hadeln) seinen ehemaligen Kollegen, dass dieser versucht habe, im »kommunistischen Sinne« auf ihn einzureden und behauptet hätte, die Nationalsozialisten seien selbst für den Reichstagsbrand verantwortlich.[7] Im Juli 1933 hatte ein Arbeiter aus Stadersand seinen Schwager denunziert, weil dieser den Reichskanzler verhöhnt und dessen Figur und Redeweise vor einer Gruppe amüsierter Zuschauer nachgeahmt habe.[8] Diese Beispiele ließen sich um weitere Fälle ergänzen.

Abgesehen von möglicherweise hinter solchen Vorgängen liegenden persönlichen Konflikten schien in dieser frühen Phase das Bedürfnis, die Zustimmung zu den neuen Machthabern zu bekunden und damit die eigene persönliche und politische Integrität über die Denunziation und Diffamierung Andersdenkender unter Beweis zu stellen, insbesondere bei jüngeren SA-Männern sehr ausgeprägt gewesen zu sein. In einigen Fällen hatten sich regelrechte »Denunziationsgemeinschaften« gebildet.[9] Meine Untersuchungen haben ergeben, dass insbesondere das Wirtshaus ein zentraler Ort für kritische Äußerungen,

---

6   Stader Tageblatt v. 15., 16. April 1933.
7   Nds. StAS, Rep. 171a Stade, Nr. 180.
8   Ebenda, Rep.72/172 Stade, acc.8/74, Es 17a/33.
9   Nds. StAS, Rep. 171a, Stade, Nr. 171.

Unmutsbekundungen und verbal wie körperlich ausgetragene Konflikte gewesen ist, die häufig in einer Denunziation mündeten. In diesem Mikrokosmos, in dem auch Alkohol eine Rolle spielte, fehlten Frauen und eine gebildete bürgerliche Schicht allerdings gänzlich, was aber mit dem spezifischen sozialen Raum zu tun haben dürfte. Mit der Einschüchterung und Ausschaltung politisch Andersdenkender und der Durchsetzung nationalsozialistischer Verhaltenskodifikationen sollten kritische Stimmen in der Öffentlichkeit weitgehend verstummen und ab 1935 verblassen in den Quellen Denunziationsfälle entsprechenden Inhalts.

Ebenfalls von Anbeginn der nationalsozialistischen Herrschaft sind im Untersuchungsgebiet Fälle von Diffamierung und Denunziation wegen Beziehungen zu Menschen jüdischen Glaubens,[10] insbesondere zu jüdischen Viehhändlern, nachgewiesen, die sich ab 1935 verdichten sollten. Die erste systematische antisemitische Aktion lässt sich auf den 1. April 1933 datieren, als das Stader Tageblatt einen Warenboykott gegen jüdische Händler verkündete und mitteilte, Anzeigen jüdischer Geschäfte nicht mehr zu veröffentlichen.[11] Damit sollte ein Verdrängungsprozess beginnen, an dessen Ende die vollständige Vernichtung jüdischen Lebens in den untersuchten Landkreisen stehen sollte.[12] Vor allem der im Anschluss an die »Nürnberger Gesetze« im Herbst 1935 verstärkt in der Presse und in den Medien hervortretende Antisemitismus wurde bereits aus antijüdischen Maßnahmen entsprechender Propaganda seit 1933 gespeist: Im Frühjahr 1933 wurde schon eingeschrieben und legitimiert, was in den Jahren darauf praktisch umgesetzt wurde. Allerdings hielten zahlreiche Bauern zunächst an ihren traditionell gewachsenen Handelsbeziehungen zu jüdischen Viehhändlern fest, und »die Ausschaltung des jüdischen Viehhandels auf dem Land nach der Machtübernahme der Nationalsozialisten lief bei Weitem nicht so reibungslos, wie fanatische Rassenpolitiker und ›Blut- und Bodenideologen‹ sich dies vorgestellt hatten«.[13]

Aber auch wenn konstatiert werden muss, dass der Verdrängungsprozess langsam verlief, so wurde er nicht zuletzt durch einen erhöhten Konformitätsdruck, Wachsamkeit und Denunziation vorangetrieben. Beispielsweise wurde ein Hofbesitzer im Juli 1934 seiner Ämter als Bürgermeister und Bauernführer enthoben, weil er mit dem jüdischen Viehhändler Spiegel aus Bremervörde gehandelt haben sollte. Vorangegangen war eine Denunziation durch die SA.[14]

---

10   Der genaue Anteil der jüdischen Bevölkerung lässt sich nicht ermitteln, es waren aber nicht mehr als 2 %. Vgl. Abke: Sichtbare Zeichen, S. 98 f.

11   Hartmut Lohmann: »Hier war doch alles nicht so schlimm ...«. Stade im Nationalsozialismus. Stade 1991, S. 293.

12   Ebenda, S. 296 u. 312–315.

13   Daniela Münkel: Nationalsozialistische Agrarpolitik und Bauernalltag. Frankfurt/M. u. a. 1996, S. 352.

14   BA Berlin, R161, Nr. 2134.

Im Januar 1936 erreichte die Kreisbauernschaft Stade ein handgeschriebener Brief, in dem ein Erbhofbauer ebenfalls des Handels mit einem Juden bezichtigt wurde.[15] Im August 1936 druckte die Redaktion des antisemitischen Hetzblattes »Der Stürmer« eine eingesandte anonyme Denunziation, die ebenfalls auf einen Erbhofbauern wegen Umgangs mit einem Juden bezogen war. Er wurde daraufhin aus der NSDAP ausgeschlossen.[16] Da Erbhöfe eine Größe von mindestens 7,5 ha hatten, ist neben Antisemitismus und dem Wunsch nach Anerkennung ein gewisses Maß an Sozialneid als Motiv nicht auszuschließen. Nicht zuletzt durch diese und ähnliche Denunziationen wurde gegenüber der neuen Obrigkeit und insbesondere mit Blick auf die traditionellen Machtstrukturen neu verhandelt, wer im Ort »das Sagen« hatte. Zahlreiche Bauern dürften durch den so ausgeübten Druck ihre Handelsbeziehungen zu jüdischen Viehhändlern aufgekündigt haben.

An dem einzigen aktenkundig gewordenen Fall von »Rassenschande« 1937 in Zeven[17] sowie dem in der Literatur mehrfach aufgegriffenen Fall des »Pastor Behrens«[18], der im Herbst 1935 mit einem Schild mit der Aufschrift »Ich bin ein Judenknecht« durch Stade getrieben und misshandelt worden war, wird die zunehmende Radikalisierung in der Gesellschaft im Umgang mit Juden und »Judenfreunden« ab Mitte der 1930er Jahre deutlich. Aber auch die vermutete Verquickung von Denunziation, Klatsch und Gerüchten als benachbarte Kommunikationsweisen konnte abermals untermauert werden. Auch wenn von »massenhafter Denunziation« keine Rede sein konnte: Die Denunziationsbereitschaft stieg offenbar, wenn überkommene Hierarchien, Loyalitätsbeziehungen sowie eine traditionelle soziale und moralische Ordnung erschüttert wurden. Bei der Durchsetzung der nationalsozialistischen Rassenpolitik im Untersuchungsgebiet haben sie eine wichtige Rolle als Transmissionsriemen zwischen Staat und Gesellschaft gespielt, was sich bei der Anzeige- und Sanktionsbereitschaft gegenüber Kriegsgefangenen und Zwangsarbeitern nach 1939 fortsetzen sollte.

15   Nds. StAS, Rep. 266, Nr. 151.
16   Münkel: Nationalsozialistische Agrarpolitik, S. 357 f.
17   Abke: Sichtbare Zeichen, S. 110; Nds. StAS, Rep. 171a Stade, Nr. 866.
18   Hans-Jürgen Döscher: Der Fall »Behrens« in Stade. Eine Dokumentation zum Verhältnis Kirche–Partei–Staat im Dritten Reich. In: Stader Jahrbuch 1972, S. 70–90; Lohmann: »Hier war doch alles nicht so schlimm«, S. 272.

2   Wirtschaftsvergehen, Kriegsgefangene, Zwangsarbeiter und Regimekritik

Der Einmarsch der deutschen Wehrmacht in Polen am 1. September 1939 und der Ausbruch des Zweiten Weltkrieges markierten auch innenpolitisch eine weitere Radikalisierung. Bereits im Vorfeld war die ohnehin schon stark eingeschränkte ökonomische Selbstständigkeit der Bauern abermals durch zahlreiche neue Gesetze und Verordnungen beschnitten worden – galt es doch, die Versorgung der Bevölkerung und der Soldaten sicherzustellen. In § 1 der Kriegswirtschaftsverordnung (KWVO) heißt es:

»Wer Rohstoffe oder Erzeugnisse, die zum lebenswichtigen Bedarf der Bevölkerung gehören, vernichtet, beiseite schafft (sic!) oder zurück hält und dadurch böswillig die Deckung des Bedarfs gefährdet, wird mit Zuchthaus oder Gefängnis bestraft. In besonders schweren Fällen kann auf Todesstrafe erkannt werden.«[19]

Die innen- und außenpolitische Radikalisierung des NS-Regimes machte sich nicht zuletzt in der Verschärfung von Strafmaßen bemerkbar. Hinzu kamen zahlreiche Spendenaufrufe, die hohen symbolischen und ideologischen Charakter hatten. Zwar war eine Verweigerung nicht justiziabel, allerdings wurde eine Beteiligung bzw. Unterlassung durchaus als Indikator für die Haltung des Einzelnen zum NS-Regime gewertet und die mangelnde Spendenbeteiligung konnte einen »Anfangsverdacht« für mangelnde Konformität bilden, dem dann weitere Anschuldigungen folgten. Durch Ermahnungen, Maßregelungen und Hofbesichtigungen versuchten die Kreisbauernschaften, eine soziale Anpassung zu erwirken. Wenn diese Disziplinierungsversuche scheiterten, drohte die Enteignung. In Anbetracht des wachsenden Erzeugungs- und Abgabedrucks und der sich stetig verschlechternden wirtschaftlichen Situation sollte insbesondere das Schwarzschlachten bis über 1945 hinaus auf dem Land zu einem Massendelikt werden.[20] Gleichzeitig hielten sich Denunziationen hier in Grenzen, weil meist mehrere Personen profitierten und die Toleranz gegenüber Abweichungen auch immer proportional zur Höhe der insgesamt erzeugten Erträge zu sehen ist. Auch war die Ernährungslage auf dem Land im Gegensatz zu den Großstädten relativ stabil, was sich auf den Grad der Zufriedenheit positiv auswirkte. Dennoch lässt sich an einigen Denunziationsfällen, hier insbesondere von Angestellten gegenüber ihren Arbeitgebern, die partielle

---

19 RGBl, I, S. 1609.
20 Gleichwohl handelte es sich keineswegs um ein Kavaliersdelikt und nach Zeugenaussagen in einem Interview, das Heinrich Lohmann geführt hat, kamen mehrere Einwohner des Landkreises Stade wegen Schwarzschlachtens im Konzentrationslager um. Vgl. Lohmann: »Hier war doch alles nicht so schlimm«, S. 184.

Auflösung bis dahin vorherrschender ländlicher Strukturen beobachten.[21]
Hingegen bildeten Denunziationsfälle im Zusammenhang mit Kriegsgefangenen und Zwangsarbeitern ab 1939 einen wesentlich größeren und weitrei-
chenderen Komplex. Denn neben dieser signifikanten inhaltlichen Schwer-
punktverlagerung rückte auch die rassenideologische Komponente wieder
stärker in den Vordergrund und wurde durch die Mithilfe von Teilen der
Bevölkerung – meist flankiert von traditionellen Moralvorstellungen – in ihrer
Wirkungsmächtigkeit bekräftigt.

Spätestens ab Herbst 1941 war die Kriegswirtschaft alternativlos auf ausländische Arbeitskräfte angewiesen. Den für April 1944 dokumentierten Zahlen
zufolge bildeten Polen und »Ostarbeiter« im Landkreis Stade den größten Teil
der dort beschäftigten ausländischen Arbeitskräfte.[22] Trotz aller Bemühungen
des NS-Regimes, die »Fremdvölkischen« von den »Volksgenossen« räumlich
und ideologisch zu isolieren, waren diese Versuche in den Kleinstädten, aber
ganz besonders in der Landwirtschaft, zum Scheitern verurteilt: Die gemeinsame
harte körperliche Arbeit, räumliche Nähe einerseits sowie Freiräume in den oft
unübersichtlichen landwirtschaftlichen Betrieben andererseits verhinderten
zusammen mit den zwangsläufig stattfindenden zwischenmenschlichen Interak-
tionen eine strikte Einlösung rassenideologischer Postulate. Gleichzeitig war der
Status insbesondere osteuropäischer Zwangsarbeiter von extremer Rechtlosigkeit
geprägt und sie waren der Willkür ihrer Arbeitgeber und lokaler Funktionsträger
hilflos ausgeliefert. Das Verbot privater Kontakte zwischen Polen und Deutschen gipfelte schließlich in der Verordnung über »Verbotenen Umgang mit
einem Kriegsgefangen« vom 17. März 1940 und wurde auf Angehörige anderer
Nationalitäten ausgedehnt. Zuwiderhandlungen konnten mit Gefängnisstrafen,
Zuchthaus, KZ oder der Todesstrafe geahndet werden. Anzeigen wegen vermu-
teter oder tatsächlicher sexueller Beziehungen sind für die gesamten Kriegsjahre
relativ kontinuierlich dokumentiert und waren fast immer von Gerüchten,
Klatsch und Tratsch umlagert.[23] Vor allem »Kriegerfrauen« standen im Zentrum
der öffentlichen Aufmerksamkeit. So wurde die Frau eines Wehrmachtssoldaten

---

21   Hier handelt es sich vor allem um Anzeigen vom unteren Ende der sozialen Stufenleiter, wobei die Motivlage von privaten Konflikten dominiert wurde. Vgl. Nds. StAS, Rep. 266, Nr. 1390,
Nr. 361. Umgekehrte Fälle fanden sich wohl auch deshalb selten, weil die Bauern gegenüber ihren
Angestellten andere Disziplinierungsmaßnahmen zur Hand hatten.
22   Münkel: Nationalsozialistische Agrarpolitik, S. 402. Demnach waren von den insgesamt
5 473 eingesetzten ausländischen Arbeitskräften im Landkreis 4 713 in der Landwirtschaft beschäftigt.
23   Da bei intimen Kontakten in der Regel keine dritten Personen zugegen waren, wurden zumeist persönliche Kontakte oder gegenseitige Besuche und Gesten geschildert, aus denen ein sexuelles
Verhältnis abgeleitet wurde. Im Anschluss an etwa jeden zweiten Bericht der Geheimen Staatspolizei
waren in diesem Zusammenhang Verhaftungen von mindestens zwei Personen aufgeführt, deren
Wohnsitz im Untersuchungsgebiet, einschließlich des Kreises Wesermünde angegeben war. Für
13 Berichtsmonate ergaben sich daraus 15 Festnahmen wegen sog. »GV-Verbrechen«. StA Bremen,
M.2.H.3. Nr. 264.

in Jesteburg dabei beobachtet, wie sie regelmäßig Besuch von einem belgischen Kriegsgefangenen bekam. Obwohl ihr keine sexuellen Kontakte nachgewiesen werden konnten, wurde die Frau vom Amtsgericht Stade am 9. Juni 1941 zu sechs Wochen Haft verurteilt. Das Urteil basierte auf Zeugenaussagen, wonach sie den Kriegsgefangenen »angelächelt« und ihm »zugewinkt« haben sollte.[24] Trotz der allgegenwärtigen Gefahr der Bespitzelung und Denunziation sowie juristischer und ideologischer Bemühungen kam es immer wieder dazu, dass sich unterschiedlichste Beziehungen zwischen Männern und Frauen verschiedener Nationalitäten entwickelten. Auch hier findet sich bestätigt, dass die nationalsozialistische Rassenpolitik oft in sozialen Kleinräumen versagte, weil hier persönliche Begegnungen und Erfahrungen abstrakte ideologische Feindbilder außer Kraft setzen.[25]

Gleichzeitig waren es aber eben diese Kleinräume, die besonders anfällig für soziale Kontrolle, Bespitzelung und Denunziationen waren, die sich besonders an dem »unsittlichen Verhalten« von Frauen und Mädchen entzündeten und geltende Rechtsverordnungen nutzten, um ein als unmoralisch geltendes Verhalten zu sanktionieren. Wenn dann noch persönliche Auseinandersetzungen oder emotionale Spannungen, wie z. B. Eifersucht, hinzukamen, schien sich die im Umfeld von »intimen Kontakten« ohnehin erhöhte Kommunikations- und Anzeigebereitschaft zu erhöhen: Denn letztlich bot sich hier ein Feld, auf dem Geschlechter- und Machtverhältnisse besonders explizit verhandelt und geltende Moralvorstellungen praktisch durchgesetzt werden konnten. Mit fatalen Konsequenzen für die Opfer: Denn während die Frauen oft im Ort gedemütigt und an der Gerichtsbarkeit vorbei direkt der Gestapo überstellt wurden, zog für die »Ostarbeiter« der Geschlechtsverkehr mit einer deutschen Frau in der Regel die Todesstrafe nach sich.[26] Neben der Strafbarkeit von Wirtschaftsvergehen und »Delikten« im Zusammenhang mit Kriegsgefangenen und Zwangsarbeitern verfolgten die Behörden insbesondere kritische Äußerungen gegenüber dem NS-Regime, die mit fortschreitender Kriegsdauer immer drakonischer bestraft wurden. Obwohl Gisela Diewald-Kerkmann ab 1943 entsprechenden Denunziationen eine neue »Quantität und Qualität« bescheinigt, hielten sich derartige Anzeigen im Untersuchungsgebiet in Grenzen und von »massenhafter Denunziation« kann auch hier keine Rede sein; gleichzeitig darf diese Beobachtung nicht darüber hinwegtäuschen, dass jedwede Regimekritik, insbesondere nach der Niederlage von Stalingrad, als Defä-

24 StAS, Rep. 72/172 Stade, acc.8/74., Ds. 1/41 u. Birthe Kundrus: Kriegerfrauen. Familienpolitik und Geschlechterverhältnisse im Ersten und Zweiten Weltkrieg. Hamburg 1995, S. 380.

25 Kundrus: Kriegerfrauen, S. 382.

26 Für das Untersuchungsgebiet konnte ich in diesem Zusammenhang drei Hinrichtungen von polnischen Männern nachweisen. In einem Fall wurde das ebenfalls beschuldigte deutsche Mädchen kahl geschoren und durch das Dorf geführt. Nds. StAS Stade, Rep. 171a.

tismus gewertet und mit dem Tode bestraft werden konnte.[27] Dennoch deuten einige Indizien darauf hin, dass derartige Denunziationen eher dem urbanen Raum zugeordnet werden können – nicht zuletzt das enge Miteinander am Wohn- und Arbeitsplatz in den Städten hat zweifellos die soziale Kontrolle verdichtet und Freiräume eingeschränkt. Zudem entfielen in anonymen Situationen und flüchtigen Begegnungen offenbar die eine Denunziation hemmenden Faktoren, wie enge wirtschaftliche und soziale Beziehungsgeflechte oder menschliche Rücksichtnahme, die auf dem Land aufgrund der Infra- und Sozialstruktur ausgeprägter waren. Auch die für Teile des Untersuchungsgebiets zuständige Gestapo-Stelle Bremen hat ab Juni 1941 kaum über die »Volksstimmung« auf dem Land berichtet, und die in den Berichten aufgeführten Verhaftungen beziehen sich fast ausschließlich auf Vergehen im Zusammenhang mit Kriegsgefangenen und Zwangsarbeitern. Festnahmen wegen nicht erwünschter politischer Äußerungen sind im Berichtszeitraum bis Juli 1942 lediglich aus Wesermünde und aus Cuxhaven überliefert, kaum aber aus ländlichen Regionen und den Kleinstädten Stade und Buxtehude. Offenbar waren die Menschen mit alltäglichen Sorgen befasst, denn im Berichtsblatt vom 26. Juli 1941 hieß es:

»Allgemein ist die Stimmung in der Bevölkerung verhältnismäßig müde, wenn nicht gar apathisch. Man hat sich damit abgefunden, noch einen dritten Kriegswinter durchzumachen. Politische Gespräche wurden kaum geführt und fanden kein Interesse.«[28]

Überliefert sind entsprechend nur wenige Fälle, bei denen oft Alkohol im Spiel war oder persönliche Konflikte zugrunde lagen. Zum Beispiel leitete im September 1941 die Polizei Königreich die Anzeige eines Bauern gegen seine Hausangestellte an die Gestapo in Stade weiter. Die Frau, die dem Namen nach zu urteilen polnische Wurzeln hatte, sollte die Arbeit verweigert und sich abfällig über die Gesetzgeber und damit indirekt über das NS-Regime geäußert haben. Im Vorfeld hatte sie ihren Arbeitgeber wegen Verstößen gegen die Kriegswirtschaftsverordnung angezeigt und schließlich ihren Arbeitsplatz verlassen. Der Ausgang dieses Vorgangs ist nicht dokumentiert, aber auch der zuständige Beamte erkannte in den gegenseitigen Beschuldigungen einen Racheakt.[29] Und im Sommer 1943 denunzierte ein Landwirt aus York seine Nachbarn wegen der Verbreitung staatsfeindlicher Gerüchte. Der Kreisleiter

---

27   Gisela Diewald-Kerkmann geht von mindestens 30 000 Verurteilungen wegen »Wehrkraftzersetzung« während des Zweiten Weltkriegs aus. Dabei lag es im Ermessensspielraum der Verfolgungsbehörden, ob Anklage wegen »Heimtückevergehen« oder »Wehrkraftzersetzung« erhoben wurde, was erhebliche Auswirkungen auf die Verhängung einer Freiheits- oder Todesstrafe hatte. Gisela Diewald-Kerkmann: Politische Denunziation im NS-Regime oder Die kleine Macht der »Volksgenossen«. Bonn 1995, S. 116.
28   StAB, M.2, H.3, Nr. 264.
29   Nds. StAS, Rep. 274, Nr. 150.

der NSDAP hielt außerdem eine Hofbesichtigung für erforderlich, »da ihm unterbreitet [worden] war, dass sowohl im Hause wie auf den Ländereien eine wüste Unordnung herrschen sollte«.[30] Die Hofbetreiber und deren Wirtschaftsführung entsprachen offenbar nicht den Vorstellungen einiger Ortsbewohner und Funktionsträger, und die Denunziationen sollten der Disziplinierung, bzw. der Einleitung eines Abmeierungsverfahrens und damit der sozialen und wirtschaftlichen Ausgrenzung dienen. Auch wurde vehement auf die Untersuchung des »Geisteszustands« der Brüder gedrängt. Schließlich setzte sich der Ortsbauernführer Wester-York bei der Kreisbauernschaft für die Familie ein, indem er einräumte, dass sie zwar etwas »eigenartig in ihrem Denken und Handeln« seien, aber durchaus in der Lage, ihren Hof zu bewirtschaften. Trotzdem wurde dem Bauern die Betriebsführung entzogen und der Hof zwangsverpachtet. Sein Bruder beging im Gerichtsgefängnis Selbstmord, eine Schwester »verstarb« in der Heil- und Pflegeanstalt Lüneburg.[31] Dieser Fall zeigt, dass es durchaus Handlungsspielräume gab, sich für andere Menschen einzusetzen. Auch wird eine Werteverschiebung deutlich, in deren Zuge soziale Abweichungen und individuelle Eigenarten offenbar immer weniger toleriert wurden. Mit der gegen Kriegsende immer schwierigeren Lebenssituation durch knapper werdende Lebensmittel, der Zwangsunterbringung von Flüchtlingen und Kriegsgefangenen, der Abwesenheit von Ehemännern, Vätern und Söhnen häuften sich Denunziationen wegen angeblich unberechtigter Zurückstellungen einiger Männer vom Kriegsdienst, die für die Arbeit in der Landwirtschaft oder wegen körperlicher Gebrechen »UK«, also unabkömmlich, gestellt waren.[32] Auch nahmen Denunziationen wegen kleinerer Diebstähle, die allerdings mit drakonischen Strafen geahndet und zu »Plünderungen« aufgebauscht wurden, gegen Kriegsende zu. In der Presse wurde außerdem jeden Tag über Todesurteile berichtet, die in den letzten Kriegstagen wegen »Gefährdung der deutschen Kampfkraft« oder »Feindbegünstigung« verhängt worden waren. Allerdings sind für das Untersuchungsgebiet hier keine maßgeblichen Fälle dokumentiert. Am 8. Mai 1945 war mit der bedingungslosen Kapitulation der deutschen Wehrmacht der Zweite Weltkrieg beendet. Wie schon eingangs erwähnt, gab es für denunziatorische Muster keine »Stunde Null«: Der Wiederaufbau und der mühsame Prozess der Re-Demokratisierung sollten auch

---

30 Ebenda, Rep. 266, Nr. 2909.

31 Aufgrund der im Nationalsozialismus gängigen Praxis, als »behindert« oder »psychisch krank« eingestufte Menschen im Zuge der »rassenhygienischen Mobilmachung« bereits vor Kriegsbeginn durch Medikamente und Vernachlässigung in psychiatrischen Anstalten umzubringen, kann davon ausgegangen werden, dass die Schwester nicht eines natürlichen Todes gestorben ist. Vgl. Ernst Klee: »Euthanasie« im NS-Staat. Die ›Vernichtung unwerten Lebens‹. Frankfurt/M. 1983.

32 Vgl. z B. StAS, Rep. 266, Nr. 1882: In einer anonymen Beschwerde heißt es hier über einen Bauern, er würde nicht viel arbeiten und mit Vorliebe mit einer Zigarre im Mund im Dorf spazieren gehen. Mit dem Zusatz, die Leute würden sich über seine UK-Stellung aufregen, versteckt sich der Denunziant neben der Anonymität hinter der angeblich im Dorf kursierenden Meinung.

über das Ende der nationalsozialistischen Gewaltherrschaft hinaus unter veränderten rechtlichen Rahmenbedingungen von entsprechenden Kommunikations- und Verhaltensmustern begleitet werden: Zwar war durch die Aufhebung wesentlicher nationalsozialistischer Straftatbestände nach 1945 zahlreichen Anlässen für eine Denunziation formaljuristisch der Boden entzogen und auch NS-ideologische Postulate wurden nicht mehr öffentlich vermittelt. Gleichzeitig wurden NS-typische Denunziationsangebote der frühen Nachkriegszeit durch die Entnazifizierung, die Strafbarkeit von NS-Verbrechen und die weiterhin gültige Kriegswirtschaftsverordnung relativiert, weil erneute äquivalente Möglichkeiten zur Denunziation eröffnet wurden.[33]

3 Abschlussbetrachtung

Entgegen immer noch hartnäckiger Auffassungen ist Denunziation keine NS-typische Erscheinung, sondern ein systemübergreifendes Phänomen. Das konnten wir in unserem Forschungsprojekt und den daraus hervorgegangenen Einzeluntersuchungen eindeutig beweisen. Gleichzeitig waren aber systemspezifische Denunziationsmuster zu beobachten, und von einer »anthropologischen Konstante« kann keine Rede sein. Abgesehen davon, dass die Kriminalisierung zahlreicher Verhaltensweisen im Nationalsozialismus zweifellos einen spezifischen Nährboden für denunziatorisches Verhalten bot, lässt sich festhalten: Denunziation entstand aus komplexen sozialen und kommunikativen Zusammenhängen und entzündete sich vor allem an Themen, die alltägliche Erfahrungen und Ereignisse in besonderer Weise berührt haben. Wie ich zeigen konnte, wurden dabei einige der staatlichen und juristischen Angebote zur Denunziation angeeignet und internalisiert, während andere zurückgewiesen wurden: Auch unter nationalsozialistischer Gewaltherrschaft gab es durchaus Handlungsspielräume, die auf unterschiedliche Art und Weise gedeutet und genutzt wurden. Im hier beleuchteten Zeitfenster 1933 bis 1945 ließen sich überdies mehrere »Denunziationswellen« identifizieren, deren Ausprägung und Intensität allerdings variierte. Als besonders anfällig haben sich Phasen einschneidender Veränderung erwiesen: So die Machtübernahme 1933, die innen- und außenpolitische Radikalisierung 1939 sowie die bedingungslose Kapitulation und das Kriegsende 1945. Der daraus abgeleitete Begriff der »Umbruchsdenunziation« umreißt die Beobachtung, dass insbesondere in Zeiten großer Verunsicherung, in der alte Überzeugungen und Gewissheiten infrage gestellt und teilweise durch neue ersetzt werden sollten, die Rahmenbedingungen für Klatsch, Tratsch und Denunziation besonders fördernd wa-

---

33 Abke: Sichtbare Zeichen, S. 201–273.

ren. Denunziation war aber nicht nur ein Mechanismus vielfältiger Prozesse auf gesellschaftlicher, auf horizontaler Ebene, sondern wirkte gleichsam als Motor in vertikalen Transmissionsprozessen zwischen Staat und Gesellschaft. Nicht zuletzt durch Denunziation konnten Abweichungen aufgespürt und sanktioniert sowie staatliche und juristische Vorgaben praktisch um- und durchgesetzt werden. Dabei stellten sich die Denunzianten in den Dienst der Obrigkeit, eröffneten dem Staat Zugänge in sonst kaum einsehbare Räume und ermöglichten so umgekehrt eine Indienstnahme von Denunziation als Instrument der Herrschaftssicherung und der sozialen Kontrolle. Staatliche und gesellschaftliche Interaktion waren somit nicht getrennt mit dem »Echolot Denunziation« zu vermessen, sondern sie haben sich immer in unterschiedlicher Gewichtung gegenseitig durchdrungen und einander bedingt. Trotz der beschriebenen Einschränkungen bleibt festzuhalten: Denunziation war im Nationalsozialismus ein wichtiges Instrument zur Herrschaftssicherung und ein wichtiger Transmissionsriemen zwischen Staat und Gesellschaft.

Dorothe Zimmermann

Praktiken der Denunziation in der Schweiz. Der politische Nachrichtendienst des Schweizerischen Vaterländischen Verbandes, 1930 bis 1948

»In Zürich, Aemtlerstrasse 174, 4. Stock, soll Johann Eugster [...] in seinem Schlafzimmer eine illegale Druckerei für die KPZ[1] errichtet haben«[2], schrieb Arnold Huber am 8. Februar 1934 an die schweizerische Bundesanwaltschaft. Diese reagierte umgehend und beauftragte die Kantonspolizei Zürich mit polizeilichen Ermittlungen.[3] Eine Befragung des Kindermädchens, das bei Eugster angestellt war, ergab, dass dieser zwar »tatsächlich eine ganz kleine Druckerpresse« in seinem Schlafzimmer habe, diese aber nur brauche, um »als Nebenverdienst« Visitenkarten zu drucken. Er sei auch nur im Besitz von sehr kleinen Schriftsätzen, mit denen keine Flugblätter gedruckt werden könnten. Politisch sei Johann Eugster noch nie aufgefallen und auch innerhalb der Kommunistischen Partei sei er unbekannt. Dennoch beabsichtigte der ermittelnde Polizeikorporal, »immerhin diese Druckerei ein wenig im Auge [zu] behalten«.[4]

Arnold Huber, der den oben zitierten Brief an die Bundesanwaltschaft schickte, war Sekretär des Schweizerischen Vaterländischen Verbandes (SVV)[5]. Dass der Bundesanwaltschaft die Meldung eines SVV-Mitgliedes als Ermittlungsgrundlage für eine polizeiliche Untersuchung diente, war kein Einzelfall. Der SVV denunzierte bei den schweizerischen Bundesbehörden[6] zahlreiche Personen, die er der kommunistischen oder sozialistischen Tätigkeit verdächtigte oder die er aus anderen Gründen als »unschweizerisch«[7] empfand.

1   Kommunistische Partei Zürich.
2   Brief von SVV an Bundesanwaltschaft (BA) v. 8.2.1934; Schweizerisches Bundesarchiv (BAR), E 4320(B), 1990/270, Bd. 16, unpag.
3   Brief von BA an Polizeikommando Kanton Zürich v. 8.2.1934; BAR, E, 4320(B), 1990/270, Bd. 16, unpag.
4   Polizeikorps Kanton Zürich: Spezialrapport v. 23.2.1934; BAR, E 4320(B), 1990/270, Bd. 16, unpag.
5   Dieser Text befasst sich mit einem Teilaspekt meines Dissertationsprojektes »Antikommunismus vor dem Kalten Krieg. Der Schweizerische Vaterländische Verband, 1930–1948«.
6   Die meisten Meldungen gingen an die Bundesanwaltschaft, aber auch die eidgenössische Fremdenpolizei und die Bundesräte erhielten regelmäßig Meldungen des Verbandes.
7   SVV: Instruktion betr. Nachrichtendienst v. 5.6.1939; BAR, J 2.11, 1000/1406, Bd. 20, S. 3.

Rund 15 Prozent aller Personendossiers des Polizeidienstes der Bundesanwaltschaft zu (angeblichen) Kommunisten und Sozialisten aus dem Zeitraum von
1930 bis 1938 enthalten Meldungen des SVV.[8] Nach Ausbruch des Zweiten
Weltkrieges ging die Anzahl der Meldungen des Verbandes zurück.

Die bislang noch kaum näher untersuchten Akten des SVV aus dem Zeitraum von 1930 bis 1948[9] sowie Akten der schweizerischen Bundesanwaltschaft, der Eidgenössischen Fremdenpolizei und einzelner Bundesräte zeugen
von einem intensiven, außergesetzlichen Austausch zwischen dem privaten
Verband SVV und den Bundesbehörden. Die Akten geben Hinweise darauf,
dass der SVV mit seiner fremdenfeindlichen und antikommunistischen Politik
und seiner denunziatorischen Bespitzelungspraxis das behördliche Vorgehen
im Bereich des Staatsschutzes über Jahre hinweg prägte.

Am Beispiel des SVV sollen in diesem Beitrag Praktiken der Denunziation
in der Schweiz im Zeitraum von 1930 bis 1948 untersucht und gezeigt werden, dass auch in der demokratischen Schweiz Denunziationen aus der Bevölkerung staatliches Handeln bedingten.[10] Nach einem kurzen Abriss der Geschichte des SVV und einigen Anmerkungen zum Begriff der Denunziation
stehen danach abschnittsweise die Denunzianten, die Denunzierten, die Denunziationswege und abschließend Motive und Effekte der Denunziation im
Zentrum der Betrachtung.

1   Der Schweizerische Vaterländische Verband, 1919 bis 1948

Der SVV wurde in Reaktion auf den Landesstreik vom November 1918, eine
der schwersten politischen Krisen der Schweiz, im April 1919 gegründet.[11]

Während die streikende Arbeiterschaft mit dem Landesstreik vor allem sozial-
politische Forderungen verband, fürchteten bürgerliche Kreise den Umsturz
der alten politischen Ordnung und den Aufstieg der Arbeiterbewegung, wie sie

---

8   Dies ergab eine Auszählung aller Dossiers von Kommunisten oder Sozialisten, deren Nachname in den Akten des Polizeidienstes der BA mit »B« beginnt (Ablieferungen in: BAR, E4320B,
1975/40; 1978/121; 1980/77; 1984/29). – Bd. 1–67.

9   BAR, J.2.11, 1000/1406, Bd. 1–67.

10   Von der historischen Denunziationsforschung wurde mehrmals darauf hingewiesen, dass
Denunziation auch in westlichen Demokratien vorkomme. (Vgl. bspw. Sheila Fitzpatrick; Robert
Gellately: Introduction to the Practices of Denunciation in Modern European History. In: The
Journal of Modern History 68 [1996] 4, S. 747–767, hier 759.) Forschungen zu Denunziation in
demokratischen Systemen des 20. Jahrhunderts sowie zu Denunziation in der Schweiz stehen bislang
noch aus.

11   Willi Gautschi: Der Landesstreik 1918. Zürich 1988; Bernard Degen: Landesstreik. In: Historisches Lexikon der Schweiz (HLS), Version v. 9.8.2012, http://www.hls-dhs-dss.ch/textes/d/
D16533.php (letzter Zugriff: 7.6.2013).

ihn in Deutschland und Österreich beobachten zu können glaubten. Mit einem überdimensionierten Militäraufgebot sowie zahlreichen, neu entstandenen Bürgerwehren wurden die Streikenden in Schach gehalten. Aus Angst vor einer Niederschlagung durch die Armee erklärte das Streikkomitee den Streik bereits nach drei Tagen für beendet.

Von bürgerlich-konservativer Seite her wurde der Landesstreik als bolschewistischer Revolutionsversuch gedeutet, bei dem russische Revolutionäre und russisches Geld eine führende Rolle spielten – eine Deutung, welche die politische Konstellation der Schweiz maßgeblich prägte.[12] Noch Jahrzehnte nach dem Landesstreik wurden die Linken als unzuverlässige Bürger angesehen.

Die Angst vor einem politischen Umbruch wurde noch bestärkt durch die Ablösung des Majorz- durch das Proporzwahlsystem im Oktober 1918, was zur Folge hatte, dass bei den ersten Wahlen nach neuem System 1919 vermehrt sozialdemokratische Politiker ins Parlament gewählt und die Hegemonie der Freisinnigen Partei gebrochen wurde. Was auf den ersten Blick nach einer Erweiterung und Ausdifferenzierung der Demokratie aussah, hatte letztlich eine Blockbildung sämtlicher bürgerlichen Parteien und Gruppierungen, eine »rechtsbürgerliche Hegemonialisierung von Staat und Gesellschaft«[13] und eine Stigmatisierung der Sozialdemokratie zur Folge.[14]

Innerhalb dieser antisozialistischen Stimmung ist die Gründung des SVV anzusiedeln, der aus der Zusammenfassung der während des Landesstreiks entstandenen Bürgerwehren im April 1919 hervorging. Ab 1920 baute der SVV einen politischen Nachrichtendienst auf, der die Bespitzelung »wilder sozialistischer und kommunistischer Vereinigungen durch Vertrauensleute«[15] zum Ziel hatte und regelmäßig Meldungen an die Bundesbehörden machte. Nach einem Bestechungsskandal, in den die Verbandsleitung im Dezember 1947 involviert war, dem damit einhergehenden Vertrauensverlust vonseiten der Bundesbehörden sowie dem Austritt zahlreicher Mitglieder löste sich der SVV 1948 auf.[16]

---

12 Vgl. Mario König: Politik und Gesellschaft im 20. Jahrhundert. Krisen, Konflikte, Reformen. In: Manfred Hettling (Hg.): Eine kleine Geschichte der Schweiz. Der Bundesstaat und seine Traditionen. Frankfurt/M. 1998, S. 21–90, hier 38 f.; Hans Ulrich Jost: Der historische Stellenwert des Landesstreiks. Nachwort zu: Gautschi: Landesstreik, S. I–XV, hier I.

13 Andreas Ernst; Erich Wigger: Innovation und Repression. Die Restabilisierung der bürgerlichen Schweiz nach dem Ersten Weltkrieg. In: Kurt Imhof; Heinz Kleger; Romano Gaetano (Hg.): Zwischen Konflikt und Konkordanz. Analyse von Medienereignissen in der Schweiz der Vor- und Zwischenkriegszeit. Zürich 1993, S. 109–171, hier 165.

14 Vgl. Hans Ulrich Jost: Bedrohung und Enge. In: Ulrich Im Hof u. a. (Hg.): Geschichte der Schweiz und der Schweizer. Basel 1986, S. 731–820, hier 739.

15 SVV-Zirkular v. 28.2.1920, zit. nach: Andreas Thürer: Der Schweizerische Vaterländische Verband und die in ihm zusammengeschlossenen Bürgerwehren 1919–1923. Basel 1976 (unpubl. Lizentiatsarbeit), S. 131.

16 Die Geschichte des SVV von 1919 bis 1930 ist Gegenstand einer Dissertation von Andreas Thürer (Andreas Thürer: Der Schweizerische Vaterländische Verband, 1919–1930/31. Diss. Basel

2   Praktiken der Denunziation

Ohne im Detail auf die innerhalb der historischen Denunziationsforschung geführten Diskussionen zur Definition von Denunziation einzugehen,[17] soll zunächst geklärt werden, welches Begriffsverständnis von Denunziation diesem Text zugrunde liegt. Um nicht den Deutungen der Zeitgenossen, resp. den eigenen Vorannahmen aufzusitzen, empfiehlt sich eine breite und offene Definition des umgangssprachlich verständlichen Begriffs, welche es erlaubt, am Einzelfall zeit- und kontextabhängig aufzuzeigen, wie Denunziation und Denunzieren funktionierte. Die Definition, die diesem Aufsatz zugrunde liegt, stammt von Sheila Fitzpatrick. In einem ihrer späteren Beiträge führt sie aus, das Einzige, was für alle Denunziationen charakteristisch sei, sei die Tatsache, dass »the denouncer is a citizen who is calling on the state [...] to take disciplinary action against another citizen«[18]. Zur zentralen Frage, inwiefern sich Anzeigen von Denunziationen unterscheiden, die mit dieser breiten Definition offen bleibt, stütze ich mich auf Michael Schröter. Er stellt fest, dass bei der Denunziation die Wahrnehmung der Dimension des Verrats überwiegt, während bei den als Anzeige aufgefassten Meldungen, die anzeigende Person persönlich betroffen ist und somit die Dimension der Strafverfolgung im Vordergrund steht.[19] Damit scheint klar, dass auch die Meldungen des SVV als Denunziationen zu bewerten sind.

Neben einer breiten Definitionsgrundlage scheint mir für die Analyse von Denunziationen die Feststellung wichtig – und darauf zielt auch die Frage nach den im Titel angekündigten Praktiken der Denunziation –, dass das Handeln der denunzierenden Akteure abhängig ist von spezifischen Konstellationen und strukturellen Rahmenbedingungen, wie etwa der staatlichen Form der Informationsgewinnung, den politischen Regulierungsprozessen des gesellschaftlichen Denunziationsverhaltens, den Partizipationsmöglichkeiten für soziale Gruppen und einzelne Personen oder auch dem gesetzlichen Umgang mit denunziatorischen Informationen.[20] Diese normativen Strukturen prägen

---

2010). Die Darstellung der Verbandstätigkeit nach 1930 und insbesondere der Zusammenarbeit des Verbandes mit den Behörden steht noch aus.

17   Vgl. ausführlich in: Stephanie Abke: Sichtbare Zeichen unsichtbarer Kräfte. Denunziationsmuster und Denunziationsverhalten 1933–1949. Tübingen 2003, S. 57–60; Ela Hornung: Denunziation als soziale Praxis. Fälle aus der NS-Militärjustiz. Wien u. a. 2010, S. 17–27; Christoph Thonfeld: Sozialkontrolle und Eigensinn. Denunziation am Beispiel Thüringens 1933 bis 1949. Weimar 2003, S. 27–32. Vgl. zudem den Beitrag von Anita Krätzner in diesem Band.

18   Sheila Fitzpatrick: Denunciation and Problems of Loyalty and Citizenship. In: Michaela Hohkamp, Claudia Ulbrich (Hg.): Der Staatsbürger als Spitzel. Denunziation während des 18. und 19. Jahrhunderts aus europäischer Perspektive. Leipzig 2001, S. 383–396, hier 391.

19   Michael Schröter: Der willkommene Verrat. In: ders. (Hg.): Der willkommene Verrat. Beiträge zur Denunziationsforschung. Weilerswist 2007, S. 203–226, hier 222.

20   Thonfeld: Sozialkontrolle, S. 74.

das Handeln der Akteure, werden gleichzeitig aber auch durch sie modifiziert und müssen daher ebenfalls Eingang in die Analyse von Denunziationen finden.

3   Die Denunzianten und ihr Nachrichtendienst

Der 1920 gegründete Nachrichtendienst mit Sitz in Aarau wurde ab 1930 vom eingangs erwähnten Arnold Huber, Sekretär des SVV, geleitet. Der Nachrichtendienst arbeitete mit Vertrauensleuten zusammen, die gemäß Weisungen des Verbandes »ganz verschwiegen und politisch absolut zuverlässig«[21] zu sein hatten. Ihre Aufgabe war die Meldung »von allfällig wahrgenommenen staatsgefährlichen Vorkommnissen und als solche verdächtige Erscheinungen«.[22] Die Vertrauenspersonen schickten ihre Beobachtungen an Huber, der sie an die Bundesbehörden weiterleitete. Es handelt sich somit um eine Form von institutionalisierter Denunziation, die für die Behörden eine gewisse Kontrolle und Kontinuität gewährleistete.

Bereits ab 1921 machte der SVV erste Denunziationsmeldungen; voll funktionsfähig war der Nachrichtendienst aber erst ab 1929.[23] In den 1930er Jahren stellte der Nachrichtendienst schließlich die wichtigste Verbandstätigkeit in seinem Kampf gegen Kommunismus und Sozialismus dar.

Die Vertrauensmänner rekrutierte der SVV sowohl in seinem eigenen, rechtsbürgerlichen Umfeld, als auch unter Mitgliedern der 1921 gegründeten Kommunistischen Partei der Schweiz (KPS), welche dem SVV gegen Bezahlung[24] Informationen aus (meist geheimen) Versammlungen lieferten und so eine Infiltration der Partei ermöglichten.

Für die kommunistischen Gewährsmänner des SVV gilt, was bereits mehrere historische Arbeiten zu Denunziationen zeigten: Sie denunzierten Personen aus ihrem engeren Umfeld und standen in den meisten Fällen tendenziell am Rande der Gesellschaft. Das soziale Profil der (rechts-)bürgerlichen Gewährsmänner, das aufgrund der fragmentierten Quellenlage und einer Anonymhaltung der Gewährsmänner gegenüber den Behörden allerdings nur in Ansätzen rekonstruiert werden kann, sah jedoch anders aus: Unter ihnen befanden sich durchweg Menschen aus angesehenen, höheren Berufsfeldern: Offiziere, Ad-

---

21   Streng vertrauliche Weisung: Organisation eines vertraulichen Beobachter- und Meldedienstes v. 16.1.1939; BAR J.2.11, 1000/1406, Bd. 25, S. 1.
22   Ebenda.
23   Thürer: Der SVV, S. 521.
24   Vgl. Brief von SVV an Rudolf Brun v. 19.12.1932; BAR J.2.11, 1000/1406, Bd. 25, unpag.

vokaten oder auch Hotelbesitzer wurden in den Quellen genannt.[25] Das soziale Profil dieser Vertrauensmänner widerspricht somit dem zentralen Befund der Denunziationsforschung, wonach betont wird, dass innerhalb der gleichen sozialen Schicht oder von »unten nach oben« denunziert werde.[26] Allerdings hat bereits Stephanie Abke diesem Befund ihre Ergebnisse gegenübergestellt, die zeigen, dass in ihrem Untersuchungsgebiet ebenfalls von oben nach unten denunziert wurde, dass also »Bauern, Bäuerinnen oder Arbeitgeberinnen bei ihnen angestellte junge Mädchen denunziert haben«[27].

Auch die Beobachtung, dass zwischen den rechtsbürgerlichen Denunzianten des SVV und den Denunzierten oft keine persönliche Beziehung bestand, widerspricht zentralen Aussagen der Denunziationsforschung.[28] Inzwischen gibt es aber auch hierzu Forschungen, die zu anderen Resultaten kamen. So hat Ela Hornung nachgewiesen, dass nur in rund 11 Prozent aller von ihr untersuchten Fälle nähere Beziehungen zwischen der denunzierten und der denunzierenden Person vorlagen.[29] Die Thesen einer ausschließlich von unten nach oben bzw. auf gleicher Ebene verlaufenden Denunziationsrichtung und einer engen Beziehung, die teilweise auch in die Definitionsversuche eingeflossen sind, können damit widerlegt werden.

4   Denunzierte

Geprägt durch das Landesstreik-Erlebnis von 1918 und weitere kleinere Streiks durch die Arbeiterbewegung ging der SVV von einem klar umrissenen Feind im Landesinnern aus: die Kommunisten und in der Gründungszeit auch die Sozialisten galten als die größte Bedrohung.

Bis zum Verbot der KPS 1940 war die bloße Mitgliedschaft in der Partei nicht illegal, jedoch gab es zahlreiche antikommunistische Gesetze, wie etwa den Ausschluss der Kommunisten aus der Bundesverwaltung 1932[30] sowie

---

25   Vgl. bspw. Brief von E. Hansen, Direktor Hotel Regina, Mürren an SVV v. 22.5.1944; BAR, J 2.11, 1000/1406, Bd. 57, unpag.; Brief von Otto Sutter, Rechtsanwalt an SVV v. 6.12.1944; BAR, J 2.11, 1000/1406, Bd. 54; Bericht des Gewährsmannes Leutnant Lang v. 11.8.1944; BAR J.2.11, 1000/1406, Bd. 25.

26   Vgl. Robert Gellately: Denunciation as a Subject of Historical Research. In: Historische Sozialforschung 26 (2001) 2/3, S. 16–29, hier 27.

27   Abke: Sichtbare Zeichen, S. 168.

28   Fitzpatrick: Denunciation, S. 383–396, hier 390.

29   Hornung: Denunziation als soziale Praxis, S. 82.

30   BRB betr. Ausschluss der Kommunisten aus der Bundesverwaltung v. 2.12.1932, Amtliche Sammlung des Bundesrechts (AS) 48, S. 780 f., zit. nach: Reto Patrick Müller: Innere Sicherheit Schweiz. Rechtliche und tatsächliche Entwicklungen im Bund seit 1848. Egg bei Einsiedeln 2009, S. XXXV.

verschiedene Maßnahmen gegen »kommunistische Umtriebe« in der Schweiz ab 1936[31], welche das gesamtschweizerische Verbot der KPS vom 26. November 1940 vorbereiteten und eine Grundlage für die Denunziation von Schweizer Kommunisten boten.

Der Zürcher Streik der Heizungsmonteure im Mai/Juni und die sogenannten Genfer Unruhen[32] im November 1932, die der SVV als kommunistischen Umsturzversuch im Stile des Landesstreiks deutete[33], aktivierten die Vertrauensleute des SVV: 1932 ist ein erster Höhepunkt an Meldungen festzustellen, in denen Mitglieder der KPS denunziert wurden. Als Delikte wurden etwa Kontakte mit dem »revolutionären Ausland«[34], eine »Parteiheirat« bzw. »Scheinehe«[35] oder der angebliche Besitz von Waffen[36] genannt. Obwohl die Beweislage für einen bevorstehenden kommunistischen Umsturz damit äußerst dünn war, reagierte die Bundesanwaltschaft auf die meisten Meldungen des SVV mit einer polizeilichen Untersuchung.

Ein markanter Anstieg von Denunziationen durch den SVV ist nach der nationalsozialistischen Machtergreifung zu verzeichnen, als zahlreiche politisch verfolgte Kommunisten und Sozialdemokraten und von antisemitischen Boykotten und gesetzlichen Diskriminierungen bedrohte Juden in die Schweiz emigrierten. Die Schweizer Behörden begegneten den Emigranten misstrauisch, und illegal eingereiste Kommunisten wurden in den 1930er Jahren gewöhnlich wieder ausgewiesen.[37] Aufgrund einer engen Auslegung des Begriffs »politischer Flüchtling« erhielten die meisten Emigranten auch kein politisches Asyl.[38] Sie unterstanden stattdessen dem 1934 in Kraft getretenen Bundesge-

---

31 BRB betr. Maßnahmen gegen kommunistische Umtriebe in der Schweiz v. 3.11.1936, AS 52, S. 819 f.; Maßnahmen gegen staatsgefährliche Umtriebe und zum Schutze der Demokratie v. 5.12.1938, AS 54, S. 856–858; Maßnahmen gegen kommunistische und anarchistische Tätigkeit v. 6.8.1940, AS 56 II, S. 1336 f., zit. nach: Ebenda, S. 280, XXXV.

32 Als Genfer Unruhen wurden Zusammenstöße zwischen den militanten Sozialisten um Léon Nicole und den Anhängern der Union nationale von Georges Oltramare am 9. November 1932 bezeichnet, bei denen 13 Personen durch die aufgebotenen Rekruten getötet und über 80 Personen verletzt wurden. Vgl. Pierre Jeanneret: Genfer Unruhen. In: HLS, Version v. 25.8.2005, übersetzt aus dem Französischen http://www.hls-dhs-dss.ch-/textes/d/D17337.php (letzter Zugriff: 7.6.2013).

33 Situationsbericht. Der Genfer Putsch vom 9./10. November. In: Die Nationale Front. Organ des SVV (1932) 2, S. 1–4.

34 Vgl. bspw. Meldung des SVV zu Heinrich Ströbel; Marie Walter v. 17.11.1933 (Eingangsdatum); BAR, E 4320(B), 1990/270, Bd. 16, unpag.

35 Jede Heirat von Kommunisten, mittels derer ein Ehepartner das Schweizer Bürgerrecht erwarb, wurde vom SVV als Parteiheirat aus politischen Gründen bezeichnet. Vgl. bspw. Meldung des SVV an BA v. 2.11.1933; BAR, E 4320(B), 1990/270, Bd. 16, unpag.

36 Meldung des SVV an BA v. 4.10.1933; BAR, E 4320(B), 1990/270, Bd. 16, unpag.

37 Unabhängige Expertenkommission Schweiz – Zweiter Weltkrieg (Hg.): Die Schweiz und die Flüchtlinge zur Zeit des Nationalsozialismus. Zürich 2001, S. 139.

38 Politisches Asyl- und Bleiberecht erhielt nur, wer gemäß der im Frühling 1933 festgelegten und bis 1944 angewandten Definition politischer Flüchtling war: Menschen, die persönlich verfolgt wurden wie Staatsbeamte, Führer politischer Linksparteien oder bekannte Schriftsteller. Vgl. Uriel

setz über den Aufenthalt und die Niederlassung von Ausländern und erhielten jeweils nur auf wenige Monate befristete Toleranz-, Aufenthalts- oder Niederlassungsbewilligungen, bekamen meist ein Erwerbsverbot und durften sich auch politisch nicht betätigen.[39]

Auf dieser Grundlage denunzierte der SVV nach 1933 zahlreiche Emigranten. Der bloße Hinweis des SVV auf eine angebliche Mitgliedschaft des/der Denunzierten bei einer kommunistischen Gruppe genügte, dass die Bundesanwaltschaft eine polizeiliche Ermittlung veranlasste, wie folgendes Beispiel zeigt. Der Münchner Handlanger Sebastian Bronberger, so meldete der SVV knapp, sei ein »führendes Mitglied des Kommunistischen Jugendverbandes«.[40] Bronberger war der Bundesanwaltschaft unbekannt. Trotz der Knappheit der Information eröffnete die Bundesanwaltschaft eine Personalakte (die Meldung des SVV bildete den ersten Eintrag) und veranlasste polizeiliche Ermittlungen.[41] Auch in zahlreichen weiteren Fällen dienten Hinweise des SVV auf eine KP-Mitgliedschaft als Ermittlungsgrundlage gegen deutsche Flüchtlinge. Dabei konnte es sogar vorkommen, dass aufgrund von Ermittlungen, die auf einer SVV-Meldung basierten, Personen wieder aus der Schweiz ausgewiesen wurden.[42]

Auch jüdische Flüchtlinge wurden vom SVV denunziert. Diese galten gemäß einem Memorandum des Fremdenpolizeichefs Heinrich Rothmund von 1933 ebenfalls nicht als politische Flüchtlinge, »da die Maßnahmen, die [in Deutschland – D.Z.] gegen die Juden ergriffen worden sind, [...] auf wirtschaftlichem Gebiet [liegen]«[43]. Die jüdischen Flüchtlinge wurden von den Schweizer Behörden daher vor allem als (wirtschaftliches) Überfremdungsproblem unter arbeitsmarktpolitischen Aspekten beurteilt.[44] Der SVV argumentierte in den Denunziationen zu jüdischen Flüchtlingen kulturalistisch und brachte die jüdischen Flüchtlinge mit dem ideologischen Konstrukt vom »jüdischen Bolschewismus«[45] mit Umsturz und Kommunismus in Zusammenhang. So erhielt die Bundesanwaltschaft beispielsweise im April 1939 die

---

Gast: Von der Kontrolle zur Abwehr. Die eidgenössische Fremdenpolizei im Spannungsfeld von Politik und Wirtschaft 1915–1933. Zürich 1997, S. 346.

39   Unabhängige Expertenkommission Schweiz – Zweiter Weltkrieg (Hg.): Die Schweiz, der Nationalsozialismus und der Zweite Weltkrieg. Schlussbericht. Zürich 2002, S. 109.

40   Vgl. Eintrag v. 21.6.1933. In: Fichen-Kopie zu Sebastian Bronberger. In: BAR, E 4320(B), 1975/40, Bd. 39, unpag.

41   Ebenda.

42   Vgl. Meldung des SVV an BA v. 1.12.1933 (Eingangsdatum); BAR, E 4320(B), 1990/270, Bd. 16, unpag.; Fremdenpolizei: Ausdehnung der kantonalen Wegweisungsverfügung auf das ganze Gebiet der Schweiz und Einreisesperre v. 8.3.1934; BAR, E 4320(B), 1980/77, Bd. 63, unpag.

43   Memorandum des Chefs der Polizeiabteilung Rothmund v. 4.4.1933. In: Diplomatische Dokumente der Schweiz. Bd. 10, S. 626 ff., zit. nach: Gast: Von der Kontrolle zur Abwehr, S. 345.

44   Gast: Von der Kontrolle zur Abwehr, S. 331.

45   Vgl. André Gerrits: The myth of jewish communism. A historical interpretation. Brüssel 2009.

SVV-Meldung, dass sich »auffallend viele Juden in den Kreisen der kommunistischen Emigranten« bewegen.[46] Bis in den Zweiten Weltkrieg hinein denunzierte und diskreditierte der SVV jüdische Flüchtlinge mit dem Argument,
sie seien Kommunisten. Im Januar 1940 meldete der SVV, dass die Jüdin
namens Blanche Cori »im Auftrag der Komintern von Berlin nach Zürich
gekommen« sei.[47]

Indem der SVV die jüdischen Flüchtlinge bewusst nicht nur aufgrund der
Tatsache, dass sie jüdisch waren, denunzierte, sondern sie einer verbotenen
kommunistischen Aktivität zu überführen versuchte, knüpfte er an bereits
etablierte Verfolgungs- und Überwachungsmuster der Bundesbehörden an und
konnte damit auch in diesen Fällen polizeiliche Untersuchungen auslösen.
Außerdem befreite sich der SVV mit dieser Argumentation seiner Meinung
nach vom von linker Seite her geäußerten Vorwurf, antisemitisch zu sein.[48]

Die Denunziationen von jüdischen Flüchtlingen standen also in der Kontinuität des antikommunistischen Diskurses der Zwischenkriegszeit, der durch
die Denunziationen des SVV performativ reproduziert wurde und damit auch
die restriktive Flüchtlingspolitik mitformte. Das Konzept vom »jüdischen
Kommunismus« erlaubte einen beinahe nahtlosen Übergang von einer antikommunistischen zu einer antisemitischen Flüchtlingspolitik während des
Zweiten Weltkrieges.

Mit der Schließung der Schweizer Grenzen im August 1942 für Menschen,
die gemäß den Weisungen der Schweizer Behörden nicht als politische Flüchtlinge galten, also etwa »Flüchtlinge nur aus Rassegründen, z. B. Juden«[49],
zeichnete sich auch in den Denunziationsmeldungen des SVV ein Wandel ab:
Zum einen lässt sich feststellen, dass die Anzahl von Denunziationsmeldungen
deutlich abnahm. Andererseits zeigt sich auch ein Wandel in der Argumentation: In den wenigen Denunziationsberichten, die der SVV noch schickte, wurden die Flüchtlinge nicht mehr aufgrund eines politischen oder wirtschaftlichen Delikts denunziert, sondern mit explizit antisemitischen Stereotypen
aufgrund ihres »unschweizerischen« und »unsittlichen« Benehmens, das die
gesellschaftliche Homogenität bedrohe.[50]

Die zahlenmäßige Abnahme der Denunziationen kann auch mit der ab
1940 praktizierten Internierung der Flüchtlinge in zivil geführten Arbeitsla-

---

46   Meldung des SVV an BA v. 19.4.1939 (Eingangsdatum); BAR, E 4320(B), 1990/270,
Bd. 16, unpag.

47   Meldung des SVV an BA v. 13.1.1940. In: Fiche zu Blanche Cori. BAR, E 4320(B),
1987/187, Bd. 39, unpag.

48   Vgl. bspw. Hans Schwarz: Der Schweizerische »Vaterländische« Verband und sein Generalsekretär. In: Die Nation v. 6.9.1944, S. 5 f.

49   Rothmund: Vertrauliche Weisung v. 13.8.1942. In: Diplomatische Dokumente der Schweiz,
Online Datenbank Dodis: http://www.dodis.ch/35326 (letzter Zugriff: 7.6.2013).

50   Vgl. bspw. Brief von SVV an Bundespräsident von Steiger v. 1.4.1944; BAR, J 2.11,
1000/1406, Bd. 25, unpag.

gern[51] in einen Zusammenhang gebracht werden. Die staatlich verordnete Kontrolle und Disziplinierung machte den Nachrichtendienst des SVV überflüssig, resp. erschwerte den Zugriff auf Einzelpersonen. Dass die jüdischen Flüchtlinge nicht mehr als Kommunisten denunziert wurden, könnte damit zusammenhängen, dass die Flüchtlingspolitik offiziell klar eine antisemitische Ausrichtung erhielt (was sich in der Weisung zur Grenzschließung am evidentesten ausmachen lässt)[52] und somit nicht mehr an alte Deutungsmuster von potenziellen Gefährdungen (wie den kommunistischen Umsturz) rekurriert werden musste, um bei den Behörden auf Gehör zu stoßen.

Ab 1944 trat die schweizerische Flüchtlingspolitik in eine neue Phase: Mit Blick auf die Nachkriegszeit und im Hinblick auf politische und diplomatische Interessen, wurde den verfolgten Juden ab Juli 1944 vorübergehend Zuflucht in die Schweiz gewährt. Auch humanitäre Aktionen und Rettungsversuche nahmen insgesamt zu.[53] Diese neue Politik trug wesentlich zum Ansehen des Landes und zur Wiederherstellung des Vertrauens in die aktive Neutralität durch die Siegermächte bei.[54] In Bezug auf den SVV hatte sie zur Folge, dass es ab 1944 zwischen dem Verband und den Behörden zunehmend zu Differenzen in Fragen der Flüchtlingspolitik kam. Eine unverändert restriktive Haltung des SVV stand einer zunehmend moderaten Praxis der Behörden entgegen. Am offenkundigsten zeigte sich der Bruch zwischen SVV und den Behörden schließlich in einer öffentlichen Distanzierung vom SVV durch den Bundespräsidenten Eduard von Steiger in einer Nationalratssitzung anlässlich einer Diskussion zur Flüchtlingspolitik, welche das Ende der Zusammenarbeit zwischen den Behörden und dem Verband einleitete.[55]

5   Denunziationswege

Als gleichsam »materielle Spur«[56] der Zusammenarbeit zwischen Behörden und Verband ermöglicht es die Analyse der Denunziationswege, auf die in diesem Abschnitt näher eingegangen wird, einen direkten Einfluss der Denunziations-

51   Unabhängige Expertenkommission: Schlussbericht, S. 112.
52   Vgl. Aron Kamis-Müller: Antisemitismus in der Schweiz 1900–1930. Zürich 1990.
53   Unabhängige Expertenkommission: Die Schweiz und die Flüchtlinge, S. 268.
54   Ebenda, S. 271.
55   Beantwortung der Interpellation Bircher durch Bundespräsident von Steiger v. 21.9.1944; BAR J.2.11, 1000/1406, Bd. 57, S. 1–12.
56   Brigitte Studer: Biografische Erfassungslogiken. Personenakten im Verwaltungsstaat und in der Geschichtsschreibung. In: Claudia Kaufmann, Walter Leimgruber (Hg.): Was Akten bewirken können. Integrations- und Ausschlussprozesse eines Verwaltungsvorgangs. Zürich 2008, S. 139–149, hier 146.

meldungen auf die praktische Politik und auf die soziale Realität der Denunzierten nachzuzeichnen.

Wie bereits beschrieben, reagierten die Bundesbehörden von Beginn an positiv auf die Meldungen aus dem privaten Nachrichtendienst und schufen somit ein Denunziationsangebot. Im Umgang der Bundesbehörden mit den Meldungen des SVV zeigte sich eine große Selbstverständlichkeit und ein Vertrauen in die Zuverlässigkeit des Verbandes. So wurden die Meldungen des SVV innerhalb der verschiedenen Amtsstellen der Bundesbehörden direkt und effizient weitergeleitet, ohne dass ihre Herkunft verschleiert wurde.[57] Dies zeugt von einem rationalisierten und institutionalisierten Verhältnis zwischen dem SVV und den Bundesbehörden.

An die kantonalen Polizeidienste, welche mit den polizeilichen Ermittlungen beauftragt waren, wurden die Meldungen des SVV dagegen anonymisiert weitergeleitet: »Wir übermitteln Ihnen in beiliegender Abschrift eine uns heute zugegangene Meldung«,[58] schrieb die Bundesanwaltschaft an die Kantonspolizei Zürich ohne mitzuteilen, dass die »zugegangene Meldung« vom SVV stammte. Diese Anonymisierung hatte eine Formalisierung zur Folge, welche den privaten, denunziatorischen Hintergrund der Meldung außer Acht ließ. Diese angebliche Rechtmäßigkeit konnte sich auf die polizeiliche Untersuchung auswirken. Es zeigt sich, dass sich die ermittelnden Polizeistellen oft von den in der weitergeleiteten Meldung formulierten Vorannahmen leiten ließen und sie bestätigten, ohne dass die Ermittlungen zu einem eindeutigen Resultat führten. Dies soll an einem Beispiel gezeigt werden: Der SVV meldete der Bundesanwaltschaft, dass Adalbert Nemecek, ein tschechischer Schneider, aktiver Kommunist sei und mit einer »Glätterin« (= Büglerin) ein Geschäft führe,[59] was aufgrund des Erwerbsverbots und des Verbots politischer Aktivitäten ein zweifaches Delikt darstellte. Die Meldung wurde von der Bundesanwaltschaft anonymisiert an das Polizeikommando des Kantons Zürich weitergeleitet.[60] Die Ermittlungen der Polizei führten zu keinen eindeutigen Resultaten. Bezüglich der politischen Gesinnung schrieb der ermittelnde Polizeikorporal: »Als Ausländer und besonders darum, weil er weis [sic!], dass er schon mehrmals als Agitator denunziert worden ist, tritt er als Parteimitglied nicht offen hervor, da ihm bekannt ist, dass die Fremdenpolizei hinter ihm her ist.«[61]

57 Wenn eine Amtsstelle eine Meldung des SVV an eine andere weiterleitete, wurde die Herkunft der Information namentlich genannt. Vgl. bspw. Brief von Rothmund an BA v. 16.3.1944; BAR, E 4320(B), 1971/78, Bd. 81, unpag.
58 Brief von BA an Polizeidirektion Kanton Zürich v. 21.4.1933: BAR E 4320(B), 1000/851, Bd. 22, unpag.
59 Meldung des SVV an BA v. 12.10.1933; BAR, E 4320(B), 1990/270, Bd. 16, unpag.
60 Brief von BA an Polizeikommando Kanton Zürich v. 13.10.1933; BAR, E 4320(B), 1990/270, Bd. 16, unpag.
61 Polizeirapport des Polizeikorps Kanton Zürich, Beilage zu: Brief von Polizeikommando Kanton Zürich an BA v. 25.11.1933; BAR, E 4320(B), 1990/270, Bd. 16, unpag.

Ohne einen Beweis für eine politische Aktivität liefern zu können, bestätigte der Polizeikorporal den Verdacht des SVV mit dem Zirkelschluss, dass Nemecek wisse, dass er beobachtet und denunziert (!) werde und daher politisch nicht hervortrete. Auch die Erwerbstätigkeit konnte ihm nicht nachgewiesen werden. Dennoch schrieb der Polizeikorporal, dass es angebracht sein dürfte, »diesen Nemecek einaml [sic!] auszuweisen«.[62] Die beiden Hauptargumente für die Ausweisungsforderung – Erwerbstätigkeit und politische Aktivität – basieren einzig auf Vermutungen, die vom SVV erstmals geäußert und vom ermittlungsführenden Polizeikorporal reproduziert und damit bestätigt wurden. Allein eine Intervention der Eidgenössischen Fremdenpolizei verhinderte die Ausweisung des Adalbert Nemecek.[63]

Die Meldungen des SVV hatten sich in diesem und zahlreichen weiteren Beispielen im Rahmen der polizeilichen Ermittlungen verselbstständigt. Indem die Denunziationsmeldungen reale Auswirkungen auf die Denunzierten hatten, übten sie performative Macht aus. Sie bildeten Entscheidungsgrundlagen für polizeiliche Untersuchungen oder lenkten die Aufmerksamkeit auf gewisse Personen und boten damit einen Zugriff auf die soziale Realität der Personen.[64] In den Akten lassen sich zahlreiche polizeiliche Maßnahmen, darunter Hausdurchsuchungen, polizeiliche Überwachungen, Postkontrolle, Auftrittsverbot für politische Redner, verweigerte Einbürgerungen bis hin zur Ausweisung von ausländischen Personen feststellen, welche alle auf Denunziationsmeldungen des SVV zurückzuführen sind. Sie können damit auch als Kontroll- und Ausgrenzungsmechanismen verstanden werden, die im Rahmen der polizeilichen Wissensproduktion in Machtstrategien übersetzt wurden.[65]

6   Motive und Effekte des Denunzierens in der Schweiz

An diesen Befund anschließend kann direkt auf mögliche Motive der Denunzianten übergeleitet werden: Indem die Denunziationen polizeiliche Ermittlungen auslösten, stellten sie eine Möglichkeit zur Machtpartizipation dar. Die Deutung von Denunziationen als gesellschaftlicher Machtpartizipation geht u. a. auf Michel Foucault zurück.[66] Das Bedürfnis nach Machtpartizipation

---

62   Ebenda.
63   Brief von Eidgenössischer Fremdenpolizei an Fremdenpolizei Zürich v. 24.11.1933; BAR, E 4320(B), 1990/270, Bd. 16, unpag.
64   Vgl. Studer: Erfassungslogiken, S. 139–149, hier 141.
65   Vgl. Thonfeld: Sozialkontrolle, S. 54.
66   Vgl. Alf Lüdtke; Gerhard Fürmetz: Denunziation und Denunzianten. Politische Teilhabe oder Selbstüberwachung. In: SOWI – Sozialwissenschaftliche Informationen 27 (1998) 2, S. 80–86, hier 80.

wurde in der Schweiz maßgeblich durch die Einführung des Proporzwahlsystems ausgelöst, welches zur Folge hatte, dass ab 1919 vermehrt sozialdemokratische Politiker ins Parlament einzogen. In rechtsbürgerlichen Kreisen, so auch im SVV, wuchs die Angst, Macht an die Linke abgeben zu müssen.[67] Dies bot den Boden für die gefühlte Rechtmäßigkeit der Denunziationen. Der SVV fand als Teil einer rechtsbürgerlichen, aus seiner Sicht bedrohten Elite seinen eigenen Weg, Macht zu behalten und das Proporzwahlsystem bis zu einem bestimmten Grad sogar zu unterlaufen.

Die Denunziationen des SVV sind auch Ausdruck einer ernsten Besorgnis über die Zukunft der Schweiz. Sie drücken Angst vor dem Umsturz aus und sind Zeugnis von Loyalität zum Staat.[68] Als (aus ihrer Sicht) verantwortungsbewusste Staatsbürger fühlten sich die SVV-Mitglieder verpflichtet, die Schweiz vor den »unzuverlässigen Linken« zu schützen. Gerade die Beispiele zu den denunzierten Emigranten und Flüchtlingen zeigen aber auch, dass sich der SVV nicht nur vor einem politischen Umsturz fürchtete, sondern dass immer auch ein Unbehagen durch die Konfrontation mit »fremden« Menschen mitspielte, welche die angebliche Homogenität der schweizerischen Gesellschaft bedrohten.

Für die kommunistischen Vertrauensmänner galt dieses Motiv nicht. Denkbar wären für sie private Motive bei allfälligen Differenzen innerhalb der KPS oder monetäre Interessen. Anders als die bürgerlichen Vertrauensmänner wurden die kommunistischen Vertrauensleute wie erwähnt für ihre Dienste immer bezahlt.[69]

Auch Motive für den Empfang der Denunziationen durch die Behörden lassen sich aus den Quellen ableiten. Der Empfang der Denunziationen kann mit der Form der staatlichen Informationsgewinnung erklärt werden. So transportierten die Denunziationen Wissen über Vorfälle, die sich jenseits des Einflussbereiches der Bundesbehörden abspielten.[70] Dieser Aspekt war in der Schweiz insbesondere vor 1935 von großer Bedeutung, da erst dann die Bundespolizei, also ein politischer Nachrichtendienst auf nationaler Ebene, eingerichtet wurde. So schrieb der Chef des Polizeidienstes der Bundesanwaltschaft 1948, dass die Meldungen des SVV eine Informationslücke schlossen:

»[D]ie politisch-polizeiliche Information [war] im allgemeinen in der Schweiz wenig entwickelt. Die Bundesanwaltschaft hatte Mühe, sich eine gründliche politisch-polizeiliche Information zu beschaffen [...]. Gerade in dieser Zeitspanne [vor 1935 –

---

67   Vgl. Unabhängige Expertenkommission: Schlussbericht, S. 71.

68   Vgl. zu dieser These Alf Lüdtke: Denunziationen. Politik aus Liebe? In: Hohkamp; Ulbrich (Hg.): Der Staatsbürger als Spitzel, S. 397–407.

69   Vgl. Brief von SVV an Thélin, J. A. v. 24.2.1947; BAR, J 2.11, 1000/1406, Bd. 43, unpag.

70   Vgl. zu dieser These Holger Zaunstöck: Das Milieu des Verdachts. Akademische Freiheit, Politikgestaltung und die Emergenz der Denunziation in Universitätsstädten des 18. Jahrhunderts. Berlin 2010, S. 20.

D.Z.] waren die Informationen des [S]VV als Ergänzung oder vielmehr als Ausgangspunkt für amtliche Erhebungen besonders willkommen [...].«[71]

Das Denunziationsangebot hatte aber auch strukturelle Ursachen, die spezifisch mit dem politischen System der Schweiz zusammenhängen und erklären, warum die Zusammenarbeit mit einem privaten Verband als selbstverständlich erachtet wurde: Die Maßnahmen des Staates sind in einer Demokratie[72] grundsätzlich auf das Leitbild des selbstständigen Bürgers ausgerichtet. Da in der Schweiz ein starker staatsbürokratischer Apparat fehlt(e)[73], formulierte der »limitierte«[74] Staat ein Partizipationsangebot für Vereine und Verbände, die in der Folge das soziale Leben in der Schweiz formten und staatliche Aufgaben übernahmen.[75]

Die Effekte der Denunziationen für die denunzierten Personen wurden bereits erwähnt. Die Denunziationen hatten jedoch auch Auswirkungen auf die Denunzierenden. Für die Verbandsmitglieder hatten die Denunziationen positive Rückwirkungen, sie prägten die Selbstwahrnehmung der Verbandsmitglieder als loyale, vertrauenswürdige Staatsbürger: »[W]ir [wollen] wirklich eidgenössische Kameraden sein [...], die durch alles und jedes hindurch und bis zum Letzten Eidgenossen [sind]«[76], schrieb ein SVV-Mitglied. Dieser Effekt könnte mit Michel Foucault, der die produktiven Effekte der Macht betont, mit dem Schlagwort »Subjektivierung« beschrieben werden. Die Ablehnung und Abwertung des Fremden durch die Denunziationen hatte aufseiten der Denunzianten identitätsstabilisierende Effekte.[77] Diese Selbstwahrnehmung als zuverlässige Staatsbürger wurde von den Behörden bestätigt:

71   Brief von Polizeidienst der BA an Bundesanwalt Stämpfli v. 12.1.1948; BAR, E 4001(C), 1000/783, Bd. 153, S. 1.

72   Angesichts des mit dem Ausbruch des Zweiten Weltkriegs einberufenen und bis 1952 geltenden Vollmachtenregimes, welches die demokratischen Grundsätze und die Verfassung in starkem Maße unterlief, stellt sich die Frage, ob für die Zeit des Zweiten Weltkrieges von »Demokratie« gesprochen werden kann. (Vgl. Jost: Bedrohung und Enge, S. 731–819, hier 738 f.) Da das Denunziationsangebot unter demokratischer Regierungsform geschaffen wurde und (aufgrund von institutionellen und personellen Kontinuitäten) auch in der Zeit des Zweiten Weltkrieges aufrechterhalten wurde, wird in diesem Beitrag von Denunziationen in einem demokratischen System gesprochen.

73   Manfred Hettling: Bürgerlichkeit. Eine ungesellige Gesellkeit. In: Ders. (Hg.): Eine kleine Geschichte der Schweiz, S. 227–264, hier 233.

74   Ebenda, S. 248.

75   Bspw. das Fürsorgewesen, das ursprünglich durch Frauenvereine organisiert war. Vgl. Ebenda, S. 263.

76   Brief von Waldvogel, H. an SVV v. 16.12.1938; BAR J.2.11, 1000/1406, Bd. 53, unpag.

77   Darauf haben Stieglitz und Thonfeld hingewiesen. Thonfeld: Sozialkontrolle; Olaf Stieglitz: Wort-Macht, Sichtbarkeit und Ordnung. Überlegungen zu einer Kulturgeschichte des Denunzierens während der McCarthy-Ära. In: Jürgen Martschukat (Hg.): Geschichte schreiben mit Foucault. Frankfurt/M. 2002, S. 241–256.

»Nach unserer Auffassung handelte es sich hiebei [sic!] um Meldungen wachsamer Schweizer«[78], meinte ein Mitarbeiter der Bundesanwaltschaft.

In diesem Beitrag wurde gezeigt, dass auch ein demokratisches System Denunziationen als legitimes staatsbürgerliches Verhalten nicht ausschließt. Denunziationen bedingten auch in der Schweiz staatliches Handeln. Es wurde gezeigt, dass die staatlichen Normen und Vorstellungen im Bereich des Staatsschutzes in die Praktiken der Denunzianten eingingen. Umgekehrt formte der SVV durch seine Denunziationen die behördliche Haltung im Bereich des Staatsschutzes über Jahre hinweg mit und löste zahlreiche polizeiliche Ermittlungen aus. Die Vorstellung, dass es sich bei den Denunzianten um zuverlässige Staatsbürger handle, bestärkte die Wahrnehmung der Linken als »unzuverlässige« Staatsbürger, die überwacht werden mussten – eine Auffassung, welche sich in der Schweiz bis in die späten 1980er Jahre nachweisen lässt und die im Fichenskandal[79] von 1989 ihren sichtbarsten Ausdruck erhielt.

---

78 Stellungnahme von Kommissar Maurer zur Interpellation betr. Beziehungen der BA zum SVV v. 12.12.1948; BAR, E 4001(C), 1000/783, Bd. 153, S. 1.
79 1989 wurde bekannt, dass die schweizerische Bundespolizei eine Kartei zu rd. 900 000 Personen führte, die sie aus teils diffusen Gründen als verdächtig erachtete. Die große Entrüstung führte zur Einsetzung von zwei parlamentarischen Untersuchungskommissionen. Vgl. Georg Kreis: Staatsschutz. In: HLS, Version v. 27.2.2012, http://www.hls-dhs-dss.ch/textes/d/D17352.php (letzter Zugriff: 7.6.2013).

Christiane Kohser-Spohn

Denunziations- und Anzeigepraxis in Frankreich während der »Épuration« 1945–1953

Der Tenor der französischen Geschichtsschreibung über die personelle »Säuberung« von Politik, Wirtschaft und Gesellschaft in Frankreich Ende des Zweiten Weltkriegs hat sich seit den 1990er Jahren geändert. Junge Forscher und Forscherinnen haben auf diese jüngste Vergangenheit Frankreichs einen kritischen und pluralistischen Blick geworfen und dazu beigetragen, die in Frankreich über dieses »dunkle Kapitel« der Geschichte aufgebauten Mythen ins Wanken zu bringen. Diese Entmystifizierung der offiziellen Narrative war jedoch ein langwieriger und schmerzlicher Prozess.[1] Die Aufgabe war umso schwieriger, als dass die Präsidenten der Französischen Republik von diesen Seiten der Geschichte einen strategischen Gebrauch im Dienste ihrer Politik gemacht haben und weiterhin machen.[2] Vornehmlich Charles de Gaulle hat die Geschichte des Kriegsausgangs mit einer therapeutischen und pädagogischen Funktion ausgestattet. Unter seiner Präsidentschaft (1958 bis 1969) wurden einzig die für die nationale Identität nützlichen Aspekte der Vergangenheit zur Diskussion gestellt. In einer Zeit, in der Frankreich durch den Verlust seines Kolonialreichs an Stärke verlor, hat de Gaulle das Gedenken an die französische Épuration im Alleingang gelenkt. Die auf dem einzig durch einige wenige Kollaborateure mit dem Besatzungssystem der Nationalsozialisten (»eine Handvoll erbärmlicher und schändlicher Personen, die vom Staat ein gerechtes Urteil erhalten [haben]«)[3] beeinträchtigten Mythos eines einheit-

---

1   Sie geht auf die 1990er Jahre zurück, die durch die Eröffnung einer »zweiten Épuration« mit einer Vervielfachung der Prozesse gegen die »Kriegsverbrecher« gekennzeichnet waren, unter denen Klaus Barbie und Maurice Papon in Frankreich am bekanntesten sind. Der Prozess gegen Maurice Papon im Jahre 1997 hat der Debatte eine interessante Wende gegeben, da dieser Prozess die Übergänge und Überschneidungen mit den laufenden Debatten über den Algerien-Krieg (1954 bis 1962) deutlich gemacht hat. Im Laufe des Prozesses gegen Papon wurde nachgewiesen, dass sich dieser für Judendeportationen verantwortliche Vichy-Beamte als Pariser Polizeipräfekt 1961 auch der blutigen Niederschlagung einer pazifistischen Kundgebung von Algeriern schuldig gemacht hatte.

2   In Frankreich ist dieser Gebrauch weitaus spürbarer als in Deutschland. Angesichts der Position des Präsidenten der Republik innerhalb des Staates hat derselbe die Möglichkeit, im Namen der Nation über die Geschichte zu wachen und sich als Oberster Richter in den Rang des Fürsprechers seines eigenen Geschichtsverständnisses zu erheben.

3   »une poignée de misérables et d'indignes, dont l'Etat [a] fait justice«. Charles de Gaulle: Rede vom 14. Oktober 1944. Zit. in: Marc-Olivier Baruch: Introduction. In: Marc-Olivier Baruch (Hg.): Une poignée de misérables. L'Épuration de la société française après la Seconde Guerre mondiale. Paris 2003, S. 1–15, hier 1.

lichen, unschuldigen, mutigen und heroischen Frankreichs 1945 aufbauende gaullistische Version der Vergangenheit hat nicht nur das Vichy-Regime und seine zahlreichen, durch die Befreiung und die Épuration verursachten ideologischen, sozialen und kulturellen Verwerfungen verschleiert, sondern auch die nationale Debatte über diese entscheidende Periode der Geschichte Frankreichs im Keim erstickt.

Ein erster Riss im gaullistischen Bauwerk ist in den 1980er Jahren vornehmlich unter dem vordergründigen Einfluss von Gedenkgruppen wie der Opfer der Lynchjustiz entstanden, die die Wiedereröffnung der Akten der Épuration gefordert haben. Die militanten Aktionen dieser Gedenkgruppen haben dazu beigetragen, das bis dahin bestehende Verhältnis der Franzosen zu ihrer Vergangenheit zu ändern. Die 1980er Jahre waren darüber hinaus von Gewalttaten gekennzeichnet, die von einem Teil der französischen Bevölkerung gegen Minderheitsgruppen verübt wurden und die Frage der Gewaltausbrüche aus der Vergangenheit in die Gegenwart katapultiert haben. Auf einmal sind die Ausschweifungen der Épuration in den Vordergrund gerückt: schnelle Hinrichtung, Lynchjustiz, öffentliches Kahlscheren von Frauen, Ermordung von Kollaborateuren, die bis dato von Historikern heruntergespielt worden waren, um die seit 1945 verbreitete »schwarze Legende« der Épuration nicht zu unterstützen. Zu Beginn der 1990er Jahre wurde die politische Analyse der Épuration unumgänglich. Hinterfragt wurde diese Vergangenheit nicht nur in Bezug auf die Okkupation Frankreichs durch die Deutschen, sondern auch unter Berücksichtigung der Traditionen der extralegalen Volksgewalt in Frankreich.

In den 1990er Jahren wurde die Geschichte der Épuration vornehmlich unter dem Einfluss der im *Institut d'Histoire du Temps Présent* (Institut für Zeitgeschichte – IHTP) vereinten Historiker und Historikerinnen und seines damaligen Leiters, dem Historiker Henri Rousso[4], neu geschrieben. Lange Zeit auf die juristischen und gerichtlichen Aspekte der Épuration bzw. auf den Aufbau, die Organisation und die Durchführung der Säuberungsverfahren beschränkt, hat sich das Wissen um dieselbe nach und nach von der Spitze zur Basis der französischen Gesellschaft verbreitet und vertieft. Historiker des IHTP wie François Rouquet, Marc Olivier Baruch, Jean-Marc Berlière, Marc Bergère haben den Zugang zur Geschichte der Épuration erneuert, indem sie »die Kollaboration und die Épuration als soziale Phänomene«[5] beschrieben

---

4   Vgl. insbesondere seinen Aufruf in: Henri Rousso: L'Épuration en France. Une histoire inachevée. In: Vingtième siècle 33 (1992), S. 78–105.

5   »en appréhendant comme des phénomènes sociaux la collaboration et l'Épuration«. Baruch (Hg.): Une poignée de misérables, S. 9. Siehe François Rouquet: L'Épuration dans l'administration française. Agents de l'État et collaboration ordinaire. Paris 1993; Jean-Marc Berlière (mit Laurent Chabrun): Les policiers français sous l'Occupation. Paris 2001; Marc Bergère: Une société en épura-

haben. Sie haben die Épuration weniger als politisches oder gerichtliches Ereignis betrachtet, sondern sie als eine wichtige soziale Erscheinung mit vielfältigen und komplexen Resonanzen analysiert. Dabei haben sie den Akzent auf die Geschichte der im Vergleich zur spektakulären und mehr politisch orientierten gerichtlichen Épuration weitaus zurückhaltenderen und weniger wahrnehmbaren aber reichlich praktizierten alltäglichen »Säuberung« in den Verwaltungen und Unternehmen gesetzt.[6] Andere französische Historiker haben den Versuch unternommen, die Épuration als soziales Phänomen auf der Grundlage einer sektorbezogenen Analyse zu erfassen, indem eine Studie auf Ebene der Mentalitäten[7] oder einer Region[8] durchgeführt wurde, um eine von einer Identitätskrise gezeichnete Gesellschaft zu befragen, oder einen Schnitt auf anthropologischer Ebene nach dem Vorbild von Fabrice Virgili im Zusammenhang mit der Erscheinung der »kahlgeschorenen Frauen«[9] herbeizuführen. Für alle diese Historiker »handelt es sich eindeutig darum, die Ebene der Beurteilung zu verlassen und die Épuration als ein Objekt der Geschichte zu betrachten«.[10] Noch steht die französische Forschung erst am Beginn einer sozial- und kulturgeschichtlich orientierten Épurationsforschung. Doch mit der Betrachtung der Épuration als sozialer Praxis haben insbesondere die Auswirkungen der Säuberungspolitik innerhalb der französischen Gesellschaft bei den jüngeren Historikern ein zunehmendes Interesse gefunden. Wie haben die französischen Bevölkerungsschichten an dem Prozess der Épuration teilgenommen, welche sozialen Säuberungsforderungen haben sie laut werden lassen, wie hat der »einfache Franzose« dieses Ereignis wahrgenommen, wie hat er zu dieser Zeit das Verhältnis zu sich selbst und zum Staat empfunden?

tion. Épuration vécue et perçue en Maine-et-Loire, de la Libération au début des années 1950. Rennes 2003.

6   Die berufliche Épuration wurde neben der gerichtlichen »Säuberung« praktiziert, um die Kollaborateure aus den Behörden, privaten Unternehmen und unterschiedlichen Berufsgruppen auszuschließen. In allen französischen Departements haben überberufliche Ausschüsse den Richtern Sanktionen gegen die Betroffenen angetragen, die von der von Amts wegen angeordneten Versetzung, gradmäßigen Degradierung bis zur Versetzung in den Ruhestand, vorübergehenden oder endgültigen Einstellung der Pensions- oder Rentenzahlung oder auch dem vorübergehenden oder verbindlichen Berufsverbot gereicht haben. Die berufliche Épuration wurde in erster Linie von den Kommunisten im Rahmen der »Erneuerung Frankreichs« gefordert. In bestimmten Unternehmen wurden spontane Ausschüsse gebildet, um eine als zu »maßvoll« betrachtete »Säuberungsarbeit« zu aktivieren. Diese Ausschüsse erhielten Denunziationen zwischen Kollegen.

7   Pierre Laborie: Les Français des années troubles. De la guerre d'Espagne à la Libération. Paris 2001; Peter Lagrou: Mémoires patriotiques et Occupation nazie. Résistants, requis et déportés en Europe occidentale 1945–1965. Brüssel 2003.

8   Luc Capdevila: Les Bretons au lendemain de l'Occupation. Imaginaire et comportement d'une sortie de guerre. 1944–1945. Rennes 1999; Bergère: Une société en épuration; Jean-Laurent Voneau: L'Épuration en Alsace. La face méconnue de la Libération 1944–1953. Strasbourg 2005.

9   Fabrice Virgili: La France »virile«. Des femmes tondues à la Libération. Paris 2000.

10   »c'est clairement de sortir d'une logique de mise en procès qu'il s'agit, en appréhendant l'Épuration pleinement comme un objet d'histoire.« Baruch (Hg.): Une poignée de misérables, S. 15.

Mein Beitrag verschreibt sich dieser erneuerten Historiographie. Die Analyse der Denunziation einerseits unter der deutschen Okkupation in Frankreich aber im Prisma von der Épuration und andererseits als politische und soziale Praxis Ende des Zweiten Weltkriegs ist eine aus vielerlei Hinsicht interessante Betrachtungsweise: Sie bietet ein erstklassiges Feld, um die Wirkung der Épuration, aber auch die unterschiedlichen Darstellungen von der Kollaboration innerhalb der französischen Gesellschaft nach Kriegsende zu ermessen. In Folge wird zunächst auf die Perzeption des Phänomens durch die französischen Behörden eingegangen.

1   Die Denunziation im Kern der Justiz

»Bürger! Eure Pflicht ist es, so zu handeln, dass die Untrennbarkeit von Recht/Justiz von der Freiheit in dieser Stunde der Erlösung in die Geschichte eingeht. Die Militärgerichte werden die Verräter richten. Diejenigen, die dem Feind gedient haben, die gemordet, deportiert, das Volk ausgeraubt haben; diejenigen, die durch Denunziation am Martyrium des Landes mitgewirkt haben, werden Rechenschaft ablegen.«[11]

Dieser Aufruf des zum Kommissar der Republik in der Region Rhône-Alpes ernannten linken Widerstandskämpfers Yves Farge, der auf den 26. August 1944 zurückgeht, sagt viel über die beginnende Ära der Épuration aus. Die »Verräter«, mit anderen Worten die »Kollaborateure«, müssen »Rechenschaft ablegen«. Zu ihnen gehören auch die Denunzianten, die nach Auffassung vieler Protagonisten der Épuration als die Hauptverantwortlichen des »Leidens« bezeichnet werden, welches Frankreich zwischen 1940 und 1945 gezeichnet hat. Die Denunzianten und Denunziantinnen werden zwar nicht angeklagt, »gemordet, deportiert, ausgeraubt« zu haben, aber ihnen wird der Vorwurf gemacht, mit ihren »schändlichen Handlungen« »mitgewirkt« zu haben. Der Farge-Aufruf zeugt davon, dass das Thema der Denunziation in der Realität Frankreichs im Jahre 1945 für die Justiz eine absolute Priorität hatte. Zahlreiche Gesetzesartikel und Rechtstexte widmen sich dieser Frage.[12]

---

11   »Citoyens! Votre devoir est d'agir de telle sorte que l'Histoire puisse enregistrer que le Droit et la Justice ont été, à cette heure de la délivrance, inséparables de la Liberté. Les tribunaux militaires vont juger les traîtres. Tous ceux qui ont servi l'ennemi, tous ceux qui ont assassiné, déporté, pillé le peuple de France; tous ceux qui, par délation, ont contribué au martyre du pays, vont rendre des comptes«. Yves Farge: Rebelles, soldats et citoyens. Carnet d'un commissaire de la République. Paris 1946, S. 190. Zit. in: Benn Williams: Dénoncer les délateurs. L'Épuration dans le Rhône 1944–1953. In: Laurent Joly (Hg.): La délation dans la France des années noires. Paris 2012, S. 307–319, hier 307.

12   Siehe hierzu insbesondere die Verordnung v. 31.1.1944.

1945 ist Frankreich geteilt zwischen denjenigen, die der faschistischen Versuchung widerstanden haben, und denjenigen, die sich im Vichy-Regime und in der Kollaboration mit dem NS-System kompromittiert haben. Die gesellschaftlichen Spannungen sind eine ernsthafte Bedrohung für die nationale Rekonstruktion und für die Aufrechterhaltung der sozialen Beziehungen. In diesem bürgerkriegsähnlichen Kontext wird die Épuration eine wesentliche Herausforderung. Sie muss bedeutende Funktionen erfüllen: Sie dient nicht nur als Ventil der explosionsartigen Gewaltausbrüche (Vergeltungsaktionen und persönliche Racheakte gleich nach der Befreiung), sondern auch zur Rechtsprechung zugunsten der Opfer der Kollaborateure; sie muss darüber hinaus die mit der schweren politischen und wirtschaftlichen Krise entstandenen sozialen Spannungen regulieren und sie übernimmt bei der Neuorganisation des Landes eine identitätsstiftende Rolle. Angesichts dieser Herausforderungen muss die Épuration aus Sicht der neuen, aus der Resistance hervorgegangenen Elite zwingend effizient und von Erfolg gekrönt sein. Die politischen Strömungen Frankreichs versuchen jeweils für sich, die öffentliche Meinung über den Säuberungsprozess zu prägen. Kommunisten und Sozialisten aber auch linksorientierte Gaullisten fordern eine radikale ›Säuberung‹, aus der ein »neues, reines und starkes« Frankreich hervorgehen muss. Dabei denken sie an ein revolutionäres und mit einer neuen Wirtschaft, neuen Institutionen gewappnetes Frankreich und aus den Rängen des Widerstands stammende »hommes nouveaux« an der Spitze der Nation. Für die Gaullisten, rechtsorientierten Zentristen und einen Teil der Sozialisten muss die Épuration im Gegenteil auf die »Wiederherstellung der republikanischen Legalität« ausgerichtet sein. Anstatt des Worts »Épuration« benutzt de Gaulle übrigens vorzugsweise das Wort »Bestrafung« (»châtiment«), das in erster Linie auf die Vichy-Führung und die Funktionselite abzielt, die sich nach 1940 mit dem Besatzungsregime arrangiert hat. Ansonsten solle man eher »verzeihen und vergessen«, da »Frankreich alle seine Söhne benötigt«.[13] Die Gaullisten setzen sich folglich für eine moderate Épuration immer in Einhaltung der Rechtsvorschriften ein, die zeitlich und begrifflich begrenzt ist.[14]

---

13 »la France a besoin de tous ses fils«. Charles de Gaulle: Mémoires de guerre. Bd. 3. Paris 1959, S. 421. Zit. in: Peter Novick: L'épuration française 1944–1949. Paris 1985 (London 1968), S. 254.

14 In Frankreich gibt es nunmehr eine ausführliche Literatur zum Thema. Einen Überblick bietet die Bibliografie von Marc Bergère. Bergère: Une société en épuration, S. 389–410. Auf Deutsch vgl. vor allem Henri Rousso: L'Épuration. Die politische Säuberung in Frankreich. In: Klaus-Dietmar Henke, Hans Woller (Hg.): Politische Säuberung in Europa. Die Abrechnung mit Faschismus und Kollaboration nach dem Zweiten Weltkrieg. München 1991, S. 192–240; Cornelia Rauh: Forschungen zur französischen Zone. Geschichte der Besatzungspolitik oder Geschichte der Besatzungszeit? In: Informationen zur modernen Stadtgeschichte 2 (1994), S. 16–21; Christiane Kohser-Spohn: Elsass 1945. Eine Gesellschaft wird gesäubert. In: Michael Berr; Dieter Beyrau; Cornelia Rauh (Hg.):

Nach Auffassung der Gaullisten muss die Épuration vor allem »Staatssache« bleiben.[15] Das Konzept ist im Wesentlichen gegen die unterschiedlichen Comités de libération (Befreiungskomitees – CdL) gerichtet, die 1944 in allen Regionen Frankreichs spontan eingerichtet wurden. Diese CdL erhalten zahlreiche Anzeigen durch die Bevölkerung, organisieren die Festnahme der Verdächtigen und schlagen Sanktionen vor. Es kommt nicht selten vor, dass sie »Gerechtigkeit in der Ecke eines Walds« walten lassen.[16] Ihre Rolle auf der Ebene der staatlichen Instanzen ist rein konsultativ, da die politische Elite Frankreichs diesen spürbar vom Kommunismus geprägten Organen, die Gefahr laufen, der Kontrolle des Staates zu entgleiten, nicht zu viel Macht einräumen will.[17]

Die angezeigten und festgenommenen Personen werden nicht wegen einer »Gesinnungstat« bestraft, da ein solches Urteil den demokratischen Grundprinzipien zuwiderläuft. So werden die Verdächtigen nicht für ihre faschistischen oder nazistischen Überzeugungen zur Verantwortung gezogen und auch nicht, weil sie im eigenen Namen gegen ihre Mitbürger vorgegangen sind, sondern einzig für ihre Kollaboration mit den Deutschen. Unter Kollaboration verstehen sich laut der Texte: »Die Aktivitäten von Individuen«, die »entweder Unternehmen jeder Art des Feindes begünstigt oder die Kriegsbemühung Frankreichs und seiner Alliierten vornehmlich durch Anzeigen/Denunziationen hintergangen haben.«[18] Die Anzeige- und Denunziationspraxis wird demnach uneingeschränkt als ein Kollaborationsakt betrachtet und gilt als »Verrat des Vaterlands«. Das Delikt bekommt einen Namen: die indignité nationale (nationale Unwürdigkeit). Es zieht eine neue und bisher in der republikanischen

---

Deutschsein als Grenzerfahrung. Minderheitenpolitik in Europa zwischen 1914 und 1950. Essen 2009, S. 111–134.

15   Siehe z. B. die Rede von Général de Gaulle: »Es obliegt dem Staat, der Justiz des Staates, der Autorität des Staates, der Kraft des Staates und einzig seiner Kraft, seiner Justiz, seiner Autorität, sich in Frankreich durchzusetzen.« (C'est à l'Etat, à la justice de l'Etat, à l'autorité de l'Etat, à la force de l'Etat et seulement à sa force, à sa justice, à son autorité, qu'il appartient de s'imposer en France). Zit. in: Marc Bergère: Les pouvoirs publics et la conduite du processus d'épuration. In: Baruch (Hg.): Une poignée de misérables, S. 118–135, hier 118.

16   »la justice au coin d'un bois«. Dies ist der Titel des Kapitels von Peter Novick, das der Lynchjustiz und den persönlichen Racheakten anlässlich der Épuration in Frankreich nach der Befreiung 1944–1945 gewidmet ist. Novick: L'Épuration française, S. 113.

17   Im Gegensatz dazu werden den Kommissaren der Republik und den in jedem Departement bestellten Präfekten im Rahmen der Épuration unbeschränkte Vollmachten eingeräumt. Bei der Erfüllung ihrer Aufgaben werden sie von Kommissionen unterstützt, die im Allgemeinen aus den Reihen der Widerstandskämpfer oder ministeriellen Angestellten gestellt werden. Diese Kommissionen erhalten die Anschuldigungen und erarbeiten Empfehlungen, ohne jedoch Entscheidungen treffen zu können.

18   »les activités d'individus ayant soit favorisé les entreprises de toute nature de l'ennemi, soit contrarié l'effort de guerre de la France et de ses alliés, notamment par des dénonciations«. Rundbrief des Kommissars der Republik im Bas-Rhin vom 28. Dezember 1944. Zit. in: Voneau: L'Épuration en Alsace, S. 80.

Gesetzgebung unbekannte Strafe nach sich: die dégradation nationale (Entziehung bestimmter bürgerlicher Rechte).[19] Die dégradation nationale beeinträchtigt den Verurteilten in seinen bürgerlichen Rechten, eventuell auch auf Ebene seines Vermögens, aber beraubt denselben nicht seiner Freiheit. Die dégradation bestraft ein antinationales »Verhalten« und ahndet im Endeffekt eine »Republik- und Nationsbeleidigung«.[20]

Die politischen Behörden haben den »chambres civiques« (Zivilkammern) 1945 die Funktion übertragen, sich mit den Delikten der indignité nationale zu befassen. Diese Ausnahmegerichte wurden eingerichtet, um die ordentlichen Gerichtshöfe zu entlasten.[21] Die Zivilkammern, bestehend aus Richtern, die von aus den Befreiungskomitees unter der »sauberen Bevölkerung« (nach einem zu dieser Zeit häufig verwendeten Begriff) ausgewählten Geschworenen unterstützt wurden, konnten die Angeklagten freisprechen oder die dégradation nationale auf Lebenszeit oder auf Zeit verhängen, nachdem die Stellungnahmen der polizeilichen Ermittler und der Belastungs- oder Entlastungszeugen angehört wurden.

In Anbetracht der Rechtsprechung der Épuration wurde die Anzeigepraxis während der Okkupation eher als ein Vergehen und weniger als ein Verbrechen betrachtet.[22] In der Rechtspraxis wurde sie zumeist in einer Typologie vorgeworfener Fakten berücksichtigt, die der Historiker Marc Bergère als »Arrangement« mit dem deutschen Besatzungsregime bezeichnet hat.[23] Nach 1945 haben die Richter wohl die Gefahr – auch für die Justiz – verstanden, die eine zu strenge strafrechtliche Verfolgung von Denunziation aus dem Vichy-

---

19   Die nationale Degradierung, die mit den Verordnungen v. 26.6. und v. 26.12.1944 eingeführt wird, hat neben der Einrichtung der Haute Cour (Oberster Gerichtshof) und der Zivilkammern (chambres civiques) in einer gerichtlichen Prozedur, die insgesamt auf dem vorhandenen Strafgesetzbuch beruht hat, die Ausnahme gebildet.

20   Anne Simonin: L'indignité nationale. Un châtiment républicain. In Baruch (Hg.): Une poignée de misérables, S. 37–60, hier 43. Siehe auch Anne Simonin: Le déshonneur dans la République. Une histoire de l'indignité 1791–1958. Paris 2008.

21   Im Jahre 1945 haben die Haute Cour und die Zivilkammern die Hälfte des französischen Justizpersonals beschäftigt.

22   Unter der Rubrik »Verbrechen« haben die Gesetzgeber eher die militärische und polizeiliche Kollaboration sowie die militante politische Zusammenarbeit mit den Besatzern verstanden. Zuständig für diese Delikte waren die Militärgerichte und die Cours de Grande Instance (vergleichbar mit Landgerichten).

23   Marc Bergère hat den angevinischen Fall untersucht. Marc Bergère: Comment juger la »délation« à la Libération? In: Joly (Hg.): La délation dans la France des années noires, S. 287–306, hier 300 f.: »Si l'on considère les sanctions prononcées par la Cour de justice d'Angers, on constate que cette dernière a nettement dessiné les confins de l'accommodation et du collaborationisme, la délation semblant majoritairement perçue comme une forme d'accommodation« molle »plus qu'une collaboration« dure »ou une trahison caractérisée.« (Wenn man die vom Gerichtshof Angers verhängten Strafen betrachtet, stellt man fest, dass derselbe die Grenzen des Arrangements und der Kollaboration klar und deutlich gezeichnet hat, wobei die Denunziation mehrheitlich als eine Form des »lockeren« Arrangements und weniger als eine »harte« Kollaboration oder ein gekennzeichneter Verrat betrachtet wird.)

Regime geborgen hätte. Es war tatsächlich schwierig, die politischen Absichten einer Anzeige zu erfassen. Alle Rechtsvorschriften der Épuration ordnen die Bestrafung von Denunziationsaktivitäten klar und deutlich der Tatsache unter, ob die Handlung bewusst durchgeführt wurde und ob der Wille, den Feind zu begünstigen, offensichtlich war. Denunziationen folgten jedoch zumeist einer Logik, die privaten Zwecken gehorchte, sodass es 1945 für die »Justiz der Republik« oftmals nicht leicht war, eine politische Absicht oder auch eine reale politische Bedeutung nachzuweisen, da diese Verfahren viel mehr dem gemeinen Recht unterzuordnen waren. Aus denselben Gründen galt als feststehend, dass die während eines Verhörs abgegebenen Erklärungen oder Geständnisse nach der Befreiung nicht als eine Denunziation betrachtet werden konnten: Denn wie es in den Texten der Épuration heißt, »der Begriff selbst der Denunziation verlangt eine Initiative desjenigen, dem sie zugeschrieben wird«.[24]

In Frankreich sind die Urteile gegen die unter der Okkupation erfassten Denunziationen maßvoll geblieben, auch wenn dieselbe immer zu einer Bestrafung geführt hat. Das wird auch von Marc Bergère für den Fall in Anjou unterstrichen. Im Rahmen seiner lokalen Studie stellt der Historiker fest, dass 1945 gegen mehr als die Hälfte der verurteilten Denunzianten eine Strafe verhängt wurde, die vorbehaltlich einiger seltener Ausnahmen maximal fünf Jahre betragen hat, wobei 40 Prozent der verurteilten Personen mit einer Strafe von maximal zwei Jahren davongekommen sind. Letztendlich gab es, so die Bilanz von Bergère, sehr viele moderate Strafen aber eine große Anzahl von Strafen: So haben 96 Prozent der dem Gericht in Angers angetragenen Denunziationsfälle eine Verurteilung nach sich gezogen.[25]

Diese Tendenz der Gewichtung kann auch im Elsass beobachtet werden, wo sich die Lage hingegen deutlich unterschied. Im Gegensatz zu den übrigen Regionen Frankreichs hat die französische Épuration hier eine Region berührt, die von den Deutschen im Jahre 1940 faktisch annektiert und nicht einfach besetzt wurde. »Kollaboration« mit dem Dritten Reich ist für die angeblich »volksdeutschen« Elsässer durch den NS-Staat zur nationalen Pflicht erklärt und durch drastische Strafandrohungen erzwungen worden.[26] Wohingegen in

---

24   »le terme même de dénonciation présuppose une initiative émanée de celui à qui elle est imputée«. Bergère: Comment juger la »délation« à la Libération?, S. 293.

25   Bergère: Comment juger la »délation« à la Libération?, S. 301–303.

26   Mit der Annektierung hat das NS-Regime nach und nach die Repression und die systematische Verflechtung der elsässischen Bevölkerung im totalitären System verstärkt. Eine »Behörde« wurde auf die Beine gestellt, um die Bevölkerung von der Kreisleitung, der Ortsgruppenleitung, der Blockleitung bis zur Zellenleitung streng zu überwachen. Während ein Zellenleiter in Baden in Deutschland mit der Überwachung von etwa 100 Haushalten beauftragt war, hatte derselbe im Elsass etwa 50 Haushalte zu beobachten. Dies zeugt vom Willen der Deutschen, eine strenge Überwachung der elsässischen Bevölkerung zu gewährleisten. In den Departements Haut-Rhin, Bas-Rhin und Moselle wurden die von ihren französischen und frankreich-freundlichen Elementen »bereinigten« Behörden, die Justiz, die Wirtschaft nach dem deutschen Modell umstrukturiert.

»Innerfrankreich« diejenigen, die mit den deutschen Besatzern kollaboriert haben, dies im Wissen um die Sache getan haben, da die Okkupanten letztendlich nur eine vorschriftsmäßige Kollaboration und nicht etwa den alltäglichen Beitritt gefordert haben. Ende des Krieges hätte die besondere Lage des Elsass nach einer großen Einsicht verlangt. Aber zu diesem Zeitpunkt wurden die für ganz Frankreich vorgesehenen Épurationsmaßnahmen auch im Elsass angewandt. Das Gesetz, mit dem die indignité nationale eingeführt wurde, hat wesentlich die Elsässer berührt, die mehr als andere Franzosen den Befehlen des NS-Regimes untergeordnet waren; das Wahlverbot und das Verbot, gewählt zu werden, die Verdrängung aus dem öffentlichen Dienst, aus der Leitung der Unternehmen, der Banken, der Presse und der zeitweilige oder endgültige Ausfall der Renten- und Pensionsansprüche berührten diejenigen, die zwischen 1940 und 1945 ihre »Bürgerpflicht« – inklusive der Denunziation – nach den geltenden Normen erfüllt hatten, die bloß in den Einrichtungen der Deutschen gearbeitet haben, die zwangsläufig Mitglieder von Naziorganisationen waren.[27] Hat man sich im annektierten Elsass dennoch des Verrats schuldig gemacht oder nur die Gesetze eingehalten? Diese Frage musste die Vollstrecker der personellen Säuberung vor große Probleme stellen.

Die Pariser Regierung hat den besonderen Bedingungen und Anforderungen der Annektierung eingangs ein ausgeprägtes Misstrauen entgegengebracht. Zu Kriegsende wurden die Bevölkerungen der Grenzregion als »deutschlandfreundlich« angeprangert.[28] Der nachstehende Fall macht jedoch deutlich, dass die Politik der Épuration im Elsass und die mentale Entwicklung der französischen Behörden gegenüber den lokalen Bewohnern sich mit der Zeit angepasst haben: Am Folgetag der Befreiung von Saverne hatte eine Bewohnerin des kleinen Marktfleckens ihre Nachbarin D. angezeigt, diese hätte sie 1941 bei

27 Im Elsass war dies mit Problemen verbunden, da die Mehrheit der elsässischen Bevölkerung in der Zeit der Annektierung gezwungen war, einer NS-Formierung anzugehören. Im »Gau Oberrhein« wurde eine ganze Reihe von NS-Organisationen eingerichtet, um die Einwohner aller Altersgruppen und in allen Bereichen des sozialen und wirtschaftlichen Lebens hörig zu machen: obligatorischer Beitritt zur Hitlerjugend (HJ), in den Bund deutscher Mädel (BDM) für Jugendliche unter 18 Jahre, Reichsarbeitsdienst (RAD) für Jugendliche, die das 18. Lebensjahr vollendet hatten, obligatorischer Beitritt der Arbeitnehmer zur Deutschen Arbeitsfront (DAF), obligatorischer Opferring für die Beamten, um nur einige dieser Organisationen zu nennen.

28 Dieser Umstand ist nicht neu, das Thema der elsässischen Bevölkerung, die sich der Verschwörung gegen Frankreich aufgrund ihrer historischen, kulturellen und mentalen Verbindungen zu Deutschland mitschuldig gemacht habe, durchquert die Geschichte Frankreichs. Im Jahre 1945 kommt die fixe Idee der Behörden häufig in den amtlichen Schreiben zum Ausdruck. In einem Bericht prangert ein Kommissar der Republik die gesamte Bevölkerung des Elsass so an: »L'Alsace doit être débarrassée des éléments impurs qui la défigurent et qui après l'avoir trahie avant la guerre, s'emploient à la trahir à nouveau.« (Das Elsass muss von den unreinen Elementen befreit werden, die es entstellen und die, nachdem sie es vor dem Krieg verraten haben, erneut zu Verrat bereit sind.) Schreiben des Kommissars der Republik an den Präfekten des Bas-Rhin v. 1.9.1945. Landesarchiv Bas-Rhin (ADBR), 1366 W 2.

den deutschen Behörden denunziert, weil »sie zu Hause die Marseillaise gesungen hat«. Eine erste Mitteilung der Behörden von Saverne unterstreicht, dass »aufgrund dieser schwerwiegenden Tatsachen kurzfristig eine Verwahrungsmaßnahme gegen Frau D. ins Auge gefasst werden muss«[29], wobei im gleichen Zuge der Patriotismus der Klägerin gelobt wurde. Zwei Monate später wurde die Sache jedoch vom Landgericht Saverne zu den Akten gelegt. Eine Mitteilung verweist auf das »geringe Interesse dieser Sache aufgrund des Milieus, in dem sie sich ereignet hat, und der bedauerlichen Mentalität der beteiligten Personen [...] und dass dieselbe die gegenwärtigen Épurationsmaßnahmen ausgenutzt hat, um ihre alten Rachegelüste zu befriedigen und Frau D. als eine Denunziantin von Patrioten anzuprangern«.[30]

2   Die ewigen Querelen um die ewige Frage: »denunziatio« oder »delatio«?

Bei dem vorgestellten Fall kann der Widerspruch erahnt werden, mit dem sich die Vollstrecker der personellen Säuberung nach Kriegsende konfrontiert sahen. Um der Säuberungspflicht gerecht zu werden und »schlechte« Denunziation wie die unter dem Vichy-Regime und der Okkupation anzuprangern, sahen sich die Ermittler gezwungen, die »gute« Denunziation im Rahmen ihrer Verfahren zu dulden oder solche gar anzuregen. Aber was konnte auch in einer »wiederhergestellten« Republik als eine »gute« Denunziation bezeichnet werden? Und wie unterschied sie sich von der »schlechten«?

Die französische Sprache birgt Begriffe, die es ermöglichen, die »gute« von der »schlechten« Denunziation zu unterscheiden. Die schlechte Denunziation ist die »délation«. Nach dem französischen Wörterbuch besteht die »délation« in der Denunziation eines Dritten aus niederträchtigen Gründen. Im Gegensatz dazu informiert die »dénonciation« die Behörden über eine sträfliche Handlung, wobei das Gesetz in bestimmten Fällen vorschreibt, dies unter Androhung einer Strafe zu tun. Demgemäss wird die Unterlassung schuld-

---

29 »En raison de ces faits graves, il y a lieu d'envisager à brève échéance, une mesure d'internement à l'encontre de Mme. D.« Bericht des Hauptkommissars beim Unterpräfekt Saverne im Mai 1945. ADBR, 1666 W 199.

30 »le peu d'intérêt de cette affaire en raison du milieu dans lequel elle s'est passée et la mentalité déplorable des personnes en cause [...] et que cette dernière a profité de la répression actuellement menée pour des faits de collaboration pour satisfaire sa vieille rancune et présenter la femme D. comme une dénonciatrice de patriotes.« Polizeibericht nach Ermittlung, Juli 1945. ADBR, 1666 W 199. Der Fall wurde definitiv im August 1945 ad acta gelegt.

haft.[31] Zwischen den beiden Begriffen (dénonciation/délation) wird eine Unterscheidung zwischen dem privaten und dem allgemeinen Interesse eingeführt. Die »dénonciation« im Rahmen einer Klage oder einer »gerechten Sache« erscheint eher dem Gemeinwohl zu entsprechen, während die »délation« weiterhin zweifelhafter und unberechtigt bleibt.[32] Die Unterscheidung zwischen der »délation« und der »dénonciation« hat sich in Frankreich seit der Französischen Revolution 1789 den Weg gebahnt. Die »réhabilitation de la délation« (Camille Desmoulins, 1789)[33] wurde von den Revolutionären gepredigt und dem Willen gerecht, den politischen Bereich »offen zu legen«.[34] Das Thema nahm bereits 1789 einen zentralen Platz in den Diskussionen der Nationalversammlung und der revolutionären Presse ein und ist somit keineswegs nur ein Resultat der Terreur.[35] Die Denunziation wurde als eine staatsbürgerliche Tugend, eine politische Pflicht, ein natürliches Recht der »citoyens« gepriesen, sofern sein Ziel in der »Rettung des Vaterlands« bestand. Die Bemühungen, die Denunziation zu rehabilitieren, stießen allerdings bei manchen Revolutionären auf Widerstand. Der Historiker Jacques Guilhaumou spricht von der journalistischen Querele zwischen den Revolutionären La Harpe und Desmoulins: La Harpe war der Meinung, dass eine Unterscheidung zwi-

31 In Frankreich wird die Denunziation gegenwärtig unter bestimmten Bedingungen als eine Zivilpflicht betrachtet. Vgl. §§ 62–63 u. §§ 103–104 des französischen Strafgesetzbuchs. Im Gegensatz dazu kann eine unbegründete Denunziation wegen verleumderischer Denunziation bestraft werden (§ 375).

32 Luc Boltanski hat mit einem Gründungsartikel über die »öffentliche Denunziation« nichts anderes gesagt, indem er vornehmlich eine Unterscheidung zwischen dem Singulären und dem Generellen aber auch zwischen der normalen und der anormalen Wahrnehmung des Tuns vorgenommen hat. Luc Boltanski: La dénonciation. In: Acte de la recherche en sciences sociales 51 (1984), S. 3–40. Vgl. auch das antinomische Werk von Jean-François Gayraud: La dénonciation. Paris 1995, erster Teil.

33 »Die Rehabilitierung der delatio«. Zit. in: Jacques Guilhaumou: L'avènement des porte-paroles de la République (1789–1792). Villeneuve d'Asq 1998, S. 134.

34 Antoine de Baecque: Le corps de l'histoire. Métaphores et politique (1770–1800). Paris 1993, S. 301.

35 Im Hinblick auf die politische Denunziation während der Französischen Revolution vgl. die Kapitel, die dieser Frage von einigen wenigen Autoren gewidmet wurden: Antoine de Baecque: Le corps de l'histoire, S. 257–302; Antoine de Baecque: La dénonciation publique dans la presse et le pamphlet (1789–1791). In: Harvey Chisick (Hg.): The Press in the French Revolution. Oxford 1991, S. 261–279; Dominique Godineau: Citoyennes tricoteuses. Les femmes du peuple à Paris pendant la Révolution Française. Aix en Provence 1988 (2004), S. 233 ff.; Jacques Guilhaumou: Fragments of a Discourse on Denunciation (1789–1794). In: Keith Michael Baker (Hg.): The French Revolution and the Creation of Modern Political Culture. Bd. 4, Oxford 1994, S. 139–155; Jacques Guilhaumou: L'avènement des porte-paroles de la République, S. 133–137; Lucien Jaume: Le discours jacobin et la démocratie. Paris 1989, S. 192–215; Colin Lucas: The Theory and the Practice of Denunciation in the French Revolution. In Journal of Modern History 68 (1996), S. 768–795. Christiane Kohser-Spohn: Das Private wird politisch. Denunziationspraxis in einem Grenzland während der Französischen Revolution. In: Michaela Hohkamp, Claudia Ulbrich (Hg.): Der Staatsbürger als Spitzel. Denunziationen während des 18. und 19. Jahrhunderts aus europäischer Perspektive. Leipzig 2001, S. 211–269.

schen der »dénonciation« und der »délation« vorgenommen werden muss,
wobei der Denunziant/dénonciateur derjenige ist, »der ein die öffentliche
Ordnung beeinträchtigendes Verbrechen öffentlich und ehrlich anprangert,
für das er den Beweis erbringt«; der Denunziant/délateur ist seinerseits »ein
pures Produkt der Geschichte [...], dem es gelingt, uns mit Schrecken und
Schande zu belasten«.[36] Für bestimmte Revolutionäre waren beide Begriffe
insofern synonym, als die Denunziation eines konterrevolutionären Tatbe-
stands (dénonciation) und die Denunziation eines die Menschenrechte verlet-
zenden Individuums (délation) beide im gleichen Maße zur Verteidigung der
revolutionären Errungenschaften beitrugen. Der Revolutionär Marat, der den
Begriff der »dénonciation« dem der »délation« vorgezogen hat, da beim letzterem die Idee der Verleumdung mitschwang, hat ihn in seiner Zeitung L'Ami
du peuple zur Stigmatisierung aller Politiker »vom Premierminister bis zum
letzten Staatsbeamten« angewandt, sofern sich derselbe ungerecht verhalten
hat. Marat verstand die Denunziation als ein Recht der Bürger, am Aufbau
einer neuen öffentlichen Sphäre teilzunehmen und die öffentliche Macht zu
kontrollieren. Wie viele Revolutionäre fürchtete Marat allerdings die unkon-
trollierbaren Zornesausbrüche der Menge. Für ihn war es deswegen wichtig,
den Denunziationsakt strikt zu regeln. Dieser musste notwendigerweise öffentlich sein. »Vor allem muss jede Denunziation unterzeichnet werden. Diese
Praxis lässt keine Anonymität zu.«[37] Wie auch der Historiker Antoine de Baecque
im Hinblick auf Marat bestätigt, hat derselbe »aus der Denunziation eine
Prüfung, ein Gottesurteil, einen Initiationsritus gemacht, der allein in der Lage
ist, den Wert der neuen politischen Klasse zu beweisen«.[38] Indem der Denunziant ungerechte Handlungen aufdeckt und den Verschwörer denunziert,
»reinigt er [der Denunziant] das politische Leben und ermöglicht es, innerhalb
schneller Zeitabstände die ideale Transparenz wiederzufinden«. Die Denunziation als »Prüfung der Transparenz fordert [...] einen zentralen Platz beim
Erlernen der Demokratie [...]. Sie nimmt ferner [...] einen ausgesprochen
kohärenten Platz in der Funktionsweise des politischen Systems ein«: Der
Wachsamkeit der Mitbürger ausgesetzt sind alle Individuen in der neuen Demokratie »zur Perfektion gezwungen«.[39]

---

36   »celui qui dénonce publiquement et authentiquement un délit qui trouble l'ordre public, et
dont il apporte la preuve«; le délateur, »pour sa part, est un pur produit de l'histoire ... arrivé
jusqu'à nous chargé d'horreur et d'opprobre«. Jacques Guilhaumou: Fragments of a Discours (französische Fassung: Privatdokumentation, die vom Verfasser zur Verfügung gestellt wurde).
37   »Surtout, chaque dénonciation doit être signée. Cette pratique ne supporte pas l'anonymat«.
Zit. in: Antoine de Baecque: Le corps de l'histoire, S. 277.
38   Antoine de Baecque: Le corps de l'histoire, S. 277: »celui-ci fait de la dénonciation une
épreuve, une ordalie, un rite initiatique seul capable de prouver la valeur de la nouvelle classe
politique«.
39   Antoine de Baecque: Le corps de l'histoire, S. 277.

Wenn man bedenkt, wie prägnant der revolutionäre Bezug Ende des Zweiten Weltkriegs in der Abfolge Befreiung/Épuration war, kann man das Interesse dieser Auslegung besser ermessen. Die Épuration hat im Übrigen selbst die Ambivalenz zwischen délation und dénonciation verkörpert, da sie die eine verurteilt hat und sich dabei teilweise im Rahmen ihrer gesetzlichen Verfahren auf die andere gestützt hat. So waren die Ermittler häufig auf Informationen der Bevölkerung angewiesen, um die Verdächtigen auszumachen und festzunehmen. Die Denunziationen waren ferner häufig bei der Aufnahme der Anzeigen und Eröffnung der Ermittlungen ausschlaggebend. In einem derart explosiven Kontext wie dem der Épuration sind sich die Behörden jedoch der Gefahren bewusst geworden und haben versucht, die als »dénonciations calomnieuses« (verleumderische Denunziationen) bezeichneten Anzeigen zu definieren und zu umreißen, wie dieser auf 1945 zurückgehende Auszug aus der Literatur der Rechtsprechung belegt:

»Um verleumderisch zu sein, muss die Denunziation den nachstehenden Bedingungen gerecht werden. Es ist erforderlich, a) dass eine Denunziation stattgefunden hat. Die Denunziation besteht darin, der Behörde einen strafbaren Umstand zur Kenntnis gebracht zu haben. Die Denunziation, die von der geschädigten Person ausgeht, nimmt die Bezeichnung der Klage an; b) dass sie spontan stattgefunden hat [...]; c) dass sie mit irgendeinem Mittel entweder in Schriftform – auch anonym – oder mündlich erfolgt ist; d) dass sie einem Justizbeamten oder der Kriminal- bzw. Verwaltungspolizei oder jedweden per Gesetz, mit einer Verfügung oder einer Durchführungsbestimmung über die Épuration beauftragten Personen angetragen wurde [...]; e) dass sie gegen eine bestimmte Person erfolgt [...]; dass sie sich auf einen strafbaren Umstand bezieht [...]; g) dass der angezeigte Umstand verleumderisch ist [...]. Die Hinterlist des angezeigten Umstands ist ein wesentliches Element des Vergehens. Sie muss von einer zuständigen Behörde bestätigt worden sein. Sie ergibt sich zum Beispiel aus einer Einstellungsverfügung, einem Freispruch durch den Gerichtshof, einen Haftentlassungsbefehl des Strafgerichts oder der Tatsache, dass eine Säuberungskommission oder die mit der Sache beauftragte Verwaltungs- (Minister, Präfekt) bzw. Gerichtsbehörde die Sache zu den Akten gelegt hat; h) dass der Denunziant im bösen Glauben gehandelt hat [...]. Das Opfer einer hinterlistigen Denunziation ist berechtigt, eine Klage [...] gegen den Denunzianten [...] entweder vor dem Strafgericht, indem es Anzeige gegen den Denunzianten erstattet [...] oder vor dem Zivilgericht [...] anzustrengen.«[40]

---

40   »Pour être calomnieuse, la dénonciation doit répondre aux conditions suivantes. Il faut :a) Qu'il y ait eu dénonciation. La dénonciation consiste à porter à la connaissance de l'autorité un fait répréhensible. Émanant de la personne qui a été lésée, la dénonciation prend le nom de plainte; b) Qu'elle ait été spontanée [...]; c) Qu'elle ait été faite par un moyen quelconque, soit par écrit, même anonyme, soit oralement; d) Qu'elle ait été faite a un officier de justice ou de police judiciaire ou administrative, ou a toute personne qualifiée par une loi, une ordonnance ou un règlement en vue de l'application des mesures relatives à l'épuration. [...]; e) Qu'elle soit portée contre une personne déterminée [...]; f) Qu'elle se rapporte à un fait qui soit punissable [...]; g) Que le fait dénoncé soit calomnieux. [...] La fausseté du fait dénoncé est un élément essentiel du délit. Il faut qu'elle ait été

Tatsächlich war der Zeitraum nach der Libération (Befreiung) von einer Steigerung der Streitfälle in Verbindung mit verleumderischen Denunziationen
vor den Gerichten gekennzeichnet. Bereits im September 1944 hat sich die
Zeitung Le Progrès de Lyon in Lyon – um ein lokales Beispiel aufzunehmen –
gezwungen gesehen, die Bürger aufzufordern, beim Vorgehen gegen die Kollaborateure auf diese Verfahrensweise zu verzichten.[41] Parallel dazu wurde eine
erste Entscheidung, die vom örtlichen Kommissar der Republik im Interesse
der Vermeidung verleumderischer Denunziationen gefasst wurde, in dieser
Zeitung veröffentlicht: »Anonyme Schreiben werden nicht berücksichtigt.
Etwaige Denunziationen und sämtliche Stellungnahmen, die nicht mit der
Angabe des Namens des Absenders abgegeben werden, werden nicht berücksichtigt und umgehend vernichtet.«[42] Einen Monat später hat der Kommissar
eine Mitteilung über die Art und Weise veröffentlichen lassen, in der er sich
die Bestrafung der »Kollaborateure« vornehmen wollte. Erneut musste er die
Dinge richtigstellen: Es »handelt sich keineswegs um einen Aufruf zur Denunziation, sondern um eine Zusammenarbeit mit der Justiz. In den vier Jahren
der Knechtung und des Terrors haben viele Franzosen das Verantwortungsbe-
wusstsein verloren.«[43] Ab sofort müsse die verleumderische Denunziation im
Rahmen der Anprangerung der aktiven Kollaborateure während des Kriegs
verboten werden: Es sei wichtig, nicht weiterhin in einer »Atmosphäre von
Affekt und Angst«[44] zu leben und »seine Hilfe zur Säuberung des Landes«
rational und in Einhaltung der Legalität zu leisten.[45]

---

constatée par l'autorité compétente. Elle résultera par exemple d'une ordonnance de non-lieu, d'un
arrêt d'acquittement de la Cour de justice, d'un jugement de relaxe du tribunal correctionnel ou du
fait que le classement du dossier aura été prononcé par une commission d'épuration ou par l'autorité
administrative(ministre, préfet) ou judiciaire chargée de statuer; h) Que le dénonciateur ait agi de
mauvaise foi […].La victime d'une fausse dénonciation pourra intenter une action […] contre le
dénonciateur […] soit devant le tribunal correctionnel en portant plainte contre le dénonciateur […]
soit devant la juridiction civile […]«. Pierre Henri Doublet: La collaboration, l'épuration, la confiscation,
les réparations aux victimes de l'Occupation. Paris 1945, S. 13. Zit. in: Marc Bergère: Comment juger
la »délation«, S. 304 f.
    41   Benn Williams: Dénoncer les délateurs. In: Joly (Hg.): La délation dans la France des années
noires, S. 312.
    42   »Il ne sera tenu aucun compte des lettres anonymes. Toute dénonciation et tout avis non suivis
du nom et de l'adresse de l'expéditeur ne seront pas pris en considération et seront immédiatement
détruits.«
    43   »Il ne s'agit pas d'un appel à la délation mais d'une collaboration à l'œuvre indispensable de
justice. Durant quatre années d'asservissement et de terrorisme, beaucoup de Français ont perdu le
sens de la responsabilité.«
    44   »une atmosphère de passion et de peur«.
    45   »apporter son aide à l'épuration du pays«. Sämtliche Zitate von Farge stammen aus Benn
Williams: Dénoncer les délateurs, S. 312–314. Im Elsass sind ferner Aufforderungen zu finden, bei der
Anzeige gegen Kollaborateure nicht die Anonymität zu benutzen. So unterstreicht ein Rundschreiben
der Behörde: »Anzeigen, die gegen Personen eingereicht werden, die in genannten Kategorien fallen
[…] müssen unterzeichnet, datiert und in Schriftform eingereicht werden und auf genaue Umstände
verweisen und Zeugen benennen. Anonyme Anzeigen werden nicht berücksichtigt. Gegen den Verfas-

Im Elsass wurden Denunziationen eine soziale Plage, nachdem die Vollstrecker der Épuration die Entscheidung getroffen hatten, eine Reihe spezifischer und an die Lage der Region angepasster Épurationsmaßnahmen zu verabschieden. Zu diesen Maßnahmen gehörte die Verteilung individueller Fragebögen, die obligatorisch von allen Bürgern des Elsass zu ergänzen waren. Die Zuweisung der Versorgungskarte hing davon ab.[46] Diese Fragebögen waren den Behörden ausdrücklich zu übergeben und beinhalteten zahlreiche Fragen in Verbindung mit den politischen Aktivitäten während der Annektierung. Alle elsässischen Bürger waren verpflichtet, neben ihrer Mitgliedschaft in NS-Organisationen zwischen 1940 und 1945 auch über ihre »Haltung« in diesem Zeitraum zu informieren. Die Formulare konnten von der Öffentlichkeit eingesehen werden und jeder hatte die Möglichkeit, Auslassungen anzuzeigen. Damit war der Weg für die Denunziation geöffnet. Eines der zahllosen Formulare, die in den Landesarchiven des Bas-Rhin und des Haut-Rhin zu finden sind, gibt Auskunft über die von den Nachbarn von Frau R. unter der Rubrik »Verhalten während der Besatzung« gemachten Erklärungen:

»Frau R. war Mitglied der Organisation ›Mutter und Kind‹ und war im Stadtviertel für ihre Nazianhängerschaft bekannt. Noch heute hat sie schreckliche Angst, von einem Augenblick zum anderen festgenommen zu werden. Sie hat folglich kein reines Gewissen. Sie hat mir 1940 anlässlich der Rückkehr [Annektierung – C.K.-S.] […] gesagt: ›Ich bin herzlich froh, dass wir wieder ditsch sind‹ [ditsch ist der elsässische Ausdruck für ›Deutsch‹ – C.K.-S.]. Im Übrigen kann man fragen, wen man will, alle sind sich einig, dass sie ein Nazi ist, und wundern sich, dass sie noch da ist. Information erhalten von: Frau Ch., 11 rue d'Urmatt, Frau Ri., 3 rue Labroque, Frau Fi., 4 rue Labroque.«[47]

Ganz gleich, ob sie verleumderisch waren oder nicht, waren die Opfer derartiger Denunziationen nicht immer in der Lage, gegen ihren Denunzianten Anzeige zu erstatten, zumal sie wussten, wie sehr das Wort des Kollaborateurs

---

ser einer Denunziation, die als verleumderisch betrachtet und im bösen Glauben eingereicht wird, kann in Anwendung der Bestimmungen nach § 373 des französischen Strafgesetzbuchs gerichtlich vorgegangen werden.« (»Les plaintes déposées contre toute personne rentrant dans les catégories indiquées […] devront être écrites, signées, datées et contenir des faits précis, ainsi que l'indication des témoins. Il ne sera tenu nul compte des dénonciations anonymes. D'autre part, toute plainte qui sera reconnue calomnieuse et faite de mauvaise foi exposera son auteur à des poursuites judiciaires en application de l'article 373 du code pénal.«) Rundbrief Nr. 46 des Unterpräfekten des Arrondissements Guebwiller an die Bürgermeister v. 17.3.1945; Landesarchiv Haut-Rhin (ADHR), 755 W 54870.

46 Zwischen dem 10. und dem 20.7.1945 haben die Präfekten des Elsass der Bevölkerung diese Fragebögen zur Verfügung gestellt, die vor dem 5.8. zu ergänzen und einzureichen waren.

47 »Mme. R. faisant partie du ›Mutter und Kind‹ avait une renommée très nazie dans le quartier […] Aujourd'hui encore elle a une peur bleue qu'elle pourrait être arrêtée d'un instant à l'autre. C'est dire qu'elle n'a pas la conscience tranquille. Elle m'a dit en 1940 lors du retour […] : ›Ich bin herzlich froh, dass wir wieder ditsch sind‹. D'ailleurs on peut aller chez qui que ce soit tout le monde est d'accord qu'elle est une nazie et s'étonne qu'elle soit encore ici. Renseignement reçu de : Mme Ch., 11 rue d'Urmatt, Mme Ri., 3 rue Labroque, Mme Fi. 4 rue Labroque«. Fragebogen der Épurationskommission des CdL Bas-Rhin, nicht datiert. ADBR, 297 D 2.

oder im vorliegenden Fall auch des mutmaßlichen Kollaborateurs anlässlich der Befreiung seiner Legitimität beraubt wurde. Angesichts der unhaltbaren Atmosphäre, die sie zudem in einem Kontext verursacht haben, der nicht immer eine geeignete Ausübung der Justiz ermöglicht hat, wurden die Fragebögen nach kurzer Zeit von der elsässischen Bevölkerung infrage gestellt. Sie erinnerten viele Leute an die Fragebögen, die sie während des Dritten Reiches unterzeichnen mussten.[48] Die elsässischen Behörden sind jedoch nicht mehr als anderswo auf Strafanträge eingegangen, was vor allem zutreffend ist, wenn die Anzeigen den mit den Verordnungen über die Épuration festgelegten strengen Kriterien nicht gerecht wurden. Gemäß den Rechtsvorschriften konnten im Elsass einzig Personen angezeigt werden,

»die als überzeugte Deutschfreundliche den Einzug und die Niederlassung der Nationalsozialisten im Elsass begünstigt haben, die sich der Denunziation schuldig gemacht haben oder die ihren Landsleuten mit ihrer Haltung geschadet haben, die vor dem 1. Januar 1942 den NS-Organisationen beigetreten sind, die von der Okkupation profitiert haben, um unverdiente Grade in der Behörde zu erschleichen, oder die sich zum Nachteil Dritter bereichert haben«.[49]

Diese strenge Reglementierung der Anzeigepraxis zeugt von der Sorge, sich von Verfahren abzuheben, von denen die französischen Behörden irrtümlich angenommen haben, dass sie unter den Diktaturen üblich waren: geheime, anonyme, hinterhältige Denunziationen.[50] Die Rechtsvorschriften belegen die Bedeutung der Denunziation in der Geisteshaltung der Franzosen zur Libéra-

---

48   Während der Annektierung waren Angestellte und Beamte gezwungen, auf einem Formular die Treue zu Hitler zu schwören. Die etwaige Weigerung bedeutete den Verlust des Arbeitsplatzes oder gar die Internierung in Konzentrationslagern. Die überwiegende Mehrheit der elsässischen Arbeitnehmer und Beamten hat dieser Mindestkollaboration zugestimmt. Sie haben häufig dieses »verfluchte Papier« unterzeichnet, um in Ruhe gelassen zu werden, ihre Arbeit zu behalten, die Existenz der Familie zu retten, den Diebstahl ihres Vermögens zu vermeiden oder den deutschen Beamten den Weg zu versperren. Einige haben sich aus allen diesen Gründen sogar in Übertreibungen verloren. 1945 hat die französische Épuration anfangs den Fehler begangen, diese Fragebögen wortwörtlich zu verstehen und auf deren Grundlage ihre Arbeit zu verrichten.

49   »ceux et celles qui, germanophiles convaincus, ont favorisé l'entrée et l'implantation en Alsace des nazis, ceux qui se sont rendus coupables de dénonciations ou ont contribué par leur attitude à nuire à leurs compatriotes, ceux qui ont adhéré aux organisations nazies avant le 1er janvier 1942, ceux qui ont profité de l'Occupation soit pour conquérir des grades immérités dans l'administration, soit pour s'enrichir au détriment d'autrui.« Rundbrief des Kommissars der Republik in Straßburg an die Präfekten und andere. ADHR 2115 W 40.

50   De facto wurde die Denunziation von den NS-Behörden im starken Maße »kodifiziert«. Vgl. zum Beispiel: Schreiben eines Kreisstabsamtsleiters v. 3.5.1943: »Den Inhalt obiger Meldung habe ich zur Kenntnis genommen [eines anonymen Briefes – C.K.-S]. Andere Beschlagnahmungen aufgrund des anonymen Schreibens, das bei Ihnen einging, vorzunehmen, werden diesseits abgelegt. Denn es ist doch so, dass Volksgenossen, die zu dreckig und zu erbärmlich sind, ihren Namen zu nennen, meist versuchen irgendwie andere zu verdächtigen. Aus diesen Erwägungen heraus, werden hier anonym eingehende Schreiben sofort in den Papierkorb geworfen. Heil Hitler!« Fonds Épuration, Arrondissement Molsheim. ADBR, 545 D 1030.

tion, Épuration und nationalen Rekonstruktion. Die zum Teil höchst konträren Ziele der »Theorie« und der Praxis der Denunziation mussten zu schweren Verwerfungen führen, zumal sich in diesen Zielrichtungen die Konfrontation unterschiedlicher Kriegserfahrungen widerspiegelte. 1945 haben Tausende Schreiben die Behörde lahmgelegt, die unter dem Gewicht der übermittelten Informationen zu ersticken drohte.[51] Der Säuberungsprozess schien zu entgleiten. Die große Anzahl der Denunziationen hat die Pariser Regierung frühzeitig veranlasst, die Frage der Denunziation aufgrund einer Reihe neuer Maßnahmen zu überarbeiten. Im Elsass wurde eine Frist für die Einreichung von Anzeigen eingeführt, wie ein Rundbrief des Präfekten des Bas-Rhin belegt, der in den Gemeindeämtern auszuhängen war: »Um mit der Épuration Schluss zu machen, haben Sie zwei Monate, um öffentlich zu machen, was Sie wissen: Nach der Beendigung dieser Frist bzw. ab dem 1. September 1945 sind etwaige Anzeigen von gegenwärtig vor Ort befindlichen Personen nicht mehr zulässig.«[52]

Es war jedoch erforderlich, die Gesetze der Amnestie aus den Jahren 1951 und 1953 abzuwarten, die speziell die »gesäuberten« Personen, ihre vorzeitige Freilassung sowie die mehrheitliche Aufhebung der Verurteilungen betreffen, um den Schwall der Denunziationen zu stoppen und das Blatt der Épuration zu wenden, die die französische Gesellschaft in Mitleidenschaft gezogen hat. Die »schwarze Legende« von den Übertreibungen der Épuration bzw. den Exzessen der Denunziation haben zu der Zeit bereits die Gemüter geprägt. Die Gesetze der Amnestie haben in Frankreich die Wiederherstellung der nationalen Identität besiegelt, das juristische Vergessen und eine einzige Auslegung der Vergangenheit vorgeschrieben. Sie haben den Weg für die Errichtung des dauerhaften Mythos eines »heroischen« Frankreichs geebnet, das in den »dunklen Jahren« nicht denunziert hat.

---

51 In Straßburg wurde in einer Wohnung, bestehend aus einem Warteraum und zwei Zimmern, in denen zwei Inspektoren und zwei Schreibkräfte arbeiteten, eine Sonderermittlungskommission eingerichtet. Ein dritter Raum blieb der Kommission vorbehalten. Zwischen 10.00 Uhr und 12.00 Uhr und zwischen 14.00 Uhr und 16.00 Uhr haben die Inspektoren Personen empfangen, die Informationen über Dritte abgeben wollten. Jeder Inspektor hat täglich 10 bis 15 Personen empfangen. Zwischen 8.00 Uhr und 10.00 Uhr haben sie die Denunziationsschreiben ausgewertet (30 bis 40 Briefe pro Tag), zwischen 16.00 Uhr und 18.00 Uhr haben sie die Akten durchgearbeitet. ABDR, 1130 W 967, Fonds CdL.

52 »Pour en finir avec l'épuration, je vous donne deux mois pour faire connaître ce que vous savez: Passé ce délai, soit à partir du 1er septembre 1945, aucune déposition de toute personne actuellement sur place ne sera recevable.« Fonds der Präfektur. ADBR, 544 D 108.

Doris Danzer

Reden über sich – Reden über Andere – Schweigen. Das Dilemma kommunistischer Intellektueller im Umgang mit parteilich geforderter Denunziation

Für eine makellose kommunistische Identität arbeitete der intellektuelle Kader hart an sich selbst: Er brach mit seiner bürgerlichen Herkunft, band sich ökonomisch und sozial an die Partei und ordnete sich ihren ideologischen Zielen und praktischen Vorgaben unter. Er ließ sich und seine Werke zu Zwecken der Propaganda instrumentalisieren und bekundete öffentlichkeitswirksam seine Loyalität zu den politischen Führern. Folgerichtig ließe sich vermuten, dass der Intellektuelle aus Überzeugung auch Kollegen, Genossen und Mitbürger wegen Fehlverhaltens bei Instanzen der Partei und des Staates angezeigt hat. Schließlich wäre er damit seiner Treuepflicht gegenüber der Partei nachgekommen, hätte allerdings Solidarpflichten[1] und Vertrauensverhältnisse verletzt, vor allem wenn es sich bei den Angezeigten um Freunde oder Verwandte gehandelt hätte. Wie hielten es kommunistische Intellektuelle also mit der politisch erwünschten Anzeige des Fehlverhaltens Anderer? Empfanden sie diese als moralisch verwerflich im Sinne der »Denunziation« und daher als Bürde oder als Selbstverständlichkeit?

In der Tat lieferten kommunistische Intellektuelle negative Berichte über Mitbürger und Genossen an übergeordnete Parteiinstanzen. Das haben bereits zahlreiche Studien offengelegt, die sich beispielsweise mit den Auswirkungen der »stalinistischen Säuberungen« in der Sowjetunion beschäftigt haben. Sie zeichnen nach, wie die Idee des sozialistischen Kollektivs in den 1930er Jahren vom Gedanken der Verantwortung des Einzelnen für politische, ökonomische oder soziale Krisen verdrängt wurde und sich daraus die Tendenz entwickelte, im Rahmen von Selbstkritiken nicht nur von sich zu sprechen, sondern auch die Fehler Anderer anzuzeigen.[2] Dieses Phänomen des negativen Redens über Andere wird dabei mit dem Begriff der »Denunziation« bezeichnet. Damit wird implizit begründet, dass es den »Denunzianten« weniger um das Wohl

---

1 Siehe Arnd Koch: Denunciatio. Zur Geschichte eines strafprozessualen Rechtsinstituts. Frankfurt/M. 2006, hier S. 8.

2 Vgl. Reinhard Müller: Menschenfalle Moskau. Exil und stalinistische Verfolgung. Hamburg 2001; ders.: Herbert Wehner – Moskau 1937. Hamburg 2004; Brigitte Studer, Heiko Haumann (Hg.): Stalinistische Subjekte. Individuum und System in der Sowjetunion und der Komintern 1929–1953. Zürich 2006, hier S. 175–271.

der Partei als vielmehr um den Schutz der eigenen Person, um die eigene Karriere, materielle Privilegien oder andere, sogenannte niedere Beweggründe gegangen sei und sie die mitunter tödlichen Folgen ihrer Anzeige für den »Denunzierten« in Kauf genommen hätten. »Die Fähigkeit, vom Persönlichen zu abstrahieren, im Notfall Angehörige und Freunde im Stich zu lassen, galt als positive Eigenschaft eines Komintern-Funktionärs.«[3] Damit weist das historische Handeln nicht nur wesentliche Merkmale auf, die sich aus heutiger Sicht als moralisch verwerflich und damit als Denunziation bezeichnen lassen[4], sondern lässt einmal mehr den Charakter des stalinistischen Systems als menschenverachtendes Regime deutlich hervortreten. Allerdings spricht die Tatsache, dass sich das schlechte Reden über Andere ähnlich wie die Selbstkritik ritualisiert bzw. institutionalisiert vollzog,[5] nicht dafür, es als »Denunziation« zu bezeichnen. Zwei wesentliche Kriterien hierfür, nämlich die der Anonymität und Spontaneität, werden nicht erfüllt.[6] Zudem sind auch die Motive nicht eindeutig zu klären und lassen daher Spielraum für die Bewertung des Handelns: Erfolgte die Anzeige aus politischer Überzeugung, so wird dies als Zeichen für die Loyalität des Einzelnen zum System gewertet; war hingegen Angst vor der eigenen Denunziation und den unverhältnismäßigen Sanktionen des Regimes der entscheidende Auslöser – wie gerade in den Jahren des »Großen Terrors« 1936/37 in der Sowjetunion[7] –, dann kann die Bereitschaft zur schlechten Rede über Andere weniger als Zeichen für Systemloyalität, sondern vielmehr als Maßstab für die Zerrüttung zwischenmenschlicher Beziehungen in der Diktatur interpretiert werden.

An dieser Schnittstelle zwischen kommunistischer Herrschaft und Gesellschaft bewegt sich auch der folgende Beitrag. Er behandelt insbesondere das (schlechte) Reden über Andere vor übergeordneten Parteiinstanzen als soziale Praxis unter deutschen Kommunisten in der ersten Hälfte des 20. Jahrhunderts und hinterfragt, ob die Bezeichnung »Denunziation« bei der historischen Beurteilung der dargestellten Fälle gerechtfertigt ist. Exemplarisch nimmt er Intellektuelle aus der Generation der um 1900 Geborenen in den Blick, deren

---

3   Alexander Vatlin: Der Einfluss des Grossen Terrors auf die Mentalität der Komintern-Kader. Erfahrungen und Verhaltensmuster. In: Studer; Haumann: Stalinistische Subjekte, S. 217–232, hier 228.

4   Eine hervorragende Zusammenfassung der bisher in der historiografischen Forschung unternommenen Definitionsversuche für Denunziation und deren relevanter Kriterien bietet Koch: Denunciatio, S. 6–11.

5   Vgl. Lorenz Erren: »Selbstkritik« und Schuldbekenntnis. Kommunikation und Herrschaft unter Stalin (1917–1953). München 2008.

6   Vgl. Robert Gellately, Sheila Fitzpatrick: Introduction to the Practices of Denunciation in Modern European History. In: Dies. (Hg.): Accusatory Practices. Denunciation in Modern European History, 1789–1989. Chicago u. a. 1997, S. 1–21, hier 1.

7   Vgl. Irina Scherbakova: Die Denunziation in der Sowjetunion und im postsowjetischen Russland. In: Historische Sozialforschung 26 (2001) 2/3, S. 170–178, hier 170.

Lebenswege und Karrieren eng mit der KPD verbunden waren und die als »Gründungsväter und -mütter« der DDR bezeichnet wurden.[8] Ein hohes Maß an Loyalität dieser Personengruppe zum Regime kann daher vorausgesetzt werden. Vor diesem Hintergrund soll ihr Verhalten im Exil sowie in den Aufbaujahren der DDR analysiert werden, in denen sie sich sowohl gegenseitig auf die Einhaltung kommunistischer Tugenden und konkreter Parteivorgaben kontrollierten, als auch strengen Überprüfungen durch Parteibehörden ausgesetzt sahen. Dabei interessiert insbesondere, wie sie es mit dem Parteigebot der Anzeigepflicht hielten und ob ihr Schweigen bzw. das Verschweigen von Informationen bei Überprüfungsverfahren als Zeichen von Illoyalität oder Loyalität zum System zu deuten ist.

1   »Denunziation«: Ein Definitionsproblem

Wie bereits eingangs angedeutet wirft gerade die Frage nach den Motiven Probleme auf, wenn es darum geht, das negative Reden über Andere begrifflich zu fassen und zu bewerten. Die Abgrenzung von »Denunziation« zur positiv besetzten Strafanzeige treibt zwar die geschichts-, politik- und rechtswissenschaftliche sowie psychologische Forschung generell um,[9] ist jedoch im Fall eines ideologisch überhöhten und totalitär strukturierten Systems wie dem des stalinistischen m. E. besonders schwer zu lösen, weil hier eine systematische Umwertung von in der Gesellschaft tradierten und bestehenden Werten und Normen erfolgte. Das, was aus nicht-kommunistischer und heutiger, demokratisch-rechtsstaatlicher Sicht als moralisch verwerflich gilt, war damals geltende und gebotene Praxis; das, was wir heute als autoritäres, mitunter totalitäres Willkürsystem bezeichnen, den parteilichen und staatlichen Herrschafts-, Polizei- und Justizapparat stalinistischer Prägung nämlich, wurde von den Anhängern der Kommunistischen Partei nicht unbedingt als solches wahrgenommen. Damit kann mitunter nicht einmal jener Grundsatz zur Beurteilung ihres Verhaltens herangezogen werden, der besagt, dass der als Denunziant gilt,

8   Vgl. Annette Leo: Die Falle der Loyalität. Wolfgang Steinitz und die Generation der DDR-Gründerväter und -mütter. In: Irmela von der Lühe, Axel Schildt, Stefanie Schüler-Springorum (Hg.): »Auch in Deutschland waren wir nicht wirklich zu Hause.« Jüdische Remigration nach 1945. Göttingen 2008, S. 299–312, hier 304.
9   Vgl. exempl. Günter Jerouschek, Inge Marßolek, Hedwig Röckelein (Hg.): Denunziation. Historische, juristische und psychologische Aspekte. Tübingen 1997; Gerhard Sälter: Denunziation – Staatliche Verfolgungspraxis und Anzeigeverhalten der Bevölkerung. In: Zeitschrift für Geschichtswissenschaft 47 (1999) 2, S. 153–165; Friso Ross, Achim Landwehr (Hg.): Denunziation und Justiz. Historische Dimensionen eines sozialen Phänomens. Tübingen 2000; Koch: Denunciatio, hier S. 7–11.

der andere – »ungeachtet der Eigenbetroffenheit« – »einem Willkürsystem ausliefert«.[10]

Da nun einige Faktoren wie die negativen Folgen der Anzeige und die bisweilen eigennützige Motivation dafür sprechen, die kommunistische Anzeigepraxis als Denunziation zu bezeichnen, einige aber auch dagegen (wie das nicht-anonymisierte und ritualisierte Vorgehen sowie die politische Überzeugung des Anzeigenden), plädiere ich dafür, bei weiteren Analysen in diesem Kontext dem Vorschlag Olaf Stieglitz' zu folgen, der eine Anzeige, die nach historischem Standpunkt eine akzeptierte Norm war, aber nach heutigem als moralisch verwerflich gilt, als denunziatorisch bezeichnet.[11] Damit wird eine Tendenz aufgezeigt, die den historischen und biografischen Kontext der handelnden Akteure nicht außer Acht lässt, aber deutlich macht, dass sie sich in einem Unrechtssystem bewegten, welches unmoralisches Verhalten von ihnen verlangte. Die Frage ist nun, ob und wie sich am denunziatorischen Verhalten von KPD-Mitgliedern ablesen lässt, wie sie selbst über die geforderte Anzeigepflicht und damit über das kommunistische Herrschaftssystem dachten.

2   Die Selbstkritik: Reden über sich als Element der Parteikontrolle

Mit der »Parteikontrolle« übernahm die KPD seit Ende der 1920er Jahre eine Praxis ihrer sowjetischen Schwesterpartei, um »Aktionskraft«, »Organisationsstruktur« und »das politische Niveau der Parteimitglieder« zu optimieren.[12] Damit sollten, wie der damalige Reichstagsabgeordnete und Angehörige des KPD-Politbüros und Zentralkomitees, Walter Ulbricht, 1929 vorschlug, Fehler und Mängel in der Parteiarbeit bereits im Voraus erkannt und beseitigt werden. Vor dem Hintergrund des »faschistischen Terrors« in Deutschland erachtete er dies »als doppelt notwendig«.[13] Wesentliches Element dieses nach sowjetischem Vorbild auch als »Säuberung« bezeichneten Vorgangs war die Selbstäußerung bzw. Selbstkritik jedes Parteimitglieds, das vor eigens dafür eingerichteten Kontrollkommissionen eine Einschätzung zur aktuellen politischen Linie und zur Parteidisziplin abgeben sollte.[14] Bei nachweislichem Fehl-

---

10   Koch: Denunciatio, S. 8.

11   Olaf Stieglitz: Sprachen der Wachsamkeit. Loyalitätskontrolle und Denunziation in der DDR und in den USA bis Mitte der 1950er Jahre. In: Historische Sozialforschung 26 (2001) 2/3, S. 119–135, hier 119, FN 1.

12   Walter Ulbricht: Die Aktivierung und Überprüfung des Mitgliederbestandes unserer Parteien (Vorschläge zur Durchführung der Parteikontrolle). In: Kommunistische Internationale 10 (1929), S. 1780–1786, hier 1782.

13   Ulbricht: Aktivierung und Überprüfung, S. 1781.

14   Vgl. ebenda, S. 1785.

verhalten wurden Sanktionen von der Parteirüge, über die öffentliche Rüge, die Enthebung von der Funktion bis hin zum befristeten oder endgültigen Ausschluss verhängt.[15]

Von der Möglichkeit, im Rahmen dieses Kontrollverfahrens auch Aussagen über das Verhalten Anderer zu machen, war damals noch nicht die Rede. Hingegen war es Ulbricht wichtig zu betonen, dass die Aussprachen im Rahmen der Parteikontrolle im Sinne »kameradschaftlicher Ueberzeugung [sic!]«[16] geführt werden sollten, um den stark fluktuierenden Mitgliederbestand der noch jungen und zu diesem Zeitpunkt von zahlreichen Krisen gebeutelten KPD nicht noch unnötig durch die Überprüfungsmaßnahmen zu reduzieren. Der Parteiausschluss solle erst dann verhängt werden, wenn eine Erziehung »zu politisch zuverlässigen, aktiven Parteimitgliedern« für aussichtslos gehalten werde.[17]

3   Exzessives Reden über sich und Andere in der Exilphase

Mit ähnlichen Bedenken gegen die Anzeige von Genossen argumentierte die Parteiführung auch im Exil. So wurden noch bis Mitte der 1930er Jahre Warnungen vor »Hitlers Spitzeln und Provokateuren« an illegal tätige Parteimitglieder mit dem Hinweis ausgegeben, dass »größte Wachsamkeit« zwar »unbedingte Pflicht« sei, aber auch ausdrücklich davor gewarnt, willkürliche Verdächtigungen über Genossen auszusprechen. Dennoch lässt sich beobachten, dass der Anzeige des Fehlverhaltens von Genossen bei Parteiinstanzen bei der Suche nach Gestapo-Spitzeln und Verrätern in den eigenen Reihen immer mehr Beachtung geschenkt wurde. Vor dem Hintergrund der nationalsozialistischen Verfolgung wurden der Erfolg und vor allem das Scheitern der illegalen Arbeit nun vom Verhalten jedes einzelnen Genossen abhängig gemacht. Es galt daher, »jeden Verdacht und alle derartigen Wahrnehmungen sofort der Emigrantenleitung zu melden«.[18]

Diese Tendenz, jedes einzelne Mitglied für das Wohl des Parteikollektivs verantwortlich zu machen, lässt sich auch im Verhalten der KPD-Intellektuellen in den ersten Exiljahren erkennen. Entweder kontrollierten und ermahnten sie sich gegenseitig oder berichteten dem damaligen deutschen

---

15   Diese Strafen wurden bereits mit dem Parteistatut von 1925 bei Verstoß gegen die Parteidisziplin erwähnt. Vgl. Hermann Weber: Der deutsche Kommunismus. Dokumente. Köln u. a. 1963, S. 254–259, hier 255.

16   Ulbricht: Aktivisierung und Überprüfung, S. 1785.

17   Ebenda, S. 1783.

18   Albert Müller: Der Kampf gegen Hitlers Spitzel und Provokateure in den Emigrationsländern (ca. 1935). BArch RY 1/I 2/3/351 (Emigration Frankreich, Em.leitung), Bl. 44–50, hier 50.

Vertreter des sowjetischen Schriftstellerverbandes in den westeuropäischen
Exilländern, Johannes R. Becher, von ihren Beobachtungen über Andere. Da
Becher seinerseits nicht nur an die Weisungen Moskaus gebunden, sondern für
die Lage der KPD-Intellektuellen in der Emigration auch rechenschaftspflich-
tig war, ermahnte er Genossen, die es aus seiner Sicht an politischem Engagement mangeln ließen oder im Verdacht standen, private künstlerische Ambiti-
onen vor die Interessen der Partei zu stellen. Dass mit diesen kritischen Äußerungen über Andere allerdings auch persönliche Differenzen und Eitelkeiten
ausgetragen wurden, die u. a. dem enormen Konkurrenzdruck geschuldet
waren, unter dem die literarische Intelligenz der Partei aufgrund mangelnder
Publikationsmöglichkeiten im Exil stand, darf nicht vergessen werden.[19] Sehr
streng wurden moralische Schwäche und fehlende Disziplin gerügt: Sie wurden als Symptome der »Emigrantenpsychose«[20] angesehen und als Vorstufe des
Verrats gewertet.

Vonseiten der Kommunistischen Partei und des Staates wurde das schlechte
Reden über Andere schließlich während der »stalinistischen Säuberungen« in
der Sowjetunion ab 1936 gezielt gefördert. Bei der strafrechtlichen Verfolgung
und Sanktionierung wurde dann allerdings nicht mehr zwischen Anzeigenden
und Angezeigten unterschieden. Hier lief nicht nur der Denunzierte, sondern
auch der Denunziant Gefahr, gleichermaßen verfolgt und verhaftet zu werden.[21] Das Misstrauen kannte in dieser Phase keine Grenzen mehr.

Ein Beispiel dieser exzessiven Form des Redens über sich und andere bietet
das Verhalten des Hamburger KPD-Funktionärs und Schriftstellers Willi
Bredel (1901–1964) im Sommer und Herbst 1936, also während bzw. nach
dem Ersten Moskauer Schauprozess. Bredel lebte seit 1934 im Moskauer Exil
und galt dort als Vorzeigeschriftsteller der KPD, der seine literarischen Arbeiten als politischen Auftrag betrachtete und diesen auch hervorragend zu erfüllen schien. Zu diesem Image trug seine 13-monatige Haft im KZ Fuhlsbüttel
zwischen 1933 und 1934 wesentlich bei. Daher durfte Bredel im Spätsommer
1936 auch an entsprechend prominenten Stellen als Agitationsredner auftreten: bei der Versammlung des sowjetischen Schriftstellerverbandes Ende August 1936 etwa oder bei der viertägigen geschlossenen Sitzung der deutschen
Kommission des Sowjetschriftstellerverbandes Anfang September. Stets leistete
er Loyalitätserklärungen, lobte den Aufbau des Sozialismus sowie Stalins Führung, hob aber auch seine eigenen Leistungen hervor und erntete damit Beifall.

---

19   Vgl. Doris Danzer: Zwischen Vertrauen und Verrat. Deutschsprachige kommunistische Intellektuelle und ihre sozialen Beziehungen (1918–1960). Göttingen 2012, hier S. 196–213.
20   Wortmeldung von Georg Lukács während der Sitzung der deutschen Schriftsteller vom
5. September 1936. In: Georg Lukács, Johannes R. Becher, Friedrich Wolf: Die Säuberung. Moskau
1936. Stenogramm einer geschlossenen Parteiversammlung. Hg. von Reinhard Müller. Reinbek bei
Hamburg 1991, S. 187 f.
21   Siehe Müller: Menschenfalle Moskau, hier S. 266–273.

Bredel schien offenbar über jeden Verdacht der Untätigkeit oder der mangelnden Wachsamkeit erhaben.

Darin unterschied er sich von einigen seiner deutschsprachigen Kollegen im sowjetischen Exil, die sich gerade bei der geschlossenen Schriftstellerversammlung Anfang September 1936 in exzessiven gegenseitigen Schuldzuweisungen und selbstkritischen Äußerungen ergingen, ihre Verantwortung in politischer und literarischer Hinsicht gegenüber der Sowjetunion nicht erfüllt zu haben. Einer der dort stark Kritisierten war der deutsche Schriftsteller Ernst Ottwalt. Ihm wurde vorgeworfen, vor 1933 in Berlin Kontakte zu einem Kreis von »Trotzkisten« unterhalten zu haben – einer Gruppe, die nun als verräterisch galt. Auch Bredel kritisierte Ottwalt. Allerdings ging es ihm dabei weniger um diese Kontakte, als vielmehr um Ottwalts schriftstellerische Arbeit, die dieser vernachlässige. Auch bestehe, so Bredel, die Gefahr von »politisch schädlichen Konsequenzen«.[22]

Nun ist die Äußerung von Kritik innerhalb eines geschlossenen Arbeits- und Kollegenkreises noch keine Denunziation und bedeutet für den Kritisierten noch kein Todesurteil. In diesen Tagen nach dem Urteil des Ersten Moskauer Schauprozesses und den Wochen und Monaten der beginnenden »Säuberungen« in Moskau kam sie aber einem solchen gleich; vor allem, wenn sie, wie im Fall Ernst Ottwalts, einherging mit dem Verdacht des Verrats kommunistischer Ideale, der politischen Sabotage und Spionage im Dienste der Nationalsozialisten. Am 6. November 1936 wurde Ottwalt gemeinsam mit seiner Ehefrau Waltraut Nicolas auf dem Roten Platz in Moskau verhaftet.

Es ist unklar, wie groß Willi Bredels Anteil an Ottwalts Verhaftung war. Fakt ist jedoch, dass Bredel bereits einige Wochen vor der erwähnten Versammlung Anfang September 1936 von der deutschen Vertretung der Komintern in Moskau um einen Bericht zu Ernst Ottwalt gebeten worden war. In seinem Antwortschreiben vom 5. Juli 1936 verweigerte Bredel zunächst jede Aussage – mit der Begründung, dass er erst die Anschuldigungen geklärt haben wolle, die gegen ihn vorgebracht worden seien: Seit Mai 1936 war vonseiten ehemaliger Hamburger Parteikollegen im sowjetischen Exil nämlich die Kritik laut geworden, dass sich Bredel sowohl während des Hamburger Aufstands von 1923 als auch während seiner Haft im KZ Fuhlsbüttel politisch falsch verhalten habe.[23] Zudem lief ein Verfahren um Bredels Aufnahme in die WKP(B).

---

22 Lukács; Becher; Wolf: Die Säuberung, S. 346.
23 Siehe Bericht Inge Karst über Bredel v. 19. Mai 1936 sowie Brief Willi Bredel an die deutsche Vertretung der Komintern, z. Hd. Gen. Weber, Moskau v. 29. Juni 1936. Russisches Staatsarchiv für soziale und politische Geschichte Moskau (RGASPI), Komintern-Akte Willi Bredel, Sign. f. 495, op. 205, d. 63, l. l. 188 sowie l. l. 180; zit. nach: Kopien aus Privatarchiv Claus Bredel.

13 Tage nach Ernst Ottwalts Verhaftung, am 19. November 1936, legte Willi Bredel schließlich der Komintern einen elfseitigen Bericht über dessen Verhalten im Prager und Moskauer Exil vor. Darin bekräftigte er die bereits geäußerte Kritik an Ottwalts Unzuverlässigkeit als kommunistischer Schriftsteller, berichtete zudem von dessen weitreichenden, zweifelhaften Kontakten, u. a. zu den bereits verhafteten deutschen Emigrantinnen Zenzl Mühsam und Carola Neher, und bekräftigte den im Kollegenkreis mehrfach geäußerten Verdacht, dass Ottwalt Kontakt zu Spionen der Gestapo unterhalten haben könnte oder gar selbst ein Spion sei.

Wie ist dieses Verhalten nun zu bewerten? Bredel lieferte seinen Bericht zwar erst nach Aufforderung und einige Tage nach der Verhaftung Ottwalts ab. Zudem bewegte er sich darin auf der Ebene von Beobachtungen und vagen Vermutungen und vermied direkte Anschuldigungen. Aber er machte klar, dass er gegen Ottwalt Misstrauen hege, und zwar »[v]on den ersten Tagen meiner Bekanntschaft mit Ottwalt [...].«[24] Um sich von der Kritik an seiner Person zu befreien und sich zu profilieren und sicherlich auch aus politischer Überzeugung ließ er sich zu denunziatorischem Verhalten verleiten und leistete damit ein Bekenntnis seiner Loyalität zur Partei und ihren Instanzen.

Es ist zweifelhaft, ob Bredels Bericht für Ottwalts weiteres Schicksal, dessen Verurteilung, Inhaftierung und Tod in einem Straflager 1943, ausschlaggebend war. Dieses Schicksal stand vermutlich bereits zuvor fest. Entscheidender ist vielmehr, dass Bredel sich damit selbst von allen Anschuldigungen freisprechen konnte. Der Bericht hatte für seine Karriere eine größere Bedeutung als für Ottwalts Verurteilung. Die »Säuberungen« überlebte Willi Bredel schließlich aber nicht deswegen, sondern weil er Moskau im Frühjahr 1937 in Richtung Spanischer Bürgerkrieg verlassen konnte. Dies verdankte er wahrscheinlich weniger dem Bericht über Ottwalt, als vielmehr der Fürsprache einflussreicher Vertreter der deutschen Parteiführung im Moskauer Exil.[25] Es ist nicht auszuschließen, dass auch Bredel andernfalls trotz hervorragender Beurteilungen und Loyalitätsbeweise doch irgendwann als Spion verdächtigt und verhaftet worden wäre. Denn selbst oder gerade vor den treuesten Parteifunktionären machte der stalinistische Verfolgungsapparat nicht Halt.

---

24   Willi Bredel über Ernst Ottwalt. Bericht an die Kaderabteilung der Komintern, Nov. 1936 (Reg. in russ. Sprache). In: Europäische Ideen 79 (1992), S. 6–10, hier 10.
25   Vgl. Danzer: Zwischen Vertrauen und Verrat, hier S. 308.

4   Die Anzeigepflicht: Das institutionalisierte Reden über Andere in der DDR

Die SED strebte im Jahr 1948 eine umfassende Mitgliederüberprüfung an. Vorausgegangen war die Rückkehr vieler emigrierter KPD-Mitglieder nach Deutschland ab 1945, die Vereinigung der KPD mit der SPD 1946 und der 1948 ausgerufene Kampf gegen Spitzel und Verräter in den eigenen Reihen, diesmal im Zuge des beginnenden Kalten Krieges als »anglo-amerikanische Agenten«, »Kosmopoliten« und »Titoisten« beschimpft.[26] Die Meinung zur Anzeige des Fehlverhaltens Anderer hatte sich in der Parteiführung der SED geändert. Im Gegensatz zu den Appellen der 1920er und 1930er Jahre rief die SED nun mit offenen Erklärungen zu vermeintlich staatsgefährdenden Spionagenetzen Parteimitglieder und Bevölkerung nicht nur zu Wachsamkeit, sondern auch zur Anzeige Anderer auf – mit Erfolg, wie die Historikerin Karin Hartewig am Beispiel der Denunziationswelle feststellte, die im Zuge der Erklärung vom 24. August 1950 zur »Noel-Field-Affäre« losgetreten wurde und die Parteikontrollkommissionen überschwemmte.[27] Darin wurde das offene Reden über Andere wie über sich selbst gegenüber der Partei als Teil der gebotenen Ehrlichkeit jedes Mitglieds erklärt und gehörte damit ebenso zum kommunistischen Wertekodex wie die Treue zur Partei, die Solidarität unter allen Proletariern und die Bewahrung von Parteigeheimnissen vor politischen Gegnern.[28] Aus diesem moralischen Grundsatz heraus wurde eine Anzeigepflicht konstruiert, die in der DDR ab 1950 gesetzmäßig verankert war[29] und Amtsträger wie Privatpersonen gleichermaßen betraf – ein aus heutiger Sicht typisches Element totalitären Strafrechts.[30]

Den möglichen Vorwurf, dass es sich bei dieser Praxis um Denunziation handelte, welche seit dem 19. Jahrhundert im deutschen Sprachgebrauch und -verständnis als moralisch anstößig galt, entkräftete die SED von vornherein, indem sie die Anzeigepraxis im Rahmen der Mitgliederüberprüfung positiv

---

26   Erneut war Walter Ulbricht einer der Initiatoren dieser »Säuberungen«. Seit Beginn des Jahres 1948 warf er die Frage nach »Säuberungen« in den Sitzungen des Sekretariats des ZK der SED wiederholt auf. Vgl. Jan Foitzik: Die stalinistischen Säuberungen in den ostmitteleuropäischen kommunistischen Parteien. Ein vergleichender Überblick. In: Hermann Weber, Dieter Staritz u. a. (Hg.): Kommunisten verfolgen Kommunisten. Stalinistischer Terror und »Säuberungen« in den kommunistischen Parteien Europas seit den dreißiger Jahren. Berlin 1993, S. 401–423, hier 413.

27   Siehe Karin Hartewig: Zurückgekehrt. Die Geschichte der jüdischen Kommunisten in der DDR. Köln u. a. 2000, hier S. 333.

28   Siehe 11 Gebote für das Verhalten Verhafteter. In: Beatrix Herlemann: Die Emigration als Kampfposten. Die Anleitung des kommunistischen Widerstandes in Deutschland aus Frankreich, Belgien und den Niederlanden. Königstein im Taunus 1982, S. 211–213.

29   Bei Republikflucht sowie in Fällen von Unterschlagung und Urkundenfälschung siehe Koch: Denunciatio, S. 32, FN 185.

30   Ebenda, S. 32.

umwertete: Wenn Parteimitglieder das Fehlverhalten ihrer Genossen anzeigten, taten sie dies nach marxistisch-kommunistischer Lehre aus politischer
Überzeugung und Pflichtgefühl. Die Abgrenzung zwischen Denunziation und
Strafanzeige bzw. die positive Umwertung denunziatorischen Verhaltens zugunsten der Partei erfolgte hier also nach ideologischen Kriterien. »Denunziation« tauchte im kommunistischen Sprachgebrauch qua definitionem nicht
auf, galt sie doch als zu überwindende bzw. überwundene Verhaltensweise des
kapitalistischen Ausbeuterstaates, die allein der Bourgeoisie und ihrem Machterhalt dienen würde.[31] An ihre Stelle trat der »Verrat«, den die kommunistische
Rhetorik hingegen sehr wohl kannte: Zum einen gründete die KPD auf den
»Verrat« der Sozialdemokratie an der Arbeiterklasse ihre Daseinsberechtigung.[32] Zum anderen verurteilte sie den Verrat an den eigenen Idealen auf das
Schärfste und ächtete niemanden mehr als den Verräter in den eigenen Reihen.

Interessant ist nun, dass sich die Intellektuellen der Partei – vornehmlich
jene Remigranten aus den westeuropäischen Exilländern, die im Fokus der
Ermittlungen in der »Noel-Field-Affäre« gestanden hatten – vor den Kontrollkommissionen der SED zurückhaltend über mögliche Verbindungen zum
»anglo-amerikanischen Spionagedienst« in ihrem Bekanntenkreis äußerten.
Neben Loyalitätsbekundungen zur Kommunistischen Partei und ihren Führern überwogen in ihren Aussagen Stellungnahmen zum eigenen Handeln im
Sinne der Selbstkritik. Von der Möglichkeit, sich mit der Anzeige des Fehlverhaltens Anderer von Anschuldigungen freizusprechen, machten sie nur Gebrauch, wenn sie explizit zu Äußerungen aufgefordert worden waren, und
dann insofern, als sie bereits öffentlich bekannte verdächtige, gerügte oder
ausgeschlossene Genossen belasteten.

So ging auch die Schriftstellerin Anna Seghers (1900–1983) vor, als sie am
13. September 1950 zu einer Aussage über den SED-Funktionär und ehemaligen Parteigruppenleiter im mexikanischen Exil, Paul Merker, und über seinen
damaligen Stellvertreter Alexander Abusch und deren Beziehungen zu Noel
Field vor der Zentralen Parteikontrollkommission in Berlin gebeten wurde.[33]
Merker war zu diesem Zeitpunkt bereits als enger Vertrauter des »Spions«
Field bezichtigt und aus der Partei ausgeschlossen, Abusch all seiner politischen Funktionen enthoben worden. Seghers bestätigte die bereits bekannten
Anschuldigungen gegen Merker und Abusch, indem sie sie um die Informati-

---

31 Siehe Gerhard Stiller: Das Problem der Nichtanzeige von Verbrechen. Diss. Potsdam 1957,
S. 88 u. 96; zit. nach: Koch: Denunciatio, S. 9, FN 46.
32 Vgl. Jürgen Hofmann: Das Trauma des Verrats an der Arbeiterbewegung. Versuch einer Einführung. In: Simone Barck, Ulla Plener (Hg.): Verrat. Die Arbeiterbewegung zwischen Terror und
Trauma. Berlin 2009, S. 9–17, hier 12 f.
33 Siehe Aktennotiz von Herta Geffke mit dem Titel »Gen. Anna Seegers [sic!] über Mexico
und Noel H. Field« v. 13. September 1950. BArch DY 30/IV 2/4/112, Bl. 59.

on ergänzte, dass sie insbesondere von Merker während ihres gemeinsamen mexikanischen Exils gegen ihren Willen politisch wie persönlich bedrängt worden sei, seinem nun als falsch deklarierten Kurs zu folgen. Andererseits grenzte sie ihre Bekanntschaft mit Noel Field auf zwei kurze Begegnungen »in einem Café in Prag« in den Jahren 1947 und 1948 ein und verschwieg gänzlich, dass gute Freunde – das Ehepaar Egon Erwin und Gisela Kisch – Field sehr gut gekannt und ihn auch mit ihr bekannt gemacht hatten.[34] Damit bestätigte sie das, was die Parteiführung hören wollte, und verschwieg, was ihr und ihren Freunden hätte schaden können. Obwohl sie mit der Aufforderung zur Aussage im Verfahren um Paul Merker eingeschüchtert wurde,[35] agierte sie schlau und mutig. Den bereits Verurteilten konnte (oder wollte) sie mit ihrer Aussage zwar nicht mehr helfen, aber zumindest sich selbst und ihre Freunde schützen.[36] An ihrer Loyalität zur Partei- und Staatsführung wurde folglich nicht gezweifelt, sodass Seghers ihren Weg an die Spitze der Vertreter der DDR-Literatur konsequent fortsetzen konnte.

Diese hier angesprochene Tendenz des Verschweigens von Informationen über Vertraute und Freunde gegenüber den Kontrollinstanzen der Partei vonseiten der Intellektuellen setzte sich in den kommenden Jahren des SED-Regimes fort. Gerade sie, die der Kommunistischen Partei seit ihrer Gründung verbunden waren, verweigerten sich dem Aufklärungseifer ihrer Ermittlungsbehörden und versuchten so, sich vor deren Eingriff in ihre Privatsphäre zu schützen. Allerdings traten sie daher auch nicht öffentlich für verurteilte Genossen und Vertraute ein. Sie vermieden vielmehr jegliche Form des Redens über Andere vor Instanzen der Partei und des Staates. Als im Sommer 1957 gegen einen weiteren ehemaligen Vertrauten Merkers in der mexikanischen Exilgruppenleitung, Walter Janka, den damaligen Leiter des Aufbau-Verlages, ein Prozess geführt wurde, wurden Willi Bredel, Anna Seghers und weitere Schriftsteller, die gut mit ihm bekannt waren, sogar von offizieller Seite zu stummen Zeugen degradiert. Wenngleich sie zwar im Hintergrund zu Jankas Gunsten intervenierten oder ihm persönlich Mut zusprachen, versuchten sie doch nicht, der ihnen zugewiesenen Rolle als schweigende Beobachter zu widersprechen.[37] Öffentlich äußerten sie sich weder positiv noch negativ zum Prozessverlauf sowie zur Verurteilung Jankas.

---

34   Die Seghers-Biografin Christiane Zehl Romero hält es hingegen nicht für unmöglich, dass sich Anna Seghers und Noel Field bereits in Frankreich oder Mexiko begegnet sind. Bislang fehlen hierfür allerdings eindeutige Belege. Vgl. Christiane Zehl Romero: Anna Seghers. Eine Biographie 1947–1983. Berlin 2003, hier S. 96.

35   Das wird daran deutlich, dass Seghers nach langer Weigerung im Herbst 1950 ihren mexikanischen Pass zurückgab und ihren Wohnsitz endgültig von West- nach Ost-Berlin verlegte. Vgl. Leo: Die Falle der Loyalität, S. 304.

36   Vgl. Danzer: Zwischen Vertrauen und Verrat, hier S. 475, auch FN 1750.

37   Vgl. ebenda, S. 499, 508, 519.

5 Fazit: Das Dilemma des Schweigens der Intellektuellen

Zwar wurde in diesem Beitrag das Verhalten lediglich zweier Repräsentanten des intellektuellen Kaders der KPD/SED aus der Generation der Gründungsväter und -mütter der DDR dargestellt. Dennoch lässt sich anhand dieser Beispiele eine Tendenz für Verhaltensmuster und Haltungen dieser Personengruppe zur Partei gerade in den ersten Jahren des sozialistischen deutschen Staates beschreiben, die durch weiterführende Untersuchungen überprüft werden müssten. An Bredels und Seghers' Beispiel zeigt sich, dass die Informationsübermittlung über das Fehlverhalten von Kollegen, Genossen und Mitbürgern für sie trotz ihres hohen Maßes an Loyalität zum System nicht selbstverständlich war. Über ihre Motive – ob sie Denunziation als moralisch verwerflich, vielleicht sogar als Widerspruch zu kommunistischen Tugenden ansahen – lässt sich zwar nur spekulieren, da Stellungnahmen der Akteure hierzu fehlen. Aber ihre lückenhaften Aussagen und zögerlichen Handlungen deuten darauf hin, dass sie denunziatorisches Verhalten vermieden und versuchten, im Umgang mit Institutionen der kommunistischen Partei und Behörden der DDR der geforderten schlechten Rede über Andere aus dem Weg zu gehen.

Einerseits lässt sich das Schweigen bzw. Verschweigen seitens der kommunistischen Intellektuellen als Erfolg der Disziplinierungsmaßnahmen des SED-Regimes interpretieren. Andererseits darf ihr Schweigen m. E. aber nicht als Zeichen stillschweigender Übereinstimmung mit dem System verstanden werden. Es deutet vielmehr auf ihre Enttäuschung und Entfremdung von Partei und Staat hin und damit auf einen unauflösbaren Gewissenskonflikt, in dem sich die Intellektuellen aus der Gründungsgeneration der Kommunistischen Partei in den ersten Jahrzehnten der DDR befanden. Dennoch kann die Tatsache, dass sie es letztlich vorzogen, aus Eigenschutz Informationen vor Parteikontrollinstanzen zu verschweigen und auch nicht öffentlich gegen Unrecht zu protestieren, als Zeichen ihrer Loyalität zum System interpretiert werden. Den Weg in den offenen Konflikt oder in die Dissidenz gingen sie schließlich nicht.

Udo Grashoff

Der Umgang der SED mit dem »Verrat« kommunistischer Widerstandskämpfer gegen den Nationalsozialismus 1933 bis 1945

Auf den ersten Blick scheint die SED gegenüber Kommunisten, die in der Zeit der nationalsozialistischen Herrschaft Genossen aus den eigenen Reihen an die Gestapo verraten haben, keiner eindeutigen Regel gefolgt zu sein. KPD-Waffenmeister Willy Zimmerlich, der beim Verhör umfangreiche Angaben machte und dessen »Verrat« den Heidelberger Kommunisten Leo Schmitt veranlasste, sich das Leben zu nehmen,[1] wurde weder bestraft noch aus der SED ausgeschlossen; er durfte in der DDR lediglich nicht in leitender Stellung tätig sein.[2] Friedrich Schlotterbeck hingegen, der sich nur zum Schein als V-Mann der Gestapo verpflichten ließ, um aus dem KZ entlassen zu werden, aber niemanden verraten hat, wurde als vermeintlicher »Gestapo-Agent« aus der SED ausgeschlossen und zu drei Jahren Haft verurteilt.[3]

Was führte zu einer derart unterschiedlichen Behandlung von »Verrätern« durch die KPD/SED? Richtete sich die Strafpraxis in der SBZ/DDR nach der Schwere der nachweisbaren Vergehen? War die Verfolgung von »Verrat« eher ein Ausdruck der allgemeinen politischen Repression der Nachkriegszeit und der frühen DDR? Gab es Bewertungskriterien oder herrschte reine Willkür?

Bevor diese Fragen anhand einiger Beispielfälle diskutiert werden, zwei grundsätzliche Vorbemerkungen:

1. Verrat heißt Bruch eines Vertrauensverhältnisses. Im folgenden Text wird der Begriff »Verrat« aus der Perspektive der Kommunistischen Partei verwendet.

2. Kern eines »Verrats« kann eine Denunziation sein, also eine ohne Wissen des Denunzierten erfolgte Mitteilung an eine übergeordnete Instanz, die wiederum eine Strafverfolgung der bezichtigten Person nach sich zieht. Das kann insbesondere in Verhör-Situationen der Fall gewesen sein. Im Folgen-

---

1   Vgl. Information über Zimmerlich, Willy, Berlin v. 24.9.1963. BStU, MfS, HA XX, Nr. 12001, Bl. 201–203.

2   Vgl. Referat SVS, Bericht, Berlin v. 18.8.1958. BStU, MfS, AOP 316/59, Bd. 1, Bl. 83 f.

3   Vgl. Beschluss ZPKK v. 3.8.1960. BArch DY 30/IV 2/4/476, Bl. 172 f.

den wird daher vor allem das Aussageverhalten von verhafteten Kommunisten und deren Mitwirkung an Aktionen der Gestapo betrachtet und es wird
gefragt, wie die SED die denunziatorische Komponente dieser Form des
»Verrats« einschätzte.

1   Die Heldenmoral der illegalen KPD

Den normativen Rahmen für die zeitgenössische ebenso wie die spätere Bewertung von »Verrat« bildete der moralische Verhaltenskodex, der in den 1930er
Jahren innerhalb der KPD propagiert wurde. In den »Grundregeln der Konspiration« vom Juli 1933 hieß es zum Verhalten bei der Polizei: »Jeder denke
daran: Wer einmal begonnen hat, auszusagen, beginnt damit Verrat an der
Arbeiterklasse zu üben«.[4] Im Jahr 1935 forderte eine vom KPD-Politbüro
redigierte Broschüre: »Bei der politischen Polizei ist grundsätzlich jede Aussage
zu verweigern, gleichgültig, ob bei der Verhaftung Material gefunden wurde,
oder ob andere Genossen mitverhaftet wurden«.[5] Weder Nebensächlichkeiten
noch Dinge, welche die Polizei schon wisse, dürften zugegeben werden. Auch
die eigene Parteimitgliedschaft müsse verleugnet und alle vorgelegten Beweise
abgestritten werden.

Am schärfsten kam die geforderte Heldenmoral in den illegal verbreiteten
»11 Geboten für das Verhalten Verhafteter« zum Ausdruck. Das 9. Gebot
forderte:

»Wenn man mich martert, prügelt, so lasse ich mich eher totschlagen, totquälen, ehe ich
meine Organisation, meine Genossen verrate; denn: Ein Verräter ist und bleibt ein
Verräter, gleich aus welchen Motiven er den Verrat übt. Ob freiwillig, durch Gewinnsucht, durch Marter dazu gezwungen, das Proletariat macht und kann keinen Unterschied zwischen Verrätern machen.«

Statt sich von Gestapobeamten durch die Straßen führen zu lassen und Genossen in Hinterhalte zu locken, sollten sich die Verhafteten ein Beispiel nehmen
an Kommunisten, die den Tod nicht gescheut hatten: »Sie haben sich vor
Autos, Omnibusse, Straßenbahnen geworfen, um ihre Genossen zu warnen,

---

4   Grundregeln der Konspiration v. 27.7.1933. BStU, MfS, HA IX/11, SV 1/81, Bd. 13,
Bl. 105–112, hier 111.
5   Josef Koch [Sepp Schwab]: Der Kampf gegen Spitzelei und Provokation. Moskau 1935,
S. 92.

ihnen die Möglichkeit zu geben, in dem Menschenauflauf zu verschwinden. Sie sind durch die Straßen gegangen und haben geschrien: ›Vorsicht Bullen‹.«[6]

Nicht wenige illegale Widerstandskämpfer verweigerten – entsprechend dieser Vorgaben – nach der Verhaftung jegliche Aussage. »Es waren die Richtlinien meiner Partei, vor dem Feind keine Aussagen zu machen, über die Organisation, ihre Arbeit und ihre Mitarbeiter. Das war für mich eine heilige Sache«, erinnerte sich beispielsweise der kommunistische Gewerkschafter Hans Schwert.[7] Die Gestapo versuchte, den Willen der Verhafteten durch ständige Vernehmungen, Schlafentzug und brutale Folterungen zu brechen. Deren Lage war tragisch: Während absolute Aussageverweigerung bei der politischen Polizei der Weimarer Republik noch ein gangbarer Weg gewesen war, um Schaden von sich und von der Partei abzuwenden, mussten die verhafteten Kommunisten nun feststellen, dass bei der Gestapo andere Regeln galten. Rudi Bergtel, bis zu seiner Verhaftung 1935 Org.-Leiter der illegalen Revolutionären Gewerkschaftsorganisation (RGO) in Berlin, brachte es auf den Punkt: »Wer nicht ausgesagt hat, mußte damit rechnen, totgeprügelt zu werden.«[8]

Einige KPD-Funktionäre nahmen sich aus Furcht vor einem möglichen »Verrat« das Leben. So die Org.-Leiterin der KPD-Bezirksleitung Halle-Merseburg, Helene Glatzer. Sie erhängte sich, nachdem sie schwer misshandelt worden war, am 31. Januar 1935. Ein kurz darauf in Zeitz verhafteter Kommunist schnitt sich die Kehle durch. Zur gleichen Zeit sollen sich im Bereich der Staatspolizeistelle Köln sechs verhaftete KPD-Mitglieder das Leben genommen haben.[9]

Indes, die Mehrheit der verhafteten Kommunisten wählte einen Weg des Kompromisses. Käthe Popall, bis zu ihrer Verhaftung 1935 illegal in Berlin für die KPD tätig, schrieb in ihren Lebenserinnerungen: »Die Behandlung wurde immer schärfer; und wer nie vor den Schlägern der Gestapo gestanden hat, wird vielleicht nicht verstehen können, daß einige Verhaftete bei Prügel und Folter nervlich nicht durchhielten und etwas aussagten, was andere belastete«.[10]

6   Abschrift, 11 Gebote für das Verhalten Verhafteter v. 6.1.1935. BStU, MfS, HA IX/11, SV 1/81, Bd. 36, Bl. 57–60, hier 57 f. Die Herkunft der Schrift ist ungeklärt. Die hier zitierte Version ging am 14.3.1935 im Polizeipräsidium Leipzig ein.

7   Klapperfeld. Ehemaliges Polizeigefängnis in Frankfurt am Main, Interview Hans Schwert, 17:30–17:45 min, http://www.klapperfeld.de/ausstellung/zeitzeuge-hans-schwert.html (letzter Zugriff: 3.1.2013).

8   Gespräch des Genossen Hans Teubner mit dem Genossen Rudi Bergtel v. 31.3.1969. BArch SgY 30/1223, Bl. 1–34, hier 9.

9   Vgl. Polizeipräsident in Halle a.S. an Regierungspräsident Merseburg, Berichterstattung über die polizeiliche Lage im Ortspolizeibezirk Halle a.S. für den Monat März 1935 v. 30.3.1935. LHASA, MER, C 48 Ie, Nr. 1137d, Bd. V, Bl. 36–43, hier 39.

10   Käthe Popall: Ein schwieriges politisches Leben. Fischerhude 1985, S. 59.

Auch Karl Hans Bergmann, zur gleichen Zeit im kommunistischen Widerstand in Berlin, spürte die Kluft zwischen Norm und Realität: »Die schönen Empfehlungen, die die Partei uns in der illegalen Presse gegeben hatte, und die darauf hinausliefen, sich eher totschlagen oder zu Tode quälen zu lassen, als ein absolutes Schweigen zu brechen, halfen mir wenig.«[11] Letztlich musste sich jeder verhaftete Widerständler eine individuelle Strategie zulegen – was manchen besser, anderen schlechter gelang. Käthe Popall konstruierte eine möglichst glaubwürdige Geschichte, die sie so oft erzählte, dass sie selbst daran glaubte.[12] Karl Hans Bergmann machte zunächst Teilgeständnisse, von denen er annahm, dass sie niemanden belasten würden. Statt einer grundsätzlichen Aussageverweigerung bestätigte er lediglich all jene Sachverhalte, die ihm die Gestapo vorhielt. Dann jedoch führte ihn die Gestapo zu einem Treff, den er in seinem Notizbuch aufgeschrieben hatte. Um nicht als »Lockvogel« für weitere Verhaftungen benutzt zu werden, warf er sich vor ein Auto. Durch Glück blieb er nahezu unverletzt, und danach wurden die Vernehmungen beendet.[13]

Bei nicht wenigen Verhafteten lagen eisernes Widerstehen und Kapitulation eng beieinander. Karl Hans Bergmanns Erfahrung nach wirkten die strengen Maßgaben der Partei eher kontraproduktiv:

»Gerade jene, die diese Hinweise auf ein heroisches Verhalten gutgläubig aufgenommen hatten und felsenfest davon überzeugt waren, jeder Tortur gewachsen zu sein, wurden gewöhnlich als erste schwach und gingen, dem Selbsterhaltungstrieb folgend, von anfänglichen Zugeständnissen zu hemmungslosen Aussagen über.«[14]

2 Der Umgang mit »Verrätern« in der Nachkriegszeit

Sowohl die großen Verhaftungswellen der Gestapo in den Jahren 1933 bis 1935 als auch die Aufdeckung illegaler kommunistischer Netzwerke in späteren Jahren wären ohne die Mitwirkung von V-Männern und erpressten Aussagen von Verhafteten kaum möglich gewesen.[15] Wie Klaus-Michael Mallmann herausgearbeitet hat, ging die Gestapo bei der »Aufrollung« der illegalen Netzwerke in zwei Schritten vor. Zunächst wurden V-Leute an die Spitze lanciert bzw. Spitzenfunktionäre »umgedreht«: »Dem Zugriff auf den Führungskern

---

11 Karl Hans Bergmann: Der Schlaf vor dem Erwachen. Stationen der Jahre 1931–1949. Berlin 2002, S. 80.
12 Vgl. Popall: Ein schwieriges politisches Leben, S. 59. Dennoch wurde sie zu zwölf Jahren Zuchthaus verurteilt.
13 Vgl. Bergmann: Der Schlaf vor dem Erwachen, S. 82 f.
14 Ebenda, S. 80.
15 Vgl. Klaus-Michael Mallmann: Die V-Leute der Gestapo. Umrisse einer kollektiven Biographie. In: Gerhard Paul, ders. (Hg.): Die Gestapo. Mythos und Realität. Darmstadt 1995, S. 268–287.

folgten jeweils brutale Verhöre, bei denen die Namen von weiteren Beteiligten herausgeprügelt wurden.«[16] So kamen Verhaftungswellen von oft mehreren hundert Kommunisten zustande. Aus Sicht der KPD war somit »Verrat« eine entscheidende Ursache dafür, dass letztlich alle kommunistischen Widerstandsgruppen, die sich dem NS-Regime aktiv entgegengestellt hatten, zerschlagen wurden.

Und so war es folgerichtig, dass KPD-Funktionäre bereits unmittelbar nach Kriegsende nicht nur untergetauchte Nazis und Kriegsverbrecher aufspürten, sondern auch mutmaßliche Verräter. Als einer der ersten wurde Ende Juli 1945 der ehemalige Funktionär des KPD-Geheimdienstes (des sogenannten »M-Apparates«) Ernst Rambow verhaftet. Ein Sowjetisches Militärtribunal (SMT) verurteilte Rambow – durch dessen Gestapomitarbeit nicht nur die Jakob-Saefkow-Bästlein-Gruppe an die Gestapo ausgeliefert wurde, sondern der zumindest mittelbar verantwortlich dafür war, dass reichsweit über 280 Widerstandskämpfer verhaftet und mehr als 90 von ihnen hingerichtet wurden – zum Tode. Das Urteil wurde im November 1945 vollstreckt.[17]

Wie im Fall Rambow, der im Auftrag der Gestapo in der Berliner Führung des kommunistischen Widerstands als »Sicherungsmann« von Saefkow eine Schlüsselposition eingenommen hatte, beschränkte sich auch der Verratsvorwurf gegen einen weiteren Kommunisten, der nach Kriegsende vor einem Sowjetischen Militärtribunal stand, nicht auf das »Schwachwerden« in einer Verhör-Situation. Auch Herbert Kratzsch, 1934 von Berlin nach Hamburg geschickt und als zweiter Mann der illegalen KPD-Bezirksleitung Wasserkante einer der wichtigsten und vor allem aktivsten kommunistischen Funktionäre, hatte nach seiner am 9. Februar 1935 erfolgten Verhaftung und einem sofortigen umfassenden Geständnis sowohl in Hamburg als auch in Berlin Aufträge der Gestapo erfüllt, die zur Ergreifung weiterer illegal tätiger Kommunisten führten.[18] Da bereits im Jahr 1935 schwere Verdachtsmomente gegen Kratzsch kursierten – Flugblätter warnten vor ihm und sogar seine Ermordung wurde diskutiert[19] – ordnete das ZK der KPD im Dezember 1945 umgehend eine

---

16   Klaus-Michael Mallmann: Brüderlein & Co. Die Gestapo und der kommunistische Widerstand in der Kriegsendphase. In: Gerhard Paul, ders. (Hg.): Die Gestapo im Zweiten Weltkrieg. »Heimatfront« und besetztes Europa. Darmstadt 2000, S. 270–287, hier 272.

17   Vgl. BStU, MfS, HA IX/11, SV 3/83, Bd. 1; Regina Scheer: Rambow. Spuren von Verfolgung und Verrat. In: Dachauer Hefte 10 (1994) 10, S. 191–213; Markus Mohr: An den Spitzel Ernst Rambow wird noch immer gedacht. In: ders., Klaus Viehmann (Hg.): Spitzel. Eine kleine Sozialgeschichte. Berlin 2004, S. 99–104, hier 102.

18   Vgl. die Abschriften der Vernehmungsprotokolle der Gestapo Hamburg in: BArch RY 1/I 2/3/94, Bl. 194–215.

19   Vgl. Walter Muth, Kurzbericht über meine illegale Arbeit v. 5.9.1950. BArch SgY 30/0665, Bl. 20–30, hier 27; Arno, Bericht über die Juni-Verhaftungen in Hamburg v. 24.8.1935. BArch RY 1/I 2/3/101, Bl. 278–281, hier 279.

Untersuchung gegen Kratzsch an, als dieser nach Berlin zurückkehrte.[20] Das Ergebnis war eindeutig: »Mit Hilfe von K. wurde die Hamburger illegale KPD-Organisation vollständig zertrümmert«, stellte ein Sowjetisches Militärtribunal im Mai 1946 fest und verurteilte ihn zu zehn Jahren Arbeitslager.[21]

Ob das Tribunal Kratzsch möglicherweise zugute hielt, dass ihn der Volksgerichtshof 1937 zu zehn Jahren Zuchthaus verurteilt hatte, dass er noch in den letzten Kriegstagen in einem Strafbataillon eingesetzt und dabei zur Roten Armee übergelaufen war und dass er unmittelbar nach Kriegsende als Lehrer einer antifaschistischen Schule arbeitete – kann angesichts des für ein SMT relativ milden Strafmaßes nur vermutet werden. Das Militärgericht lastete Kratzsch auch nur den »Verrat« von etwa sechs Personen an, während die Gestapo 1936 resümiert hatte, »dass in Hamburg und Berlin insgesamt etwa 100 illegal arbeitende kommunistische Funktionäre verhaftet werden konnten«.[22]

Während Rambow, Kratzsch und andere vor Sowjetische Militärtribunale kamen, wurden weitere Fälle bald auch vor deutschen Schwurgerichten verhandelt. Ein solches Verfahren fand im November 1946 in Leipzig statt. Erich Klöden, technischer Mitarbeiter der KPD-Bezirksleitung Leipzig, hatte 1933 nach seiner Verhaftung der Gestapo geholfen, Decknamen und Klarnamen illegal tätiger KPD-Funktionäre zuzuordnen. Ein verhafteter Kommunist, der bis dahin seine Funktion vertuschen konnte, hatte sich vermutlich in Reaktion auf Klödens Verrat das Leben genommen. Klöden hatte auch den KPD-Spitzenfunktionär Fritz Selbmann schwer belastet und zudem nach seiner Haftentlassung der Gestapo einen Kommunisten in die Hände gespielt.[23] Das Schwurgericht Leipzig bewertete Klödens Verhalten als »gemeine[n] und niedrige[n] Vertrauensbruch« und verurteilte ihn zu lebenslänglichem Zuchthaus.[24]

Anderthalb Jahre später sahen sich die Richter des Landgerichts Leipzig mit dem gelernten Schuhmacher Richard Karbaum konfrontiert – den sie angesichts seines denunziatorischen Verhaltens im Jahr 1933 für einen »Lumpenproletarier« hielten, der »zu jedem Gesinnungswechsel dann bereit ist, wenn

20   Vgl. Lebenslauf v. 15.10.1953. BStU, MfS, HA IX/11, SV 1/81, Bd. 303, Bl. 10 f.

21   Sachstandsbericht. Übersetzung aus dem Russischen o. D. BStU, MfS, AS 138/63, Bl. 66.

22   Auszug aus der Urteilsbegründung im Prozess gegen Herbert Kratzsch. BArch RY 1/I 2/3/94, Bl. 214 f. Vgl. auch Bernd Kaufmann u. a.: Der Nachrichtendienst der KPD 1919–1937. Berlin 1993, S. 334. Dort ist sogar von 200 Verhafteten die Rede.

23   Vgl. Verhandlung vor dem Schwurgericht Leipzig gegen Erich Klöden v. 20.11.1946. Sächs. HStADD, Bestand 13471 (NS-Archiv des MfS), ZA VI 2166, Akte 3.

24   Urteil Schwurgericht 37/46, 14 Ks 24/46 v. 28.11.1946. SächsStAL, Landgericht Leipzig, Nr. 7863, Bl. 100–102. Klöden starb bereits 1948 in der Haft. Vgl. Strafgefängnis Hoheneck an Staatsanwaltschaft Leipzig v. 2.3.1948. Sächs. HStADD, Bestand 13471 (NS-Archiv des MfS), ZAst 6, Akte 4, unpag.

ihm persönliche Vorteile erwachsen«.[25] Karbaum hingegen behauptete: Die »Anzeigeerstattungen von mir erfolgten, um mich persönlich zu sichern und meiner Familie den Ernährer zu erhalten, weil ich, wie so viele andere damit rechnen musste, von der SA weiter verfolgt und fortgebracht zu werden.«[26]

Aus dem Gerichtsurteil wie auch aus Zeugenaussagen geht hervor, dass Karbaum tatsächlich zunächst einem starken psychischen und physischen Druck ausgesetzt war, bevor er sich bei den Nationalsozialisten anbiederte und Genossen denunzierte. So wurde er nach der Machtergreifung »wie so viele andere von SA-Einheiten zum Scheuern der mit Parolen seiner Partei benutzten Hausmauern gezwungen. Weiter zwang man ihn nach seinen Angaben teils durch Schläge, teils durch Drohungen zur Preisgabe von Genossen, die ebenfalls wie er Parolen angebracht hatten.«[27] Zunächst hatte Karbaum nur zwei Namen genannt. Erst nach und nach entwickelte er sich zu einem eifrigen Denunzianten und versuchte zudem, einen Gesinnungswechsel glaubhaft zu machen. Er hisste bei allen Anlässen die Naziflagge und galt bei Nachbarn »als ein begeisterter Anhänger des Nazismus«.[28] Die Umwandlung von Angst in übertriebene Beflissenheit kam selbst manchem Polizisten auf der Polizeiwache suspekt vor, weshalb einige der Anzeigen des fast täglich auftauchenden Denunzianten nicht mehr weitergeleitet wurden. Auch Karbaums Antrag auf Aufnahme in die NSDAP hatte keinen Erfolg.

Das Leipziger Gericht verurteilte Karbaum als »Denunziant in mehreren Fällen« zu fünf Jahren Gefängnis.[29] Das im Vergleich zu Klöden relativ milde Urteil lässt sich daraus erklären, dass Klöden aufgrund seines Wissens um die Führungsstrukturen und -personen der KPD-Bezirksleitung wesentlich mehr Schaden anrichten konnte als der nur im Stadtteil organisierte Karbaum.

Von solchen regulären Strafprozessen strikt unterschieden werden müssen die »Waldheimer Prozesse«. In diesen 1950 fernab rechtsstaatlicher Regeln durchgeführten Verfahren wurden auch einige angebliche Denunzianten abgeurteilt. So erhielt der Kommunist Karl Röber, der 1933 zwei kommunistische Funktionäre gegenüber der Gestapo denunziert haben soll, trotz mangelhafter Beweislage eine Zuchthausstrafe über 15 Jahre, von denen er vier verbüßen

---

25   1. große Strafkammer beim Landgericht Leipzig, Urteil gegen Richard Karbaum vom 12.4.1948. SächsHStADD, Bestand 13471 (NS-Archiv des MfS), ZA VI 2818, Akte 6, unpag.

26   Vernehmung Richard Karbaum, Leipzig v. 7.1.1948. SächsHStADD, Bestand 13471 (NS-Archiv des MfS), ZAst 068, Akte 1, Bl. 20–22, hier 22.

27   1. große Strafkammer beim Landgericht Leipzig, Urteil gegen Richard Karbaum v. 12.4.1948. SächsHStADD, Bestand 13471 (NS-Archiv des MfS), ZA VI 2818, Akte 6, unpag.

28   Kriminalamt Leipzig, Untersuchungsorgan, Ermittlungsbericht v. 17.12.1947. SächsHStADD, Bestand 13471 (NS-Archiv des MfS), ZAst 068, Akte 1, Bl. 8.

29   1. große Strafkammer beim Landgericht Leipzig, Urteil gegen Richard Karbaum v. 12.4.1948. SächsHStADD, Bestand 13471 (NS-Archiv des MfS), ZA VI 2818, Akte 6, unpag.

musste.[30] Die in Waldheim gefällten Urteile waren in keiner Weise angemessen, die Begründungen schematisch und die Strafen überzogen.

3   Parteisäuberungen

Der Kommunist Hermann Hähnel, 1945 zunächst Bürgermeister in seinem Wohnort Hohen Neuendorf bei Berlin und zudem Sekretär der KPD-Kreisleitung Niederbarnim, beantragte wenige Monate nach Kriegsende ein Parteiverfahren gegen sich selbst, nachdem Vorwürfe erhoben worden waren, er hätte Genossen verraten. Hähnel, der 1933 als Politischer Leiter eines Berliner Unterbezirks verhaftet worden war, hatte bei der Gestapo zwei Namen von Genossen genannt. Außerdem hatte er einen Treff preisgegeben, zu dem ihn die Gestapo gebracht hatte. Beim Treff war es Hähnel gelungen, einen Genossen durch auffälliges Verhalten zu warnen, ein anderer wurde verhaftet. Nach einem klärenden Gespräch mit Zeitzeugen kam die KPD-Bezirksleitung der Provinz Brandenburg im April 1946 zu dem Schluss, dass Hähnel »eine gewisse Schwäche gezeigt«[31] hätte, weshalb er keine hohen Funktionen erhalten solle, dass er aber weiter als Parteifunktionär gebraucht würde. Damit konnte Hähnel zunächst als 1. Vorsitzender der SED im Kreis Niederbarnim, dann in Guben fungieren. Gut ein Jahr später bekam er jedoch von Bruno Haid von der Personalabteilung des Zentralvorstandes der SED die Aufforderung, die Umstände seiner Verhaftung und sein Verhalten gegenüber illegalen Genossen nochmals ausführlich zu schildern.[32] Zugleich wurden mehrere Zeitzeugen befragt, woraus Kaderchef Haid folgerte, »dass H. zweifellos im Jahre 1933 sich unter dem Druck der Gestapo zu Verrätereien hergegeben hat, und dass er in den späteren Jahren, insbesondere in der Zeit, in der Saefkow seine Widerstandsbewegung aufbaute, sich zurückgehalten hat«, was »ein starkes Manko in der Charakteristik des Gen. Hähnel« darstellen würde. Deshalb sollte Hähnel an anderer Stelle eingesetzt werden, »wo er nicht so sehr im Vordergrund und im Rampenlicht des Lebens steht«.[33]

30   Vgl. BStU, MfS, Abt. XII/RF/126. Bis 1950 war Röber in den sowjetischen Speziallagern Fünfeichen und Buchenwald interniert.

31   KPD-Bezirksleitung der Provinz Brandenburg, Kaderabteilung, Brüning, an KPD-Hauptsekretariat Mitte, Bernau/Niederbarnim, Gen. Krummel, Potsdam v. 10.4.1946. BArch DY 30/IV 2/4/279, Bl. 44.

32   Vgl. Hermann Hähnel an Bruno Haid, Zentralvorstand der SED, Personal-Abteilung, Hohen Neuendorf, 14.7.1947. BArch DY 30/IV 2/4/279, Bl. 69–72.

33   Notiz Bruno Haid an Grete Keilson. Betrifft: Hermann Hähnel, 4.11.1947. BArch DY 30/IV 2/4/279, Bl. 92.

Ab Mai 1948 wurde Hähnel FDGB-Instrukteur im Gebiet Brandenburg-West, ein Jahr später Betriebsgruppensekretär im Stahl- und Walzwerk Hennigsdorf. Doch erneut kam es zu Anfeindungen durch ehemalige Genossen. So verbreitete ein ehemaliger Mitinhaftierter, Hähnel hätte für die Gestapo gearbeitet.[34] Deshalb befasste sich 1951/52 die Zentrale Parteikontrollkommission (ZPKK) nochmals mit dem Fall. Sie hielt Hähnel zugute, dass er nicht sein gesamtes Wissen preisgegeben und insbesondere über eine Waffen-Angelegenheit geschwiegen hatte. Insofern bekräftigte die ZPKK den bisherigen Umgang mit Hähnel: »Er darf keine Funktion[en] bekleiden, in denen er die Hauptverantwortung zu tragen hat.«[35] Allerdings verlor Hähnel nun den Posten als Parteisekretär. Grund dafür waren jedoch auch aktuelle Konflikte; so hatte Hähnel betriebliche Rationalisierungsmaßnahmen als »kapitalistische Methode(n)«[36] abgelehnt.

Anders als Hähnel waren jene SED-Mitglieder, die wegen ihres Verhaltens zur NS-Zeit ein schlechtes Gewissen hatten, oft um weitgehende Vertuschung bemüht. In manchen Fällen deuteten scheinbar grundlose Karriereknicks an, dass die Partei hinter den Kulissen ermittelte. Walter Wolf, der 1946 kurzzeitig Chef der Polizei in Sachsen gewesen war, hatte etwa in der Zeit, als er in die Wirtschaft versetzt wurde, eine Begegnung mit Hermann Matern, der ihn zynisch fragte: »Na, Walter, Hand aufs Herz, bist Du während der Haftzeit bei der Gestapo nicht vielleicht doch ein Mal schwach geworden?«[37] Wolf, der tatsächlich vorübergehend V-Mann der Gestapo war, wurde vor weitergehender Verfolgung vermutlich durch seine verwandtschaftlichen Beziehungen zu hohen Funktionären von Polizei und MfS geschützt.

Ein Funktionär aus Staßfurt hingegen – der seinen »Verrat« eidesstattlich geleugnet und erst dann zugegeben hatte, als ihm der Bericht vorgelegt wurde, den er nach seiner Verhaftung 1933 über die KPD-Ortsgruppe geschrieben hatte, um nach wenigen Tagen aus der Haft entlassen zu werden – wurde 1950 aus der SED ausgeschlossen. Trotz Tätigkeit als Vorsitzender der Nationalen Front und parteitreuen Verhaltens am 17. Juni 1953 wurden zwei Anträge auf Wiederaufnahme abgelehnt. Erst Ende 1956 beschloss die ZPKK, ihn wieder in die SED aufzunehmen.[38]

---

34 Organisationsabteilung der SED an Gen. Daub, 22.4.1949. BArch DY 30/IV 2/4/279, Bl. 101.

35 ZPKK. Betr. Hermann Hähnel v. 28.11.1951. BArch DY 30/IV 2/4/279, Bl. 7.

36 Sekretariat des ZK der SED, Anlage 2 zum Protokoll Nr. 133 v. 17.1.1952. BArch DY 30/J IV 2/3/262, Bl. 20–25, hier 22; vgl. Friederike Sattler: Wirtschaftsordnung im Übergang. Politik, Organisation und Funktion der KPD/SED im Land Brandenburg bei der Etablierung der zentralen Planwirtschaft in der SBZ/DDR 1945–52. Bd. 2, Berlin 2002, S. 745.

37 Stellungnahme zu der Aussprache bei der Leitung der HA III am 24.3.1959. BStU, MfS, HA IX/11, SV 1/81, Bd. 293, Bl. 268–270, hier 270.

38 Vgl. Protokoll der 141. Sitzung der ZPKK am 22.12.1956. BArch DY 30/IV 2/4/261, Bl. 92–219, hier 150 f.

Dem aus Württemberg stammenden Kommunisten und Schriftsteller Friedrich Schlotterbeck wiederum wurde sein offener Umgang mit dem Thema Gestapokontakte zum Verhängnis. Er hatte in seinem autobiografischen Roman »Je dunkler die Nacht, desto heller die Sterne« beschrieben, dass er im Juli 1943 nach fast zehn Jahren KZ-Haft entlassen worden war – unter der Maßgabe, der Gestapo zu berichten.[39] Schlotterbeck hatte geglaubt, die Gestapo täuschen zu können, indem er wertlose Berichte abgab und gleichzeitig eine Widerstandsgruppe aufbaute. Ein deutscher Fallschirmagent des sowjetischen Geheimdienstes, der nach seinem Absprung im Reichsgebiet zum Gestapo-V-Mann geworden war, verriet die Widerstandsaktivitäten; Schlotterbeck gelang es, in letzter Minute sein Leben durch Flucht in die Schweiz zu retten. Dort wurde er wegen seines riskanten Spiels mit der Gestapo vorübergehend aus der KPD ausgeschlossen. Die Gestapo rächte sich unterdessen an Schlotterbecks Familie und einigen Unterstützern, die hingerichtet wurden.[40]

Nach Kriegsende wirkte Schlotterbeck in Württemberg als Leiter des Deutschen Roten Kreuzes und Mitglied der KPD-Landesleitung. Da sich der Kommunist im Westen zunehmenden Anfeindungen ausgesetzt sah, siedelte er 1948 nach Dresden über, wo er als Stadtrat für Kultur wirkte. Seine geradlinige Art führte rasch zu Konflikten mit lokalen Funktionären, in deren Folge Schlotterbeck als Bergarbeiter ins Erzgebirge ging. Auch dort fiel er durch unkonventionelle Reden auf; 1951 schloss ihn die ZPKK aus der SED aus. Zur Begründung führte die ZPKK neben völlig belanglosen Kontakten zum Hilfskomitee des der Spionage verdächtigten US-Amerikaners Noel Field vor allem Schlotterbecks angebliche Tätigkeit als V-Mann der Gestapo an und warf ihm vor, Familie und Genossen gefährdet zu haben.[41] Damit nicht genug: Zwei Jahre später gerieten Schlotterbeck und seine Frau Anna in die Mühlen der politischen Justiz. Im Februar 1953 verhaftete das MfS die beiden. Das ein Jahr später gefällte Urteil lautete für Schlotterbeck zunächst sechs Jahre Haft, wurde dann auf drei Jahre reduziert. Diese Strafe musste er voll verbüßen.[42]

Dass die Jahre vor 1956 generell durch ein rigides strafrechtliches Vorgehen gegen »Verräter« geprägt waren, unterstreicht auch das Schicksal von Willi Fellenberg. Er hatte zunächst als SED-Politiker Karriere gemacht, seit August 1952 war er 2. Sekretär der SED-Bezirksleitung Neubrandenburg. Anfang 1954 kam der jähe Absturz. Dem Parteiausschluss am 3. März folgte neun

---

39   Vgl. Friedrich Schlotterbeck: Je dunkler die Nacht ... Erinnerungen eines deutschen Arbeiters 1933–1945. Stuttgart 1986, S. 208–212.

40   Vgl. Friedrich Schlotterbeck: ... Wegen Vorbereitung zum Hochverrat hingerichtet ... Stuttgart 1946; ders.: Einige Bemerkungen zu den 13 Begegnungen mit der Gestapo usw. v. 10.4.1953. BStU, MfS, AU 309/54, Bd. 2, Bl. 100–116.

41   Vgl. Abschrift Beschluss ZPKK. Betr. Friedrich Schlotterbeck v. 22.2.1951. BStU, MfS, AU 309/54, Bd. 6, Bl. 31.

42   Vgl. Beschluss ZPKK v. 30.6.1960. BArch DY 30/IV 2/4/476, Bl. 172 f.

Tage später die Verhaftung. Die Untersuchung der Staatssicherheit ergab, dass Fellenberg nach Verhaftung und Folter im Mai 1933 in Hamburg die Namen von zwei Genossen preisgegeben hatte. Auch bei einem weiteren Verhör hatte er der Gestapo Namen genannt – um sich gegen den Vorwurf zu verteidigen, Drahtzieher des »Altonaer Blutsonntags« gewesen zu sein. Am 3. September 1933 schließlich verriet Fellenberg nach erneuter Folter Namen der illegalen Bezirksleitung, deren Versteck in Kopenhagen sowie den Kurierweg. Schließlich trat er auch noch im Prozess gegen den RFB-Funktionär Fiete Schulze, der zum Tode verurteilt wurde, als Belastungszeuge auf.

Erreicht hatte Fellenberg mit seinen Aussagen ein Ende der Folter, eine vorübergehende dreimonatige Haftentlassung sowie eine »milde« Strafe von zwei Jahren Zuchthaus bei Anrechnung der U-Haft. Auch wurde er danach nicht ins KZ überstellt, sondern lebte bis zum Beginn des Zweiten Weltkriegs in Freiheit.

Da Fellenberg geständig war, beantragte DDR-Generalstaatsanwalt Ernst Melsheimer bereits am 1. Juni 1954 die Strafe, und zwar die Todesstrafe. Hermann Matern hielt das »für weitgehend überspitzt« und leitete eine Prüfung durch die ZPKK ein.[43] Nun entschied das Politbüro, dass Fellenberg zu 15 Jahren Zuchthaus verurteilt werden solle, und entsprechend der damals üblichen Praxis folgte das Bezirksgericht Halle am 29. April 1955 dieser »Empfehlung«.[44] Aber schon ein Jahr später wurde Fellenberg amnestiert und kam wieder frei.

4   Reintegration

Das Jahr 1956 brachte generell eine Zäsur, geradezu eine Kehrtwendung. Die durch Chruschtschows Geheimrede bewirkte Welle von Amnestien in der DDR bedeutete auch für viele inhaftierte »Verräter« das Ende der Haft. Andere wurden stillschweigend rehabilitiert. So Friedrich Schlotterbeck, dessen Haft bereits im Februar 1956 geendet hatte. Schlotterbecks Verurteilung wurde als »überspitzt« bezeichnet und 1957 aus dem Strafregister gelöscht. 1960 wurde er ohne Kandidatenzeit wieder SED-Mitglied.[45]

---

43   Vgl. Generalstaatsanwalt Melsheimer an Hohen Kommissar der UdSSR in Deutschland, Abt. Justiz, Oberst Jakupow v. 1.6.1954. BArch DP 1/1141, Bl. 21–23; Abschrift dieses Schreibens mit handschriftlichem Vermerk von Matern in: BArch DY 30/IV 2/4/28, Bl. 70–72; ZPKK. Betrifft: Fellenberg. BArch DY 30/IV 2/4/28, Bl. 81–83.

44   Vgl. Urteil des Bezirksgerichts Halle v. 29.4.1955. In: Christian F. Rüter (Hg.): DDR-Justiz und NS-Verbrechen. Bd. III, Amsterdam, München 2003, S. 661–665.

45   Vgl. Beschluss ZPKK v. 30.6.1960. BArch DY 30/IV 2/4/476, Bl. 172 f.

Neben Wiederaufnahmen in die SED kam es auch zu zahlreichen Verpflichtungen ehemaliger »Verräter« und Gestapo-V-Männer als inoffizielle
Mitarbeiter der Staatssicherheit. Friedrich Fellenberg beispielsweise stellte dem
MfS in den 1960er Jahren nicht nur seine Wohnung als Kontaktwohnung zur
Verfügung, sondern steuerte als Geheimer Hauptinformator (GHI) mehrere
inoffizielle Mitarbeiter.[46] Die Einbeziehung einstiger »Verräter« in die Arbeit
des MfS war ambivalent. Einerseits bot sich für die Betroffenen die Möglich-
keit zur »Wiedergutmachung« und zur stillschweigenden Integration, anderer-
seits konnte das MfS sein Wissen um die frühere Gestapomitarbeit erpresse-
risch nutzen. Ganz in diesem Sinne schrieb Herbert Kratzsch, der bereits im
Jahr 1953, noch während der Haft in Bautzen, Geheimer Informator (GI) der
Staatssicherheit wurde, in einem Lebenslauf für das MfS: »Ich habe eine grosse
Schuld zu begleichen und will deswegen bedingungslos die mir gestellten
Arbeiten richtig und gewissenhaft ausführen.«[47] Nach der Haftentlassung
bespitzelte Kratzsch ein Vorstandsmitglied der bundesdeutschen IG Metall,
mit dem er persönlich bekannt war. Das MfS prämierte ihn dafür. Die Partei
hingegen hielt Distanz. Obwohl sich Kratzsch, der in einem Betonwerk als
Brigadier arbeitete, mehrfach darum bemühte, seinen 1946 erfolgten Parteiausschluss rückgängig zu machen – die SED nahm ihn nicht wieder auf.[48]

5 Fazit

Bei den betrachteten Fällen von »Verrat« handelt es sich nur bedingt um Denunziationen, da letztere in der Regel intentional und freiwillig erfolgen.[49]
»Verrat« illegal tätiger Kommunisten geschah aber oft erst in Zwangssituatio-
nen, nach Vorhalt echter oder gefälschter Geständnisse anderer Verhafteter,
durch Erpressung oder Folter.

Auch hinsichtlich der Motive weist der thematisierte »Verrat« deutliche Un-
terschiede zu dem auf, was zumeist als Denunziation bezeichnet wird. Während man Denunzianten oft »niedere« Beweggründe unterstellt, »verrieten« die
verhafteten Kommunisten, um eine mildere Strafe oder auch nur ein Ende der
Misshandlungen zu erreichen. Teilweise ging es auch nur noch um die Ret-

---

46 Vgl. MfS, BV Leipzig, Abt. XVIII/5, Aktennotiz v. 23.2.1965. BStU, MfS, BV Leipzig,
AIM 1132/71, Teil I, Bl. 45.
47 Lebenslauf v. 15.10.1953. BStU, MfS, HA IX/11, SV 1/81, Bd. 303, Bl. 10 f.
48 Vgl. Abteilung II, Leiter an HVA, Stellvertreter Genosse Generalmajor Jänicke
v. 10.10.1983. BStU, MfS, HA IX/11, SV 1/81, Bd. 255, Bl. 8.
49 Vgl. Gisela Diewald-Kerkmann: Vertrauensleute, Denunzianten, Geheime und Inoffizielle
Mitarbeiter in diktatorischen Regimen. In: Arnd Bauerkämper, Martin Sabrow, Bernd Stöver (Hg.):
Doppelte Zeitgeschichte. Deutsch-deutsche Beziehungen 1945–1990. Bonn 1998, S. 282–295.

tung des eigenen Lebens. Festzuhalten bleibt jedoch als historisches Faktum, dass viele Verratsfälle nach Kriegsende als Denunziationen bewertet wurden und teilweise strafrechtliche Sanktionen nach sich zogen.

Lassen sich nun aus den Einzelfällen allgemeine Entwicklungslinien erkennen?

Zunächst kann für die unmittelbare Nachkriegszeit durchaus das Bemühen um eine der Schwere der Tat angemessene Strafe konstatiert werden. Allerdings fielen die Strafen selbst, setzt man sie in Relation zu den Strafen für andere NS-Täter, relativ hoch aus. Hier galt offenbar die strenge KPD-Moral als Bewertungskriterium.[50] Illegal tätig gewesene Kommunisten wurden absichtlich besonders hart bestraft, weil sie wissen mussten, so das Gericht im Fall Erich Klöden, dass ihre Aussagen »die Verhaftung und Aburteilung der Denunzierten und damit für sie Freiheitsberaubung für lange Zeit, Mißhandlungen und körperliche und seelische Leiden der schlimmsten Art im Gefolge haben würden«.[51]

Auch die Parteiverfahren folgten in den späten 1940er und frühen 1950er Jahren strengen Maßstäben. Allerdings wurden nicht alle »Verräter« aus der Partei ausgeschlossen; manchen SED-Funktionären wurden lediglich leitende Positionen verwehrt. Der hierzu zählende Fall von Hermann Hähnel machte der Zentralen Parteikontrollkommission (ZPKK) im Jahr 1952 eine Regelungs-Lücke deutlich: »Wenn alle Genossen aus der Partei entfernt werden, die bei der Gestapo weich geworden sind und Namen verrieten, wird das ein verhältnismäßig großer Kreis. Das würde auch Genossen in verantwortlichen Positionen betreffen«, hieß es in einem Kommentar: »Wegen dem Umfang und der Bedeutung dieser Frage würden wir eine prinzipielle Entscheidung für notwendig halten.«[52] Eine solche zentrale Vorgabe hat es wahrscheinlich nicht gegeben, zumindest wurde in der Praxis auch weiterhin von Fall zu Fall entschieden.

Zudem kam es im Zuge der verschärften politischen Repression nach der 2. Parteikonferenz der SED 1952 zu harten strafrechtlichen Verfolgungen. Diese Phase endete mit dem Signal zur Entstalinisierung, das 1956 aus der Sowjetunion kam: Viele Parteiausschlüsse wurden revidiert, Inhaftierte begnadigt und entlassen.

50 Vgl. Abschrift, 11 Gebote für das Verhalten Verhafteter v. 6.1.1935. BStU, MfS, HA IX/11, SV 1/81, Bd. 36, Bl. 57–60, hier 57 f. Das zweite Gebot lautete: »Über meine Partei, über meine Genossen mache ich prinzipiell keine Aussagen, weder vor der Gestapo, noch vor dem Untersuchungsrichter, dem Gericht oder einer ähnlichen Institution; denn: tue ich das trotzdem, so werde ich zum Verräter an der Bewegung, an meinen Genossen, werde früher oder später im proletarischen Gericht ›erbarmungslos gerichtet werden‹.«

51 Urteil Schwurgericht 37/46, 14 Ks 24/46 v. 28.11.1946. SächsStAL, Landgericht Leipzig, Nr. 7863, Bl. 100–102.

52 Beschluss ZPKK. Betr. Hermann Hähnel, Begründung v. 7.2.1952. BArch DY 30/IV 2/4/279, Bl. 5 f.

Nun war verstärkte Reintegration angesagt. Ein »Schwamm drüber«, oft verbunden mit dem »Wiedergutmachen« der Verfehlung durch inoffizielle Tätigkeit für das MfS, schloss sich an.

»Verrat« ehemaliger Widerständler aus den eigenen Reihen war fortan für die SED kaum noch ein Thema. »Leichen im Keller« wie die Fallschirmspringer, die sich von der Gestapo zu »Funkspielen« mit Moskau missbrauchen ließen, oder den erschossenen »Verräter« Alfred Kattner verschwieg man. Der Machtwechsel von Ulbricht zu Honecker brachte nur noch wenig Neues. Herbert Wehner wurde vom (unberechtigten) Vorwurf des »Verrats« ausgenommen, im Jahr 1989 wurde Wilhelm Knöchel rehabilitiert – aber das waren Einzelfälle. Die große Zäsur bildete das Jahr 1956, danach verlor die eingangs beschriebene harte KPD-Moral ihre Wirkmacht.

Olga Galanova

Anrufe von Bürgern beim Ministerium für Staatssicherheit. Zu kommunikativen Strukturen und situativer Realisierung der Denunziation

Einführung: Weitervermittlung von Geheimnissen als konstitutives Merkmal sozialer Beziehungen

Alle Beziehungen von Menschen untereinander beruhen darauf, dass die Menschen etwas voneinander wissen. Georg Simmel hat dazu allerdings hinzugefügt, dass gesellschaftliche Beziehungen ebenso ein gewisses Maß gegenseitiger Verborgenheit voraussetzen, obwohl »jeder vom anderen etwas mehr weiß, als dieser ihm offenbart und vielleicht solches, dessen Erkanntwerden durch den anderen, wenn jener es weißt, ihm unerwünscht wäre«.[1] Geheimnisse entstehen an der Grenze zwischen zwei Regulierungsmechanismen: Diskretionsrecht und Offenbarungspflicht. Das ist auf der einen Seite das Recht, bestimmte Dinge nicht preisgeben zu müssen, auf der anderen Seite die Pflicht, das »elementare« Wissen freiwillig zu übermitteln, das für gemeinsames Handeln notwendig ist. »Aus dem Gegenspiel dieser beiden Interessen, am Verbergen und am Enthüllen, quellen Färbungen und Schicksale der menschlichen Wechselbeziehungen durch deren gesamten Bezirk hin.«[2]

Die gegenseitige Verborgenheit und die Geheimnisse, die man voreinander hat, bestimmen die alltäglichen sozialen Beziehungen der Menschen insofern, als dass jedes Geheimnis vor den Anderen von dem Bewusstsein getragen ist, es (jederzeit) weitervermitteln zu können und »damit die Macht zu Schicksalswendungen und Überraschungen, zu Freuden und Zerstörungen, wenn auch vielleicht nur zur Selbstzerstörung, in der Hand zu haben«.[3]

Selbst wenn die Geheimnisse in die Hände eines Freundes gelangen, ist keine Sicherheit da, dass sie nicht ausgeplaudert werden. Geraten die Informationen in die Hände eines Feindes, kann dies strukturell die Folge haben, dass sie zum Schaden Dritter weitervermittelt werden. Im Folgenden wird es gerade darum gehen, nämlich um eine Konstellation, bei der Geheimnisse, die eine

---

1   Georg Simmel: Soziologie. Untersuchungen über die Formen der Vergesellschaftung. Berlin 1908, S. 268.
2   Ebenda, S. 275.
3   Ebenda.

dritte Person betreffen, gegen deren Willen vor einem bestrafenden Adressaten
aufgedeckt werden. Unter dieser Definition wird hier eine denunziatorische
Handlung erfasst, die sich zwar durch bestimmte Besonderheiten erkennbar
macht, aber kommunikative Merkmale einer ganzen Spannbreite von anderen
kommunikativen Gattungen der Geheimniskommunikation in sich integriert.
So ist letztendlich ungewiss, inwiefern sich eine »reine« Denunziation überhaupt finden lässt und ob es nicht um eine Konstruktion zweiter Ordnung
geht, d. h. um die bloße Bezeichnung »Denunziation« als eine Zuschreibung,
bei der sofort klar ist, was gemeint ist. Dies wird im Folgenden anhand von
Beispielen von einzelnen telefonisch vermittelten Mitteilungen von Bürgern an
das Ministerium für Staatssicherheit (MfS) diskutiert. Insbesondere wird demonstriert, wie das Medium der technisch vermittelten Mündlichkeit einen
Raum für Veränderbarkeit und Maskierung von Denunziationen eröffnet. Die
Formate der tatsächlichen kommunikativen Realisierung der Gespräche wei-
chen von einer klassischen Arbeitsdefinition der denunziatorischen Handlung
stark ab. Zuletzt wird gezeigt, welche Methoden zur Überbrückung der Veränderbarkeit des kommunikativen Formates der Denunziation eingeführt
werden und wie dies das ursprüngliche Format und seine Funktion verändert.

1   Forschungsstand: Zur Medienvergessenheit
der Denunziationsforschung

Im rechtlichen Diskurs, zumindest im russischsprachigen Raum, wird unter
Denunziation eine unwahre Information bezeichnet (übersetzt heißt es
»schriftlich verfasster wissentlich irreführender Bericht«). Aus dieser Definition
folgt erstens, dass eine Denunziation schriftlich erfolgt, und zweitens, dass die
wahren Inhalte in keinem Fall die kommunikative Verkleidung der Denunziation tragen dürfen. Gerade anhand von schriftlich erfolgten denunziatorischen
Mitteilungen wurden auch die meisten in der Forschung etablierten Definitionen von Denunziation entwickelt. Die Rolle des Mediums denunziatorischer
Kommunikation wurde bisher zu wenig berücksichtigt, auch wenn dabei die
Tatsache mitgedacht werden soll, dass die Denunziationsforschung sich meistens mit der Überlieferung aus der Zeit vor der elektronischen Kommunikation beschäftigt und schriftliche Quellen daher eine Selbstverständlichkeit sind.[4]

---

4   Karl-Heinz Reuband: Denunziation im Dritten Reich. Die Bedeutung von Systemunterstüt-
zung und Gelegenheitsstrukturen. In: Historische Sozialforschung 26 (2001) 2/3, S. 219–234; Holger
Zaunstöck: Die arkane Kultur der Studenten und die Emergenz der Denunziation. Halle 1765–1768.
In: Barbara Krug-Richter, Ruth-Elisabeth Mohrmann (Hg.): Frühneuzeitliche Universitätskulturen.

Die meist verwendete Definition neuzeitlicher Denunziationsforschung stammt aus der Studie von Sheila Fitzpatrick und Robert Gellately. Bei ihrer Untersuchung der Denunziation in der Sowjetunion der 1930er Jahre betrachten sie allein die schriftliche Verbreitung der Mitteilungen und definieren sie als Informationsvermittlung vom Bürger zum Staat oder zu anderen kontrollierenden Instanzen, die sich auf das Fehlverhalten von Bürgern bezieht und die kontrollierende Instanz explizit oder implizit zur Bestrafung aufruft.[5]

Einen alternativen Zugang zur Denunziationsforschung entwickelt Berthold Unfried, der Quellen aus der Sowjetunion aus einem ähnlichen Zeitraum diskutiert. Er schildert drei unterschiedliche Typen von Denunziationen, die ausgehend von ihren Zielen und Funktionen mehr oder weniger formal schriftlich oder mündlich vermittelt wurden. Denunziation wurde, so Unfried, vor allem als Mittel eigener Beteiligung am Kampf gegen den Feind und als Demonstration eigener Wachsamkeit gegenüber Andersdenkenden als soziale Gruppe betrieben. Eine solche Form denunziatorischer Handlung hat eine defensive Funktion und erfolgt meistens in einer öffentlich zugänglichen Form, z. B. mündlich auf einer Parteisitzung. Zweiter Grundtyp der Denunziation ist eine Aufdeckung dunkler Punkte in der Vergangenheit eines »Säuberungskandaten«. In diesem Fall richtet sich die Denunziation, die ansonsten im Geheimen, vor dem Denunzierten verborgen, stattfand, nicht gegen eine Gruppe, sondern gegen eine konkrete Person und gewinnt den Charakter einer öffentlichen Enthüllung oder einer Anklage.[6] Als Mittel einer »Kontrolle von unten« kann die Denunziation – so nach Unfried mit Hinweis auf Fitzpatrick – als Waffe »einfacher Leute« gegen Machthaber popularisiert und als Form politischer Partizipation gesehen werden. Solche Denunziationen erfolgten meistens in Form eines an die Institution adressierten Briefes.

Für die Vervollständigung eines Kontinuums unterschiedlicher Denunziationstypen sollte noch ein weiterer gezählt werden, der keines Kontakts zu einer ominösen und gefürchteten staatlichen Institution bedurfte und am wenigsten formalisiert war.

»Ein Gespräch mit dem freundlichen Kreisrat oder dem ehrlichen Betriebsleiter bedurfte keiner Rechtfertigung, und kritische Informationen über Mitbürger gingen dort leichter von den Lippen. Wer sich positiv ins Bild setzen oder andere herabsetzen wollte, konnte

---

Kulturhistorische Perspektiven auf die Hochschulen in Europa. Köln u. a. 2009, S. 133–155, hier 152.

5   Sheila Fitzpatrick, Robert Gellately: Introduction to the Practices of Denunciation in Modern European History. In: The journal of modern history 68 (1996) 4, S. 747–767, hier 747.

6   Berthold Unfried: »Ich bekenne«. Katholische Beichte und sowjetische Selbstkritik. Frankfurt/M. 2006, S. 274.

sich an jede beliebige Partei-, Betriebs- oder Verwaltungsstelle wenden und sicher sein, dass die Informationen ihren Adressaten finden und politisch entsprechend ausgewertet würden.«[7]

Leider sind uns diese mündlichen Quellen nicht mehr in ihrer authentischen Form zugänglich, auch wenn wir vom Faktum einer Denunziation aus einem schriftlichen Bericht erfahren können. Die verschriftlichten Inhalte überbrücken und verzerren mündliche Strukturen einer Denunziation und sind nichts anderes als Ergebnisse von Interpretations- und Repräsentationsentscheidungen durch die Mitarbeiter der adressierten Institutionen selbst.[8] Ein Setting von überlieferten authentischen Telefongesprächen ist eine Möglichkeit, die Bedeutung des Mediums für die Definition der Denunziation ans Licht zu bringen.

2   Datenmaterial: Anrufe beim MfS

Die hier diskutierten Beispiele denunziatorischer Handlungsformen stammen aus den 1980er Jahren und sind telefonische Äußerungen von deutschen Bürgern vor Mitarbeitern des Ministeriums für Staatssicherheit der DDR. Eine Kontaktnummer des MfS stand im Telefonbuch und konnte sowohl aus der DDR als auch aus der Bundesrepublik gewählt werden. Diese Telefonverbindung nahmen meistens diejenigen in Anspruch, die bewusst nach einem Kontakt mit dem MfS suchten und dem Staat gegenüber loyal eingestellt waren. Die Bürger haben diese Rufnummer wegen unterschiedlicher Themen in Anspruch genommen. Die Spannbreite reicht von Terminnachfragen für Vorstellungsgesprächs zwecks beruflicher Anstellung beim MfS über Bitten um Kontaktherstellung mit Mitarbeitern der Staatssicherheit bis hin zu Nachfragen zur Ausreise in die Bundesrepublik Deutschland sowie zu Bedingungen der Rückkehr in die DDR.

Generell organisieren sich die Anrufe nach einem üblichen formalen Ablauf. Der Anrufer äußert sein Anliegen und wird durch einen Amtsvermittler mit einem zuständigen Offizier vom Dienst verbunden. Dieser erste Teil des Gesprächs wird allerdings nicht aufgenommen und ist nicht auf dem Tonband zu hören. Die Aufnahme erfolgt durch den Anschluss des Offiziers vom

---

7   Hedwig Richter: Die Effizienz bürokratischer Normalität. Das ostdeutsche Berichtswesen. Konferenzpaper bei der Tagung »Politische Kommunikation im Staatssozialismus nach 1945« vom 07.10.2011–08.10.2011 in Bielefeld. Vgl. hierzu den Beitrag von Hedwig Richter in diesem Band.

8   Mary Bucholtz: The politics of transcription. In: Journal of Pragmatics 32 (2000) 10, S. 1439–1466; Jörg Bergmann, Olga Galanova: Objectifying suspicion – Suspicious objectivity. Documentary practices of Stasi protocols (im Druck).

Dienst. Bei der Verbindung eines Mitarbeiters der Amtsvermittlung mit dem Offizier vom Dienst nennt er das Thema des bevorstehenden Gesprächs sowie manchmal die Nummer des Anrufenden. Danach wird die anrufende Person mit dem Offizier vom Dienst verbunden. Weil die Gesprächspartner durch eine Distanz getrennt sind, wird der Anrufende durch den Offizier vom Dienst aufgefordert, eigene persönliche Informationen mitzuteilen. Die Sequenzorganisation entwickelt sich also folgendermaßen: (1) Die persönliche Information wird registriert, (2) das Anliegen besprochen und (3) eine Problemlösung vorgeschlagen oder das Anliegen als irrelevanter Anruf zurückgewiesen. Bei speziellen Themen wird der Anrufer später zurückgerufen.

An den unten präsentierten Beispielen wird gezeigt, dass Beschwerden über das Fehlverhalten von Mitbürgern, anonyme Anzeigen und ähnliche kommunikative Formate den Adressaten dieser Anrufe gut bekannt und keine Seltenheit sind (vgl. vor allem Beispiel 3). Allerdings ließen sich in den für die Studie zur Verfügung gestellten Audioaufnahmen keine reinen denunziatorischen Handlungen identifizieren, die der oben zitierten klassischen Definition entsprechen würden. Vielmehr ließen sich auch hier die Beobachtungen bestätigen, die anhand von schriftlichen Denunziationen oftmals gemacht wurden. Gesellschaftsmitglieder äußern ihre Mitteilungen in anderen Formaten und tendieren dazu, sie unerkennbar zu machen. Sie bezeichnen ihre Handlungen auch niemals als Denunziationen. Viel häufiger werden zum Beispiel Ausdrücke wie »Bericht«, »Anzeige«, »Beschwerde« oder »Hinweis zur Kenntnisnahme« und »Meinungsäußerung« benutzt. Das Medium Mündlichkeit scheint für einen alltäglichen Umgang mit Denunziation und deren Verbergung, Maskierung und Umformulierung ein fruchtbarer Boden zu sein.

3 Mündliche Denunziation als eine kommunikative Hybride

Das Verstecken der Denunziation in einem unschuldigen kommunikativen Gewand seitens der Kommunikationsteilnehmer erschwert die analytische Arbeit und weist auf eine markante Widersprüchlichkeit dieser Gattung hin: Sie will Geheimnisse verraten, ruft zur Veränderung des Sachzustandes auf und will gleichzeitig aber selbst geheim bleiben. Diese Tatsache erschwert die Identifikation und die Analyse einer mündlichen Denunziation erheblich. Zusätzlich dürfen die mündlichen Denunziationen formlos dargebracht werden und können von den formalen Strukturen eines denunziatorischen Anrufes abweichen. Infolgedessen kann der Begriff der Denunziation nur bedingt angewendet werden. Dieses Problem wird an einem sehr kurzen Beispiel dargestellt, das eine Selbstdenunziation[9] exemplifiziert. Die Entscheidung, gerade mit einem solchen Beispiel zu beginnen, ist durch die Annahme begründet, dass der Anrufer beim selbstdenunziatorischen Anruf mit solchen komplexen und undurchsichtigen Aufgaben wie der Darstellung seines eigenen Bezugs zu den Denunzierten sowie einer Maskierung der Denunziation nicht konfrontiert wird und sich nur auf »das Wesentliche« konzentriert:

Beispiel 1 »Ich möchte verhaftet werden.«[10]

AV: Die Amtsvermittlung von der Sammelnummer. Hier ist ein Teilnehmer. Der möchte sich verhaften lassen wie er sagte (.) er möchte sich solidarisch erklären (.) mit dem Pfarrer.
O: Ja (.) gib mal ja? Offizier vom Dienst (.) guten Abend.
A: Abend. Hier ist [xxx] ich habe schon Ihrem Kollegen erklärt. Es geht um den Pfarrer [xxx]. Sie halten sich bestimmt auf dem Laufenden. Ich möchte mich verhaften lassen bei Ihnen aus der Solidarität mit dem Pfarrer [xxx]. Wie macht man das?
O: Sagen Sie mir nochmal bitte Ihren Namen.
A: [xxx]
O: Buchstabieren Sie bitte.
A: Ja wohl. [xxx]
O: Und wo sind Sie wohnhaft?
A: (0.2) Und was hat das damit zutun? Was soll das?
O: Ja ich muss wissen, mit wem ich spreche. Sagen Sie es mir bitte mal.
A: Ich möchte Sie bitten, dass Sie mir mal etwas sagen.
O: Sagen Sie mir bitte, wo Sie wohnhaft sind, dann kümmert man sich um Ihr Anliegen, ja?
(…)
A: Das ist mir jetzt zu un… hören Sie, beantworten Sie meine Frage!
O: Sagen Sie mir nochmal, um was es Ihnen geht, um was für einen Sachverhalt?

---

9   Berthold Unfried bezweifelt die Sinnhaftigkeit des von Irina Scherbakova benutzten Begriffs »Selbstdenunziation«. Wenn man unter Denunziation eine Aktivität versteht, die darauf gerichtet ist, jemandem zu schaden, dann sollte eigentlich ein Motiv, sich selbst zu schaden, ausgeschlossen werden; eher geht es dem »Selbstdenunzianten« darum, sich vorausschauend zu schützen. Vgl. Unfried: Ich bekenne, S. 270; Irina Scherbakova: Die Denunziation in der Sowjetunion und im postsowjetischen Russland. In: Historische Sozialforschung 26 (2001) 2/3, S. 170–178. Im Gegensatz zu Unfrieds Einwand wird hier die Bezeichnung »Selbstdenunziation« als formale Definition benutzt, in dem Sinne, dass der Denunziant und das Objekt der Denunziation übereinstimmen.

10   BStU, MfS, BdL, Tb 443, 26.11.1987, 01:18:08. Legende zum Transkript: AV = Amtsvermittlung, O = Offizier vom Dienst, A = Anrufer; (0.5) eine längere Pause 5 Sekunden; (.) – eine Pause weniger als eine Sekunde; ? – steigende Intonation, . – fallende Intonation; (unverständlich) – Kommentar zum Gesprächsablauf oder zur Aufnahmequalität; [xxx] – Anonymisierung durch BStU.

A: (unverständlich)
O: Hallo (.) Teilnehmer!
A: Ich bin ganz Ohr. Ja.(leise)
O: Sind Sie noch dran. Ja?
A: Jawohl. Ich möchte ins Gefängnis und ich möchte verhaftet werden (unverständlich)
O: Und mit wem möchten Sie sich solidarisch erklären? Sagen Sie mir es nochmal. Mit dem [xxx]?
A: Jawohl.
O: Aha.
A: (unverständlich)
O: Ich kann Ihnen mit diesem Anliegen nicht helfen. Das tut mir leid (0.5) Hallo?

(Gesprächsende)

Der Mitschnitt exemplifiziert, wie der Anrufende eine Information freiwillig preisgibt, die ihn zu einem politischen Verbrecher macht und die zu seiner Festnahme führen kann, ohne dass er sich dabei als schuldig bekennt. Daher könnte das Verhalten des Anrufenden zunächst als Selbstdenunziation definiert werden. Allerdings unterscheidet sich der hier beobachtbare Kommunikationsablauf von einer typischen Sequenz der Denunziation wie Informationsvermittlung – Registrierung des Fehlverhaltens – Ergreifen von Maßnahmen. Diese Abweichung hängt mit der Frage des Anrufenden zusammen: »Ich möchte mich verhaften lassen bei Ihnen aus der Solidarität mit dem Pfarrer [xxx]. Wie macht man das?« So wie der Anrufer das Ziel seines Anrufes präsentiert, ist dies keine Selbstdenunziation, sondern eine Anforderung einer Information zur Festnahme. Da der Vertreter der Institution aber mit einer typischen Registrierungsphase beginnt und keine Information zum Thema vermittelt, bleibt der Anrufende von dem Gesprächsablauf unbefriedigt und bringt dies mittels eines Vorwurfs zum Ausdruck. Als Resultat vermischen sich mit dem Format der Selbstdenunziationen andere Formate wie eine Informationsanfrage und ein Vorwurf.

4 Fluides Format der denunziatorischen Beziehungskonstellation

Alle Definitionen der Denunziation stimmen darin überein, dass es sich um eine Dreierbeziehung handelt, weil dieses Kommunikationsformat drei kommunikative Rollen (die eines Denunzianten, die eines Denunzierten und die eines Adressaten) zusammenbringt. Wie am Beispiel 1 zu sehen war, stimmt die Anzahl von kommunikativen Rollen nicht immer mit der Anzahl von Personen überein. Zum Beispiel übernimmt bei der Selbstdenunziation nur eine Person sowohl die Rolle eines Denunzianten als auch die eines Denunzierten. Ausgehend davon, wie die Gesprächspartner ihre kommunikativen Rollen sehen, bestimmen sie ein Kommunikationsformat ihrer Interaktion und können es dementsprechend variieren.

4.1 Adressat

Denunziation zeigt sich als Form einer Geheimniskommunikation, indem sie mit einer ungleichen Distribution von Wissen spielt und eine strikte Adressatenselektion leistet. Ihr Adressat ist eine kontrollierende bzw. bestrafende Institution. Dieses Adressierungsformat der Denunziation macht sie zu einer Gattung institutioneller Kommunikation. Damit unterscheidet sich die Denunziation vom Klatsch. Obwohl Klatsch auch Format einer Geheimniskommunikation und moralischer Diskurs einer Rufschädigung ist,[11] realisiert sich Klatsch nur unter guten Bekannten oder Verwandten, d. h. zwischen Angehörigen desselben Freundeskreises. So wie Klatsch aus dem Klatschrezipienten einen engen Vertrauten erzeugt, schafft die Denunziation eine bestrafende Institution schon allein durch ihre Adressierung. Anhand des oben gezeigten Beispiels war dies zu sehen. Der Kommunikationsablauf fällt aus dem Format der Denunziation heraus, nachdem die kommunikative Rolle einer bestrafenden Institution seitens des Adressaten nicht angenommen wurde. Anhand des folgenden Beispiels soll gezeigt werden, wie die gemeinsame Aushandlung der kommunikativen Rolle des Adressaten zur Umwandlung einer Denunziation in eine Beschwerde beiträgt.

---

11 Vgl. Jörg Bergmann: Geheimhaltung und Verrat in der Klatschkommunikation. In: Albert Spitznagel (Hg.): Geheimnis und Geheimhaltung. Erscheinungsformen, Funktionen, Konsequenzen. Göttingen 1998, S. 139–148.

Beispiel 2 »Kein richtiger Adressat«[12]

O: Der Offizier vom Dienst. Guten Abend.

A: Ja guten Abend. Ich befinde mich (.) in der Charité.

O: Ja?

A: Und ich wollte mich bei Ihnen beschweren.

O: Ja mit wem?

A: Dass meine Hand nicht behandelt wird.

O: Mit wem spreche ich bitte? Sagen Sie mir es genau.

A: [xxx]

O: Mmm das ist Ihr Nachname.

A: [xxx] Vorname

O: Ja.

A: Ich kam aus Rostock (…) und bin zu Charité gegangen wegen meiner Hand. Ich meine bin noch leber- und herzkrank.

O: Ja

A: Und nun habe ich das dem Arzt vorgetragen. Ich habe ihm auch die Überweisung gezeigt.

O: Mmm

A: Und dann habe ich ihn gebeten, er möchte mich bitte nicht auf der Hand drücken, weil es wehtut. Habe ich gesagt, dann springe ich hoch.

O: Mmm

A: Dann hat er zu mir gesagt: Dann brauchen Sie nicht hier behandelt zu werden, wenn ich Sie anspringen wolle (…)

O: Wissen Sie, wo Sie jetzt anrufen? Ja?

A: Ja. Ich denke beim Ministerium für Staatssicherheit.

O: Ja.

A: Oder habe ich jetzt etwas verkehrt gemacht?

O: Ja, Sie rufen den Offizier vom Dienst beim Ministerium für Staatssicherheit an. Können Sie mir mal bitte sagen, was Sie sich da vorstellen, was wir damit zu tun haben könnten?

A: Ich habe gedacht, wen rufe ich an?

O: Na wenn Sie sich beschweren möchten über die medizinische Behandlung. Darum geht's ihnen doch, oder?

A: Ja.

O: Dann müssen Sie sich doch an das Personal wenden.

A: Ahso.

O: Oder müssen Sie sich an das Ministerium für Gesundheitswesen wenden.

A: Ahso. Das wusste ich nicht.

---

12 BStU, MfS, BdL, Tb 443, grün 1, 26.11.1987, 01:22:00.

Obwohl dieses Beispiel unter die formale Definition von Denunziation fällt, d. h., als Informationsvermittlung vom Bürger zu einer kontrollierenden Instanz gelten kann, die sich auf das Fehlverhalten eines Dritten bezieht und die kontrollierende Instanz explizit oder implizit zur Bestrafung aufruft, entwickelt sich diese Sequenz zu einer Beschwerde. Auch wenn der Anrufer selber ein Angebot zur Deutung seiner Mitteilung macht (ich wollte mich bei Ihnen beschweren), bleibt es dem Offizier vom Dienst überlassen, wie er die mitgeteilte Information einordnet (er könnte z. B. mehr Informationen über den Arzt anfordern). Durch die Empfehlung des Offiziers vom Dienst, eine andere Institution zu kontaktieren, weist er die ihm zugeschriebene Rolle des richtigen Adressaten zurück und bekräftigt stattdessen das Gesprächsformat einer Beschwerde.

Denunziation ist in diesem Fall ein Handlungsformat, das nicht von der kontrollierenden Institution ausgeht, vielmehr wird sie ausgesucht, kontaktiert und zu einer bestrafenden Instanz gemacht.

4.2   Denunziant

Ein als typisch beschriebener Denunziant leistet für die mächtige, kontrollierende Instanz das Informationsmanagement und erwartet dafür, dass sie auf seiner Seite steht und ihm hilft. Dieser Wille, das Vertrauen der zuständigen Institution zu gewinnen, verleitet den Denunzianten häufig zu einer übertriebenen Demonstration von Treue und Unterwürfigkeit. Umso unattraktiver erscheint er in der gewöhnlichen Darstellung.

Dieses negative Image des Denunzianten soll im Folgenden durch den Vergleich zum Klatsch – einer anderen kommunikativen Gattung der Geheimniskommunikation – vertieft werden. Während Klatsch nur deshalb geachtet wird, weil er für eine unterhaltsame Vergemeinschaftung die Geheimnisse von anderen opfert, geht es hier um eine Einflussnahme. Obwohl Klatsch alberner zu sein scheint, stehen dem Klatschadressaten mehr Kontrollmechanismen über die Inhalte der Information zur Verfügung – nämlich deshalb, weil das Objekt des Klatschs dem anderen Teilnehmer bekannt ist. Demgegenüber kann der Denunziant das Unwissen der Institution ausnutzen und eine Geschichte allein aus seiner Perspektive entwerfen, was einer unschuldigen Person großen Schaden bringen kann.

So bemerken z. B. Foucault und andere Denunziationsforscher in unterschiedlichen Kontexten, dass ein großer Missbrauch mit lettres de cachets getrieben wurde, um missliebige Personen unschädlich zu machen.[13] Wissensmangel um denunzierte Personen schafft seitens der adressierten Institution strukturell Raum für Misstrauen gegenüber dem Denunzianten. Allerdings stehen dem Denunzianten kommunikative Mittel zur Verfügung, die es ihm ermöglichen, sich in ein gutes Licht zu rücken. Die Vielfalt kommunikativer Möglichkeiten denunziatorischer Selbstdarstellung spiegelt sich in einer Spannbreite unterschiedlicher Bezeichnungen des Denunzianten wider: von »Fink« und »Petze« bis zum »pflichtbewussten Bürger«, »Informanten« und »Agenten«. Mittels des folgenden Beispiels lässt sich exemplifizieren, wie ein sich wandelnder kommunikativer Status eines Denunzianten zu einer Überbrückung der Denunziation führen kann:

Beispiel 3 »Anonyme Anzeige«[14]

AV: Wir haben einen Amtsteilnehmer 590 Berliner Amt und der fragt nach, ob wir anonyme ähm Anzeigen entgegennehmen, vor allem gegen einen Pfarrer der Kirche. Der möchte uns was sagen.
O: Ja
AV: Bitte ansprechen
O: Ja. Der Offizier vom Dienst. Guten Tag. (0.2) Hallo? Teilnehmer? (.) Teilnehmer?
(0.2)
AV: Ich habe den Teilnehmer mit der Äußerung (0.1) nochmal ja?
O: Ja
AV: Sprechen Sie bitte an.
O: Bitte. Der Offizier vom Dienst. (0.2) Guten
A: Teilnehmer, ich möchte eine Meinungsäußerung zu den Vorgängen in der Kirche loswerden (0.1) kann ich das bei Ihnen?
(0.2)
O: Wie Meinungsäußerung?
A: Na meine Meinung zu sagen zu diesen zu den Vorgängen da in der Kirche vor allem in der Kirche.
O: Ja wer sind sie denn?
A: Ja das wollte ich anonym machen. Ist das möglich?
O: Was wünschen sie denn?
A: Ich wollte eigentlich nur sagen, ich bin, ähm ich hoffe zumindest, dass Sie, falls es solche Anrufe gibt, solche Anrufe sammeln (.) dass ich den ähm den Genossen, die dort arbeiten und denen Sie den Auftrag gegeben und wie auch

---

13   Arlette Farge, Michel Foucault: Le Désordre des familles. Lettres de cachet des Archives de la Bastille au XVIIIe siècle. Gallimard Julliard. Paris 1982.
14   BStU, MfS, BdL, Tb 443 grün 2, 27.11.1987, 33:40.

immer (.) Dank sagen möchte und vor allem ihre Rücken stärken ähm möchte, (0.1) weil nämlich unabhängig von [ziem] dem vom Geschrei von da drü-
ben ziemlich klar ist, wenn wir zulassen, dass die Kirche benutzt wird zur
Tarnung für solche Geschichten wie in benachbarten Ländern ich, (.) wir
verstehen wahrscheinlich beide was gemeint ist, (0.1) dann dann ist das unmöglich, dann können wir an solche Zustände (.) deshalb halte ich das für
völlig richtig, für konsequent (.) zwar nicht verrückt und übertrieben, sondern
so sachlich, wie es ist jetzt läuft (.) vorgegangen wird und doch ganz konsequent äh durchgegriffen wird, (.) was ich mir besser vorstellen könnte, (0.1)
wäre, dass wir mehr argumentieren (das Telefon klingelt im Hintergrund) in
Fernsehen, in Rundfunk oder in der Zeitung um darzulegen, warum sich die
Kirche um ihre Sachen kümmern soll und nicht den Leitern Vorschub leisten,
sondern wenn sie erwischt werden dann (unklar) das wollte ich einfach mal
loswerden denn ich bin sicher es gibt eine Menge Leute, die dumm sind und
einfach protestieren ohne nachzudenken (0.2).
O: Mmm
A: Das war's eigentlich bloß.
O: Ja danke, das habe ich ja.
A: In Ordnung.
O: Ja.
A: Ja wohl. Danke.

Dieser Anruf wird durch einen Mitarbeiter der Amtsvermittlung als »anonyme
Anzeige« bezeichnet. Weil uns das Gespräch davor nicht zugänglich ist und
wir nicht wissen können, wie der Anrufer sein Anliegen der Amtsvermittlung
dargestellt hat, können wir nicht entschlüsseln, woher die Bezeichnung »anonyme Anzeige« ursprünglich stammt. Auch wenn die Erwartung des Offiziers
vom Dienst durch diese Ankündigung geprägt ist, ist deutlich, dass der präsen-
tierte Mitschnitt keine gegen den Pfarrer gerichtete Denunziation ist. Das
Anliegen des Anrufenden ist es vielmehr, seine eigene Einschätzung der politischen Situation zu vermitteln sowie die Stasi bei ihrem Kampf gegen die Opposition zu unterstützen. Dabei wird nicht nur Kritik gegenüber der Opposti-
on, sondern auch Lob dem Adressaten gegenüber zum Ausdruck gebracht.
Interessant ist hier ein Detail, das die Einschätzung des eigentlichen Anruf-
formats uneindeutig macht: Der Anrufer möchte anonym bleiben, obwohl er
sein Anliegen als Meinungsäußerung bezeichnet und seine Loyalität gegenüber
dem Regime demonstriert. Deutlich ist aber, dass die voraussichtliche Denunziation dadurch vollkommen entschwindet.

4.3   Denunzierter

Im Vergleich zu den anderen Teilnehmern der denunziatorischen Beziehungs-
konstellation scheint der kommunikative Status des Denunzierten konstanter
zu sein. Eine Person wird meistens dadurch zum Objekt der Denunziation
gemacht, dass ihr Verhalten als Regelverstoß und als für die anderen unange-
nehm oder schädlich kommuniziert wird. Deswegen stehen im Zentrum die
Geschichten, die das Leiden des Denunzianten schildern. Kinder oder sozial
und physisch geschwächte Personen können insofern keine Objekte der Denunziation werden, als in ihrer privaten Sphäre keine gefährlichen Taten festzustellen sind, für die sie verantwortlich gemacht und institutionell bestraft
werden könnten.

Denunziation ist nichts anderes als die Einladung an die kontrollierende Institution, ein Verbrechen zu registrieren, zu bestrafen und seine Wiederholung
zu verhindern. Dadurch wird aus dem Objekt der Denunziation ein Verbrecher gemacht, der mit dem Denunzianten als pflichtbewusster Bürger in Konflikt steht. Und der Konflikt gehört selbst auch zu dem Geheimnis, das vor der
Institution offenbart wird. Daraus ergibt sich ein strukturelles Merkmal der
Denunziation: In dem Moment, in dem ein Geheimnis vor anderen offenbart
wird, kann man auch eigene Geheimnisse nicht mehr verbergen.

5   Methoden zur »Versteinerung« des Denunziationsformats

Die Geheimnisse werden erst durch ihre Enthüllung zu Geheimnissen[15]; deswegen wird die negative Funktion der Denunziation damit verbunden, dass sie
Geheimnisse schafft, um gewünschte Ergebnisse mithilfe einer punitiven Institution zu erreichen. Das schließt aber keineswegs aus, dass auch andere Gesellschaftsmitglieder von diesem Vorteil profitieren können. Deswegen balanciert
die Denunziation häufig zwischen Schaden und Wohltun.

Viele kriminologische Statistiken stimmen nämlich darin überein, dass freiwillige Informanten unglaubliche Vorteile für die kontrollierenden Institutionen bringen. Dies scheint der Grund dafür zu sein, dass seitens der Institutionen daran gearbeitet wird, günstige Bedingungen für die formale Straffung von
Informationen denunziatorischen Charakters sowie für ihre Absicherung gegen
Verzerrung durch formale Veränderbarkeit zu schaffen. Eine mögliche Lösung
dieses Problems waren sogenannte Denunziationsformulare, die, wie es
scheint, dazu geschaffen wurden, die informelle Denunziationsgattung zu for-
malisieren und den Denunzianten zur Konzentration auf klare Inhalte zu mo-

---

15   Vgl. Simmel: Soziologie; Bergmann: Geheimhaltung und Verrat.

tivieren. So wurden zum Beispiel in der Sowjetunion sogenannte Signalkarten eingeführt, auf denen ein Feld für persönliche Angaben des möglichen Verbrechers sowie eine Liste von möglichen Schandtaten abgedruckt waren.[16] Ein Informant in der Sowjetunion in den 1980er Jahren konnte sich zum Beispiel aus der Liste mit folgenden Angaben bedienen: Gelegenheitsjobs, Vermögenseinkommen, Meidung der Auszahlung von Kindergeld, Schulden in Zivilprozessen, Behinderung von ermittelnden Behörden, Verstoß gegen familiäre Pflichten, Trunkenheit, Drogen, Verbrechen und andere Verletzungen der öffentlichen Ordnung und der Regeln der sozialistischen Gesellschaft.

Man könnte sagen, ein ähnliches Format tragen heutzutage die Ordnungswidrigkeitsformulare, die im Netz zum Download verfügbar sind:

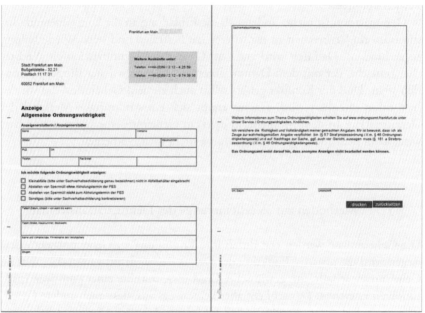

Abbildung 1: Elektronisches Formular.[17]

Sie sparen Zeit und halten den Denunzianten im Format einer schriftlichen Denunziation fest. Mehr noch, durch ihre Verfügbarkeit fördern sie das denunziatorische Verhalten seitens der Bürger. Als Resultat stehen die Bürger nicht mehr unter der Überwachung einer kontrollierenden Obrigkeit, sondern vielmehr im Verkehr untereinander und sind in die gegenseitige Überwachung involviert.

---

16   Vgl. Mikhail Geller: Mashina i vintiki. Istorija formirovanija sovetskogo cheloveka. Moskau 1994. S. 163 f.

17   http://www.frankfurt.de/sixcms/media.php/1335/40IN17_Anzeige_Ordnungswidrigkeit.pdf (letzter Zugriff am 25.3.2013)

Die Verfügbarkeit von Signalkarten in diktatorischen Gesellschaften sowie von denunziatorischen Web-Formularen in der demokratischen mediatisierten Gesellschaft legt es nahe, den Kontext der Denunziationsverbreitung in den zwischenmenschlichen Verhältnissen herauszuarbeiten. Die Überwachung jenseits der kontrollierenden Institutionen stützt sich nämlich auf das Engagement zahlreicher Bürgerinnen und Bürger zur gegenseitigen Überwachung.

Schlussbemerkung: Denunziation als Kommunikation gegenseitiger Überwachung

Das Medium informeller mündlicher Kommunikation und ein schriftliches, strikt formalisiertes Formular sollten als zwei Pole eines Kontinuums gesehen werden, entlang dessen eine denunziatorische Handlung unterschiedliche Formen und Funktionen annehmen kann. Die hier analysierten telefonischen Gespräche lassen sich etwa in der Mitte des Kontinuums platzieren: Auch wenn die Gesprächsteilnehmer von der Spontanität einer mündlichen Realisierung der Interaktion »profitieren« konnten, waren sie durch eine Distanz getrennt und mussten im Rahmen eines institutionell vorstrukturierten Kommunikationsformats bleiben. Die schriftlichen denunziatorischen Berichte und die Formulare (wie etwa Signalkarten) verorten die Denunziation im Medium der Schriftlichkeit und holen sie meistens aus dem Rahmen einer nicht formalisierten Geheimniskommunikation heraus. Die Vorstrukturiertheit bei der kommunikativen Realisierung der Denunziation in der Form eines Denunziationsformulars ist maximal, sodass auch die »Geheimnisse« nicht mehr überraschend sind, sondern bereits zur Auswahl aufgelistet sind. Das Einzige, was noch angeführt werden muss, sind die persönlichen Informationen über die Verdächtigen.

Durch eine Versetzung jeweiliger kommunikativer Handlungen aus einem Medium entlang des Kontinuums in das andere lassen sich die Funktionenveränderungen festhalten. So zum Beispiel lässt die Funktionsweise der schriftlichen Formulare die Antriebskräfte der Denunziation nicht allein in der Enthüllung eines Geheimnisses suchen. Vielmehr kann man daran erkennen, wie Überwachung und Bespitzelung zu einer selbstständigen gesamtgesellschaftlichen und gut institutionalisierten Praxis per se werden.

Das Medium situativer Realisierung einer kommunikativen Handlung soll daher immer als eine Bedingung und ein vorstrukturierender Kontext mitberücksichtigt werden, weil dadurch die Funktionsweise und das Ausführungsformat von wichtigsten kommunikativen Aufgaben jeweiliger Handlung beeinflusst werden. Möchte man sich mit solchen Kommunikationsformaten wie

Denunziation, Bericht oder Eingabe auseinandersetzen, muss man sich über die Funktionsweise des Mediums im Klaren werden, nämlich darüber, ob diese Handlungen als unmittelbares Gespräch, telefonisch oder durch Briefe erfolgen und ob sie die Institution direkt oder durch Zeitung, Rundfunk oder Fernseher adressieren.

Gleichzeitig lassen sich aber auch die Merkmale herausarbeiten, die trotz der Realisierung eines kommunikativen Formats durch unterschiedliche Medien hinweg konstant bleiben und die Identifikation der jeweiligen Handlung ermöglichen. Denunziation als Kommunikation gegenseitiger Überwachung ist ein grundsätzliches Merkmal, welches die Funktion der Geheimnisenthüllung herleitet. Mit anderen Worten, so wie im Geheimnis strukturell die Möglichkeit des Verrats angelegt ist und das Wissen um Privates strukturell einen Anreiz liefert, dieses Wissen in eigene Vorteile umzumünzen, so tendiert eine gegenseitige Überwachung und Kontrolle der Ordnungswidrigkeiten zur Denunziation. Und weil wir von den anderen immer mehr wissen, als sie es wünschen oder uns erlauben, besteht immer die Möglichkeit, bestimmte Informationen von einem Dritten für eigene Beobachtung auszugeben und die gesellschaftlich attraktive Rolle eines wachsamen Ordnungshüters einzunehmen. Aber die Art und Weise, wie und durch welche konkreten kommunikativen Strukturen dies erfolgt, wird sich aus der Spezifik der jeweiligen Medien herleiten.

Hedwig Richter

Die Effizienz bürokratischer Normalität. Das ostdeutsche Berichtswesen in Verwaltung, Parteien und Wirtschaft

Waren es 200 000 oder doch nur 110 000 inoffizielle Informanten, die dem Ministerium für Staatssicherheit neben den 90 000 hauptamtlichen Mitarbeitern (Stand 1989) Hinweise und Berichte lieferten?[1] Wer zählt zu den ominösen »IM«, wer gilt als kontaminiert? Mein Beitrag plädiert dafür, den Blick nicht auf solche Fragen zu verengen, sondern den Fokus zu weiten und auch auf die Strukturen zu richten, aus denen tagtäglich Berichte hervorgingen, die sich nicht direkt auf die Staatssicherheit bezogen: In den Behörden und Parteien, in Verbänden, Betrieben, Universitäten oder Kultureinrichtungen verfassten DDR-Bürgerinnen und -Bürger Tag für Tag Tausende Berichte. Diese Form der Überwachung, so meine These, durchdrang den DDR-Alltag mit unauffälliger Macht; als bürokratische Praxis wurde sie von den Bürgern als legitim empfunden und erwies sich dadurch als umso effektiver.[2]

Obwohl dieses Berichtswesen das Leben in der DDR tief prägte, haben sich bisher sowohl die DDR-Forschung als auch die Aufarbeitungsinstitutionen kaum damit befasst. Gewiss, der Einfluss und die terroristische Potenz des Ministeriums für Staatssicherheit waren enorm. Wohl auch deshalb hat sich die DDR-Forschung so stark auf die Geschichte des MfS konzentriert. Doch dabei hat sie weitgehend jene zentrale Dimension der Überwachung jenseits des Ministeriums für Staatssicherheit übersehen, die wesentlich zur Disziplinierung der Menschen in der DDR beitrug. Jens Gieseke hat sich in seinem verdienstvollen und analytisch scharfen Aufsatz über das Berichtswesen zwar ebenfalls auf die MfS-Quellen konzentriert, doch seine Anmerkungen über Öffentlichkeit und den Wert der Berichte können auch für die Berichte anderer Institutionen weiterführend sein.[3] In Anlehnung an die methodischen

1   Vgl. die Zahlen über die inoffiziellen Mitarbeiter (IM) bei Ilko-Sascha Kowalczuk: Stasi konkret. Überwachung und Repression in der DDR. München 2013; Helmut Müller-Enbergs: IM-Statistik 1985–1989. Berlin 1993; ders.: Die inoffiziellen Mitarbeiter. Berlin 2008, S. 35–38.

2   Vgl. zur Rolle der Bürokratie in Diktaturen: Wolfgang-Uwe Friedrich: Bürokratischer Totalitarismus – Zur Typologie des SED-Regimes. In: German Studies Review 17 (1994), special issue: Totalitäre Herrschaft – totalitäres Erbe, S. 1–21.

3   Jens Gieseke: Bevölkerungsstimmungen in der geschlossenen Gesellschaft. MfS-Berichte an die DDR-Führung in den 1960er- und 1970er Jahren. In: Zeithistorische Forschungen/Studies in Contemporary History, Online-Ausgabe 5 (2008) 2, http://www.zeithistorische-forschungen.de/16126041-Gieseke-2-2008 (letzter Zugriff: 1.5.2013).

Analysen zur Quellengattung des Rapportwesens in der NS-Zeit mahnt Gieseke, die ideologischen Verzerrungen der Berichte zu berücksichtigen. Uta Stolle
hat zudem darauf verwiesen, dass speziell für diese Quellen nicht nur die dis-
kursive Bespielung des »sozialen Klassentheaters« wichtig ist, sondern auch die
Opportunitätsgründe, die Informanten bewogen, ihre Aussagen zu verschärfen
oder zu mäßigen.[4] Alles in allem aber gilt für die Berichte (ob vom MfS oder
von anderen Instanzen) wie jede beliebige Quelle, dass ihre Auswertung sorg-
fältig den Regeln der Quelleninterpretation unterliegen muss. Sie per definitionem als »schlechtere« Quelle abzutun, lässt sich methodisch nicht rechtferti-
gen.

1   Überwachungsberichte als Kommunikationsform

Die extrem produktive bürokratische Überwachungsform jenseits der Stasi
arbeitete konstant von den 1950er Jahren bis zum Ende der DDR und gehörte
damit zu den langandauerndsten und wichtigsten Kommunikationskanälen
des SED-Regimes.[5] Das ist deswegen wichtig, weil die Kommunikation zwischen Regierenden und Regierten in der DDR ein zentrales Herrschaftsmittel
darstellte. Das Regime legte weitgehend Inhalt und Form fest. Unliebsamen
Zeitgenossen verweigerten die Machthaber die Kommunikation zuweilen ganz
und gar – wie etwa manchen Kirchenleuten. Die diktatorisch überformte
Kommunikation verhinderte eine vom Staat unabhängige Öffentlichkeit. Das
wiederum führte zu einem Herrschaftsproblem: dem Mangel an authentischen
Informationen von unten. Wie in anderen Diktaturen fühlte sich daher das
SED-Regime darauf angewiesen, zur Kompensation ein ausgefeiltes Informati-
onssystem aufzuziehen. In dessen Zentrum stand das MfS, doch trugen die
anderen Berichte auch wesentlich dazu bei, die Regierenden über die Regierten
auf dem Laufenden zu halten.

Die Überwachungsberichte erweisen sich auch deshalb als interessant, weil
sie Aussagen über Strategien der Herrschaftsstabilisierung erlauben. Dabei lässt
sich die These bestätigen, dass selbst eine Gewaltherrschaft wie das SED-
Regime, das sein Überleben primär sowjetischen Panzern und einem repressi-
ven Staatsapparat verdankte, der Beteiligung von unten und des Legitimati-
onsglaubens (Max Weber) der Untertanen bedurfte.[6] Denn die Kommunikati-

---

4   Uta Stolle: Traumhafte Quellen. Vom Nutzen der Stasi-Akten für die Geschichtsschreibung.
In: Deutschland Archiv 30 (1997), S. 209–221; Gieseke: Bevölkerungsstimmungen, S. 2.

5   Die Überwachungsberichte finden sich in allen Überlieferungen der entsprechenden Behörden, d. h. in Parteienarchiven, Unternehmensarchiven, Landesarchiven und dem Bundesarchiv.

6   Vgl. Thomas Lindenberger: Die Diktatur der Grenzen. Zur Einleitung. In: ders. (Hg.): Herrschaft und Eigen-Sinn in der Diktatur. Studien zur Gesellschaftsgeschichte der DDR. Köln u. a. 1999,

onsform der Überwachung war auf das Engagement zahlreicher Bürgerinnen und Bürger angewiesen. Breite Teile der Bevölkerung beteiligten sich als Berichterstatter oder als Informationsgeber an dem Rapportwesen. Jeder, der einen halbwegs verantwortungsvollen Posten hatte, als Funktionär in einer Partei, einem Rathaus, einer Polizeieinheit, als Verantwortlicher in einem der Massenverbände oder auch in nicht explizit politischen Stellungen wie als Führungskraft eines Stahlwerks, einer Behörde, eines Krankenhauses oder einer LPG – jeder von ihnen musste Berichte für staatliche Stellen verfassen. Als Informanten dienten den Berichtverfassern wiederum potenziell alle Personen, mit denen sie in Berührung kamen.

Die Überwachungsberichte zeigen, wie das Politische in jeden Lebensbereich eindringen konnte: Sie thematisierten stets Machtverhältnisse, Regeln des Zusammenlebens und Grenzen des Sag- und Machbaren.[7] Ob es um das Auto eines Bürgers ging, die Freizeitbeschäftigung von Oppositionellen oder das Tischgebet einer Pfarrtochter in der Schule: Alle Informationen hatten herrschaftstechnische Relevanz. Selbst der Versuch, mithilfe von Phrasen die Seiten zu füllen und die Instanz, an die berichtet werden musste, zufriedenzustellen, war politisch.

Grundlage der behördlichen Überwachung waren die Wochen-, Monats- und Jahresberichte, die auf allen Ebenen, in allen Instanzen und Einrichtungen geschrieben und nach oben weitergeleitet wurden.[8] Ebenso wie Parteien, Massenorganisationen, volkseigene Betriebe oder die Gewerkschaft verfassten die Verwaltungsbehörden auf kommunaler, Kreis-, Bezirks- und Staatsebene eine Flut an Berichten. Diese enthielten zwar im Überfluss die sozialistische Phraseologie. Doch daneben leiteten sie auch wichtige Informationen weiter, die an die nächste Instanz und bei Bedarf an beliebig viele andere Stellen gemeldet wurden (In besonders pikanten Fällen war dies dann die Staatssicherheit).[9] Weil die Observationsberichte auch von den Klagen der Menschen erzählten, boten sie neben der Funktion der Überwachung den Machthabern

S. 13–44; Richard Bessel, Ralph Jessen (Hg.): Grenzen der Diktatur. Staat und Gesellschaft in der DDR. Göttingen 1996; Hedwig Richter: Die DDR. Paderborn 2009, S. 11–26.

7   Vgl. zur Definition des Politischen die Ausführungen des SFB 584 »Das Politische als Kommunikationsraum in der Geschichte« in Bielefeld: http://www.uni-bielefeld.de/(es)/geschichte/forschung/sfb584/allgemein/forschungsprogramm.html (letzter Zugriff: 27.5.2013).

8   Vgl. zum kaum untersuchten Berichtswesen Mary Fulbrook: Methodologische Überlegungen zu einer Gesellschaftsgeschichte. In: Bessel; Jessen (Hg.): Grenzen der Diktatur, S. 274–297, hier 276–280; vgl. Alf Lüdtke: »... den Menschen vergessen«? – oder: Das Maß der Sicherheit. Arbeiterverhalten der 1950er Jahre im Blick von MfS, SED, FDGB und staatlichen Leitungen. In: Alf Lüdtke, Peter Becker (Hg.): Akten. Eingaben. Schaufenster. Die DDR und ihre Texte. Erkundungen zu Herrschaft und Alltag. Berlin 1997, S. 189–192; Ralph Jessen: Diktatorische Herrschaft als kommunikative Praxis. Überlegungen zum Zusammenhang von »Bürokratie« und Sprachnormierung in der DDR-Geschichte. In: Lüdtke; Becker (Hg.): Akten. Eingaben. Schaufenster, S. 57–86.

9   Vgl. etwa Unterlagen in: HStA Drd. 11430, Nr. 454 u. in: BArch DO 4/48b.

die Möglichkeit, sich über Probleme zu informieren, über die sie angesichts
der mangelnden Öffentlichkeit sonst nichts erfahren konnten. Berichte über
Gespräche mit Geistlichen beispielsweise zitieren häufig Ansichten, die ansonsten in dem sozialistischen Staat tabu waren: Die DDR sei kein Rechtsstaat, die
Wahlen seien Scheinwahlen, die Wirtschaft entwickle sich katastrophal oder
das sozialistische Bildungssystem erziehe die Kinder zu Gewalt und Hass und
diskriminiere christliche Jugendliche.[10] 1970 erklärte eine Anzahl von Pfarrern
dem Kirchenreferenten des Bezirkes Dresden, sie hielten die Aussprachen mit
den obrigkeitlichen Stellen für außerordentlich wichtig, »denn sonst würde der
Staatsapparat ja von überhaupt niemandem die wahre Meinung der Bevölkerung erfahren«.[11]

Die Observation durch Informationsberichte gestaltete sich insgesamt gesehen wesentlich umfassender als die des MfS. Und wenn es nicht darum ging,
gezielt Oppositionelle zu bekämpfen, hatte das behördliche Berichtswesen
gegenüber dem Minsterium für Staatssicherheit einige strategische Vorteile
und konnte sich so unter Umständen als effektiver erweisen und der Partei
mehr Informationen bieten.[12] Das lag nicht nur an der potenziellen Beteiligung der gesamten Bevölkerung. Es lag auch an der schieren Masse der Berichte, die täglich, wöchentlich, monatlich und jährlich aus Betrieben, LPG oder
Universitäten schwappten und die Behördenstuben überfluteten. Freilich, die
Quantität der Berichte konnte auch zum Problem werden. Doch besaß die
Form des institutionalisierten Berichtswesen einen weiteren entscheidenden
Vorteil: Die Informanten mussten keinen Kontakt zum ominösen und gehass-
ten Ministerium für Staatssicherheit pflegen. Ein Gespräch mit dem freundlichen Kreisrat oder dem ehrlichen Betriebsleiter bedurfte keiner Rechtfertigung, und kritische Informationen über Mitbürger gingen dort leichter über
die Lippen. Wer sich positiv ins Bild setzen oder andere herabsetzen wollte,
konnte sich an jede beliebige Partei-, Betriebs- oder Verwaltungsstelle wenden
und sicher sein, dass die Informationen ihren Adressaten finden und politisch
entsprechend ausgewertet werden würden.[13] So konnten beispielsweise staats-
nahe Theologen oder CDU-Funktionäre ihre Kollegen nach allen Regeln der
Kunst denunzieren, ohne ihr Gewissen mit einem Kontakt zum Ministerium

10   Vgl. etwa Kurzbericht über Dienstreise, Arbeitsgebiet Ev. Kirche v. 14.9.1963. BArch
DO 4/2979.
11   Informationsbericht Februar 1970 von H. Dohle v. 6.3.1970. BArch DO 4/2968; Monatsbericht RdK Löbau an RdB Drd. v. 26.10.1973, HStA Drd. 11430, Nr. 10926, und weiteres Material
in HStA Drd. 11430, Nr. 10926 u. 10815.
12   So etwa im Fall der Herrnhuter Brüdergemeine, Hedwig Richter: Pietismus im Sozialismus.
Die Herrnhuter Brüdergemeine in der DDR. Göttingen 2009, S. 153–164.
13   Vgl. Mitteilung über geplante »Wahlkabinenbenutzung« eines Direktionsmitglieds und der
Gang durch die Institutionen dieser Information CDU, KV Löbau, an 1. Stellv. Vorsitzenden des
RdK v. 13.9.65. HStA Drd. 11430, Nr. 10849; Dreßler, RdK Löbau, an Verteiler v. 4.9.65, HStA
Drd. 11430, Nr. 10872.

für Staatssicherheit zu belasten.[14] Bürger berichteten den Kreisbehörden ausführlich von den Westkontakten, Westgeschenken, unangemeldeten Veranstaltungen und staatskritischen Aussagen ihrer Kollegen.[15]

Das Image der Harmlosigkeit, das sich dieser Überwachungsapparat bis zuletzt erhalten konnte, ist umso verwunderlicher, als sich die Berichte vielmals mit einem ganz offensichtlichen und schamlosen Investigationswillen paarten, der dem des Ministeriums für Staatssicherheit in nichts nachstand. Gewiss, die Verwaltungsleute verfügten nicht über die gleichen Instrumente wie das MfS. Doch hegten viele Verfasser der Informationsberichte, wenn es ihnen angemessen erschien, für den Schutz der Privatsphäre ebenso wenig Respekt wie die Mitarbeiter der Staatssicherheit. Die Kreisbehörden etwa berichteten über den Literaturbestand in den Wohnzimmern nichtkonformer Staatsbürger, gaben intime Details über deren Kinder weiter oder führten aus, wer sich kritisch und wer sich loyal geäußert habe, Teenagerflirts gerieten ebenso ins Visier wie Schulhofgespräche.[16] Hinzu kamen Jahresberichte zu Schwerpunktthemen wie die »Entwicklung des Verhältnisses von Staat und Kirche« mit Statistiken über die Abnahme der Taufen oder die Zunahme der Kirchenaustritte.[17] Denunziatorische Mitteilungen an die Volkspolizei komplettierten die Observation.[18] Wie gegenüber der Stasi verzichteten auch diese Berichte nicht auf absurde Details: So vermeldete ein Informationsbericht, in der Oberlausitz sei ein Zettel verteilt worden, auf dem stehe: »Auf dem Hutberg man schöne Mädchen sieht«.[19] Bei den oberen Behörden mit Entscheidungskompetenz und

14 So denunzierte beispielsweise Carl Ordnung den Theologie-Professor Heinrich Vogel, weil sich dieser in Prag bei einem Gespräch mit Josef Hromádka kritisch zur DDR-Kirchenpolitik geäußert hatte. Aktenvermerk von C. Ordnung v. 30.1.1961. BArch DY 30/IV 2/14/94; vgl. auch Aktenvermerk von C. Ordnung v. 18.2.1974. BArch DY 30/IV B 2/14/195; Bericht C. Ordnung v. 5.11.1975, BArch DO 4/4746; vgl. zu G. Wirth. Aktenvermerk, o. D., G. Wirth. BArch DY 30/IV B 2/14/195; vgl. zu Bassarak Unterlagen in: BArch DO 4/491; vgl. auch LArch Berlin C Rep. 101/04, Nr. 95, Bd. 1.

15 Monatsbericht RdK Löbau an RdB Drd. v. 25.9.1973, 25.7.1973 u. 28.12.1973. HStA Drd. 11430, Nr. 10926; Staatssekretär Girnus, Hochschulwesen, an P. Verner, ZK der SED v. 26.2.1958. BArch DY 30/IV 2/14/187; W. Caffier an Lewerenz v. 19.5.1981, RdB Drd., HStA Drd. 11430, Nr. 10948.

16 Vgl. etwa die Monatsberichte des RdK Löbau an RdB Drd., HStA Drd. 11430, Nr. 903, 10866, 6286, 10907-10909, 10926, 11091, 33094/1 etc.; Kreisarchiv Löbau-Zittau, RdK Löbau 224; vgl. dazu auch Theodor Gill: Ost-West-Erfahrungen (Maschinenschrift). Herrnhut 1994, S. 8; Auszug aus Bericht des RdK Löbau an RdB Drd. v. 25.1.1955. HStA Drd. 11430, Nr. 10803.
Als Objekt offizieller behördlicher Überwachung galten beispielsweise auch die Gottesdienste, von denen die Informationsberichte des Rates des Kreises oder des Rates des Bezirks regelmäßig berichteten. HStA Drd. 11430, Nr. 6280, 6283 u. 6286.

17 Unterlagen HStA Drd. 11430, Nr. 385, 10815 u. 10831.

18 Bezirksbehörde der Dt. Volkspolizei an RdB, Abteilung Inneres v. 24.2.56. HStA Drd. 11430, Nr. 6286; vgl. die Berichte in LArch Berlin C Rep 101/04, Nr. 66 u. 107, in BArch DO 1/183/2 u. in Thüringisches StA Rudolstadt, Volkspolizeikreisamt Lobenstein 50, BArch DO 4/83913 (1963); Kreisarchiv Löbau-Zittau, RdK Löbau 230.

19 Bericht BDVP Dresden, Operativstab v. 8.11.1954. HStA Drd. 11430, Nr. 385.

Einfluss fanden sich dann jene Stellen aus den Berichten wieder, die der Überwachung oder Erpressung dienlich sein konnten: Gesprächsnotizen, persönliche Informationen, Anschwärzungen durch die Kreisbehörde, Informationen über missliebige Schüler, Briefabschriften und immer wieder Daten über das Verhalten der Bürger bei Wahlen.[20]

Das Wissen um die Überwachung und um die allgegenwärtige Denunziationsmöglichkeit setzte den wichtigsten Disziplinierungsmechanismus in Gang: die Selbstzensur. Dazu gehörte, dass Bürger, aber auch Institutionen wie die Kirchen, die Behörden ohne Aufforderung und ohne rechtliche Verpflichtung über alle relevanten Vorkommnisse von sich aus informierten:[21] Besuche, Reisen, Anträge auf Einfuhr von Literatur, Personalfragen oder ein anstehendes Presseinterview.[22] Diese Selbstpreisgabe erschien als ein normaler, vernünftiger bürokratischer Akt. Die Bürger hofften, damit bereits im Vorfeld eventuell auftretende Probleme und Missverständnisse verhindern zu können. Zugleich demonstrierten sie mit dieser bürokratischen Überkorrektheit ihre Loyalität. Ein wichtiger Nebeneffekt des obrigkeitstreuen Verhaltens: Durch ihre Eigeninitiative verliehen die Menschen dem Überwachungsbedürfnis des Regimes Legitimität. Der vorauseilende Gehorsam war Öl im Getriebe des Überwachungsstaates. Die Bürgerinnen und Bürger trugen selbst zu ihrer umfassenden Observation bei.

2   Das Beispiel der Wahlen

Die besonders intensive Überwachung der Bevölkerung ist für eine Diktatur unverzichtbar. Aufgrund der prekären Legitimation müssen für den Machterhalt kritische Zeitgenossen möglichst früh erkannt und relegiert werden. Das zeigte sich gerade auch anhand der Wahlen, die einen besonders interessanten Fall im Berichtswesen bieten. Sozialistische Wahlen konnten nur mit einer strengen, sorgfältigen Überwachung funktionieren, um die hohen Zustimmungsraten einigermaßen erzwingen zu können. Die Wahlen dienten auch dazu, von jedem einen Unterwerfungsgestus einzufordern und damit zugleich

---

20 Z. B. Unterlagen in: HStA Drd. 11430, Nr. 6421, 10798, 10799, 10844, 10847, 10849 u. 10873.

21 Vgl. etwa Aktenvermerk für den Staatssekretär von H. Dohle v. 8.7.1981. BArch DO 4/4814.

22 Aktenvermerk für den Staatssekretär von Dr. Dohle, Leiter des Büros v. 8.7.1981. BArch DO 4/83717 (448).

die Abweichler dingfest zu machen.[23] Damit die Herrschenden erkennen konnten, wer sich unangepasst verhielt und wer nicht, wer abgestraft und wer belohnt werden musste, war eine zuverlässige Überwachung notwendig. Das hieß jedoch, dass die Wahlfreiheit und mit ihr das Wahlgeheimnis irgendwie umgangen und überwunden werden mussten. Denn interessanterweise hatten die staatssozialistischen Regime das westliche Wahlprozedere übernomen, das mit einem hochkomplexen Regularium darauf abzielte, die Wahlfreiheit zu gewährleisten: Von der Urne, der Abstimmung mit Stimmzetteln (statt der mündlichen Abstimmung), dem Bereitstellen eines offiziellen Wahlzettels und der Wahlkabine dienten die verschiedenen Komponenten dieser Wahlpraxis eigentlich dem Ziel, der Wählerin und dem Wähler frei von externen Einflüssen eine unabhängige – eben: freie – Stimmabgabe zu ermöglichen.[24]

Den Staatssozialisten gelang es, mit der Einführung der Einheitsliste – dem Stimmzettel, auf dem es nichts anzukreuzen gab und der dem Wähler daher keine Wahl mehr gab – das Wahlgeheimnis auszuhebeln. Da das Regime jedoch auf Nummer sicher gehen wollte, schaffte es auch die Pflicht zur Geheimhaltung ab. Den Wählern wurde nahegelegt, die bereitstehende Wahlkabine nicht aufzusuchen, sondern einfach den Stimmzettel in die Urne zu werfen, ohne irgendwelche Streichungen vorzunehmen. An dieses Prozedere hielt sich die überwältigende Mehrheit. Den Verfassern der Überwachungsberichte fiel damit die entscheidende Aufgabe zu, herauszufinden und zu protokollieren, wer aus der Reihe fiel. Als Überwachungsinstanz dienten hier nicht nur die Mitarbeiter des Ministeriums für Staatssicherheit, sondern eben auch die Verwaltungsbehörden auf kommunaler und Bezirksebene sowie die Parteiorganisationen und die Wahlkommissionen.[25] Sie waren am Wahltag aufgerufen, möglichst genaue Informationen an die jeweils nächst höhere Instanz weiterzuleiten. Die Führung der CDU forderte ihre Kreisorganisationen eigens dazu auf, ihr zu melden, welche Geistlichen und Kirchenräte gewählt und wie sie sich genau verhalten hatten.[26] Bereits in den frühen Morgenstunden liefen dann in Berlin erste Telegramme mit Wahlinformationen ein. Ein früher Wahlgang galt als Zeichen der Loyalität. Im Laufe des Tages wurden die Informationen stündlich auf den neuesten Stand gebracht und jeweils an die

23 Vgl. zu Wahlen in Diktaturen: Ralph Jessen, Hedwig Richter: Non-Competitive Elections in 20th century dictatorships: Some questions and general considerations. In: dies. (Hg.): Voting for Hitler and Stalin. Elections under 20th century dictatorships. Frankfurt/M. u. a. 2011, S. 9–36.

24 Hedwig Richter: Mass Obedience. Practices and functions of elections in the German Democratic Republic. In: Jessen; Richter (Hg.): Voting for Hitler and Stalin, S. 103–125.

25 Vgl. etwa Wahlberichte in: ACDP III-50-002/1 u. II-209-030/1; Unterlagen Thüringisches StA Rudolstadt, Bezirksleitung der SED Gera IV/A-2/14/696 u. IV 2/14/1195.

26 Dienstanweisung: »Bis 21 Uhr ist Folgendes zu melden« an Kreisvorstände, o. D. ACDP II-209, 044/10.

nächste Ebene weitergemeldet.[27] Dabei berichteten die Beobachter meist nicht
nur über Teilnahme oder Nichtteilnahme der Geistlichen, einer besonders
»bedenklichen« Gruppe, sondern auch über die genaue Verhaltensweise der
Überwachten: Benutzung der Wahlkabine, Bemerkungen auf dem Stimmzettel, Uhrzeit der Stimmabgabe. Selbst das Wahlverhalten der Familienmitglieder wurde in einigen Berichten vermerkt.[28]
     Im Nachhinein mussten die verschiedenen Instanzen der verschiedenen In-
stitutionen nochmals eine genaue Analyse mit exakten Statistiken für die
nächst höhere Ebene verfassen. Dazu gehörte die namentliche Nennung des
Delinquenten, der eine Wahl verweigert oder unerwünschtes Wahlverhalten
an den Tag gelegt hatte (Kabinenbenutzung, Streichungen auf dem Wahlzettel
u. Ä.). Auch die möglichen Motive für eine »Wahlverweigerung« konnten in
den Berichten aufgelistet sein. Zuletzt fassten Funktionäre die Informationen
nochmals auf allen Ebenen zusammen und werteten sie aus.[29]
     Die Wahlberichte zeigen, wie die diktatorische Überwachung als regelge-
rechter Verwaltungsakt praktiziert werden konnte und anders als bei der
Überwachung des Ministeriums für Staatssicherheit von der Mehrheit der
Bevölkerung nicht als illegitim empfunden wurde. Wenn die CDU ihre Mitglieder zur Wachsamkeit aufrief und um korrekte Berichterstattung bat, so
appellierte sie damit scheinbar an das Gewissen eines guten Staatsbürgers.
Wohl kaum einer wird die Wahlberichte der Kommunen, Kreise und Bezirke
als unrechtmäßig empfunden haben. Sie erschienen als ein normaler, geradezu
unverzichtbarer bürokratischer Akt.

---

27   Vgl. etwa Bericht Beteiligung der Pfarrer an den Wahlen, RdK Löbau an RdB Drd., Kollegen
Opitz sofort auf den Tisch v. 12.10.65, HStA Drd. 11430, Nr. 10849; SED-Informationsbericht
Kreis Löbau v. 18.10.1954, HStA Drd. 11864, Nr. IV/4/09.085; Protokoll Sitzung des RdS Herrnhut
v. 21.10.1954, Stadtarchiv Herrnhut, Ordner Stadtrat; Unterlagen Thüringisches StA Rudolstadt,
Bezirksleitung der SED Gera IV/A-2/14/696.
28   Vgl. etwa die Akten in BArch DY 30/ IV 2/14/16–17 u. 21; Unterlagen Kreisarchiv Löbau-
Zittau, RdK Löbau 230.
29   Vgl. etwa 1. Stellv. des Vorsitzenden, RdK Löbau, an 1. Stellv., Gen. Opitz, RdB Drd.
v. 12.10.1965. HStA Drd. 11430, Nr. 10849; RdK Löbau, Stellv. des Vorsitzenden für Innere Angelegenheiten an RdB Drd., Stellv. des Vorsitzenden für Innere Angelegenheiten v. 25.4.1966, Anhang
u. Akte Wahlbeteiligung evangelischer Pfarrer [für Volkswahlen 1958]. HStA Drd. 11430, Nr. 10809;
Unterlagen in: HStA Drd. 11430, Nr. 10701, HStA Drd. 11430, Nr. 10994; Unterlagen in HStA
Drd. 11430, Nr. 10847, 10849 u. 10994; SED-Unterlagen in HStA Drd. 11857, Nr. IV C-2/14/
675; Unterlagen in: BArch DY 30/IV 2/14/17; CDU-BV Magdeburg an Carl Ordnung v. 13.4.1959.
ACDP VII–013-0177.

3 Fazit

Die Rapport-Maschinerie funktionierte nur dank des Engagements von unten und der zunehmenden Gewöhnung der Bevölkerung an diktatorische Herrschaftspraxis. Dabei erwies sich die Verwaltung als besonders effizienter Legitimitätsbeschaffer. Denn die bürokratische Herrschaft wurde von vielen Bürgerinnen und Bürgern schlicht als legitim wahrgenommen. So empfand die Bevölkerung zahlreiche diktatorische, jedoch in bürokratische Formen gehüllte Herrschaftspraktiken seit den 1960er Jahren immer mehr als »normal«, die sie in den Anfangsjahren noch als Skandal gewertet hatte: Sie hielt es in ihrer Mehrheit nicht mehr für illegitim, wenn die Staatsfunktionäre zensierten, wenn sie Wohnungen verweigerten oder zuteilten, Reisen verboten, wenn sie die Möglichkeit zum Abitur oder Studienplätze nach politischer Gesinnung vergaben. Ebenso wirkte bei den Überwachungsberichten die legitimierende Kraft der Bürokratie.[30]

In der Aufarbeitungslandschaft und in der Erinnerungskultur hat diese Form der Herrschaft interessanterweise so gut wie keine Beachtung gefunden. Während ehemalige Stasi-Spitzel, auch wenn sie vielmals zugleich Opfer und Täter waren, einem scharfen Urteil und der öffentlichen Verachtung anheimfielen und in den ersten Jahren nach der Friedlichen Revolution oft ihre bürgerliche Existenz verloren, wurden die einstigen Informanten verräterischer Meldungen durch den behördlichen Apparat kaum zur Kenntnis genommen. Diese moralische Indifferenz verweist auf die Akzeptanz, auf die das Kommunikationsmittel der behördlichen Überwachungsberichte bei einer breiten Mehrheit stieß. Die Internalisierung der Macht, ihre Akzeptanz, ja die Mitwirkung des gemeinen Bürgers daran gehören zu den bemerkenswertesten Aspekten der DDR-Herrschaft und sind ein Teil der Erklärung dafür, warum der Arbeiter-und-Bauern-Staat 40 Jahre lang Bestand haben konnte. Das ganze System der Überwachung, Bespitzelung und Denunziation aber konnte nur so gut funktionieren, weil es eine gesamtgesellschaftliche Praxis war. Die Legitimationskraft dieser breiten Partizipationsbasis wirkt bis heute fort.

---

30 Vgl. dazu Hedwig Richter: Rechtsunsicherheit als Prinzip. Die Herrnhuter Brüdergemeine und wie der SED-Staat seine Untertanen in Schach hielt. In: Susanne Muhle u. a. (Hg.): Die DDR im Blick. Ein zeithistorisches Lesebuch. Berlin 2008, S. 77–85.

Christian Halbrock

Denunziation, Meldetätigkeit und Informationserhebung im Kapillarsystem der SED-Diktatur

Die meisten Meldungen und Anzeigen, die die Stasi gewöhnlich erreichten, trugen eindeutig denunziatorischen Charakter. Sie dienten dazu, Nachbarn, Arbeitskollegen, Bekannte oder Verwandte zu belasten. Die Meldungen bezogen sich auf Norm-, Regel- und Gesetzesverstöße im politischen Bereich und setzten die so Denunzierten Repressionen bis hin zur Strafverfolgung aus. Doch nicht immer handelte es sich eindeutig um politische Delikte. Auch ein unpolitischer Gesetzesverstoß konnte den Strafverfolgungsbehörden als Vorwand dienen, um gegen Andersdenkende vorzugehen.

Drei Fragen drängen sich auf, wenn die Informationsweitergabe nicht nur rein summarisch erfasst werden soll: Der Begriff Denunziation ist eine Negativumschreibung. Die abwertend so bezeichnete Handlung war im Grunde eine Informationsweitergabe, die nicht selten eingefordert wurde oder zumindest erwünscht war. Bei einigen Gesetzesverstößen im politischen Bereich wurde allein schon die Nichtanzeige geahndet; wer der Mitwisserschaft überführt wurde, musste gegebenenfalls mit einer Haftstrafe rechnen. Die Angst, die sich aus der Androhung ergab, hinterließ vielerorts ihre Wirkung. Dies heißt nicht, dass jeder, der vorab von einer politischen Gesetzesverletzung Kenntnis erhielt, diese auch anzeigte. Daraus resultiert die erste Frage: Unter welchen Gesichtspunkten erfolgte die Entscheidung, etwas den Behörden anzuzeigen oder eine Information nicht weiterzugeben, und auf welches Wertesystem bezogen sich die, die hier Meldung erstatteten bzw. die Anzeige unterließen? Und – so die zweite Frage – wurden die, die als Spitzel oder Denunzianten die Stasi informierten, von ihrer Umwelt gemieden oder mit der Verwerflichkeit ihres Handelns konfrontiert – und wenn ja, in welcher Form? Die dritte Frage zielt auf die Mechanismen der Stigmatisierung und Ausgrenzung in der Diktatur (die Denunziation war das Mittel, das diesem Zweck diente). Stigmatisierung und Ausgrenzung konnten für sich nur erfolgreich sein, wenn dies öffentlich geschah. Welche Faktoren wirkten dabei aufeinander ein, bremsten oder beflügelten den Eifer derer, die sich an der Verfolgung Andersdenkender beteiligten? Vertreten wird hier die These, dass sich die Namhaftmachung politischer Andersdenkender in der Frühphase sowohl der NS- als auch der SED-Diktatur gewollt auch im öffentlichen Raum vollzog. Dass die Diktaturen schrittweise

von dieser Praxis abrückten, ergab sich aus Gründen, die im Rahmen dieses
Beitrages nur angedeutet werden können.

1   Moral und historische Einordnung

Bei der Informationsweitergabe an staatliche Stellen, auch in der Diktatur,
kamen verschiedene Faktoren zum Tragen. So ist jedes funktionierende Ge-
meinwesen notgedrungen auf die aktive Mithilfe der Bevölkerung angewiesen.
Nur so kann ein Staatswesen seinen Verpflichtungen nachkommen und den
Grundsatz, dass die Gesetze für alle gelten, garantieren. Dies kam den diktatorischen Systemen zugute. Auch hier gab es Bereiche, in denen die Informationsweitergabe berechtigt war. Schließlich hatten undemokratische Regime
ebenfalls gesellschaftliche Funktionen zu erfüllen und zeichneten verantwortlich für den inneren Frieden im Land. Hierzu zählten schwere Kapital- und
Gewaltverbrechen, bei denen die Stasi häufig ermittelte. Wesentlich komplizierter sah es in einer Reihe anderer Fälle aus. So bei den sich in der DDR ab
den achtziger Jahren häufenden Krawallen von Fußballfans. Anfang 1989
vereinbarte der Fußballverband der DDR mit der Freien Deutschen Jugend,
dass »die Fußballclubs, Oberliga- und Ligagemeinschaften … der FDJ …
namentlich [die] … Störer« melden, die in den Stadien rebellierten.[1] Die Stasi
saß quasi mit am Tisch und wertete die Informationen aus.[2] Das Anliegen
schien auf den ersten Blick legitim. Musste nicht auch in der DDR, um die
Sicherheit der anderen Stadienbesucher zu gewährleisten, etwas gegen randalie-
rende Fußballfans unternommen werden? Doch der Stasi ging es um weit
mehr: Bereits in einer Dienstanweisung vom März 1983 wurde konkret festge-
legt, dass alle Personen zu identifizieren sind, »die in Sprechchören, Liedern
und auf Spruchbändern verleumderische bzw. provokatorische Texte zum
Ausdruck bringen bzw. als Wort- oder Rädelsführer negativer Elemente auftreten«. Was war damit konkret gemeint? Sollte nur unsportliches Verhalten
geahndet werden oder rief die Dienstanweisung zum Vorgehen gegen all jene
auf, die sich politisch »negativ« betätigten, unter anderem weil sie sich als
Anhänger bundesdeutscher Fußballclubs zu erkennen gaben? Dass die Stasi
und die Volkspolizei die verschiedenen Ebenen, die Verfolgung politisch ab-
weichenden Verhaltens und die Ahndung krimineller Delikte, miteinander

---

1   Vereinbarung über gemeinsame Maßnahmen des Zentralrates der FDJ und des DFV der
DDR zur Arbeit mit den Fußballfanclubs, o. O., o. D. BStU, MfS, BV Rostock, Abt. XX, Nr. 296,
Bl. 84–100.
2   MfS, HA XX, Schreiben an die BV Rostock, Abt. XX, Berlin v. 3.2.1989. BStU, MfS,
BV Rostock, Abt. XX, Nr. 296, Bl. 101 f.

vermengten, hatte System: sie legitimierten das Vorgehen bei politischen Verstößen, rückten den politischen Protest zugleich in die Nähe krimineller Delikte und diffamierten ihn. Auf diese Weise konnte auch die Hemmschwelle gesenkt werden, den Protest zur Anzeige zu bringen. In Rostock ermunterte nicht nur die Vereinsführung des FC Hansa die regulären Ordner, ihr alle Störer zu nennen. Wer einen Namen weitergab, musste davon ausgehen, dass die Volkspolizei und eventuell auch die Stasi hiervon Kenntnis erhielten. Auch die Stasi hielt ihre Zuträger und Spitzel, »die Fußballanhänger sind und Heim- und Auswärtsspiele des FC Hansa besuchen«, dazu an, alles, was sie in Erfahrung bringen konnten, zu melden. Ferner sollten die »Familienmitglieder der Angehörigen des MfS«, sofern sie zum Fußball gingen, sich als pflichtbewusste Stadionbesucher erweisen. Als Abgabeort für die »während der Spiele« anfallenden »Informationen und Hinweise« (Namen, Vorkommnisse, Sprüche und Plakate) benannte die Dienstanweisung den »Führungspunkt (Tribüne Ostsee-Stadion)«, von wo dies »unverzüglich dem Leiter der KD [Kreisdienststelle] Rostock« zu übermitteln war.[3] Ungeklärt ist, ob es bei der Informationserhebung eine Unterscheidung zwischen den rein disziplinarischen und den politischen Verstößen im Stadion gab. Denen, die die Informationen weitergaben, war dies, sofern sie Familienmitglieder von MfS-Angestellten waren, wohl auch egal. Beides war in der DDR zu ahnden. Wie andere, die sich über Fußballfans beschwerten, hierüber dachten, lässt sich nur vermuten.

Die Informationsweitergabe an die Staatssicherheit fußte häufig auf einer simplen Logik: Sollte man, lautete die Frage, das Problem der unfähigen Kommunalverwaltung oder der Volkspolizei vor Ort überlassen? Die Stasi hingegen hielten viele für einflussreich und sahen in ihr, ob nun zu Recht oder nicht, einen »Staat im Staate«, der effizient arbeitete und dessen Strukturen funktionierten. Gefährlich, und dies ließ sich bei einer Meldung an die Stasi kaum umgehen, wurde es an dem Punkt, an dem Namen genannt wurden. Jede personenbezogene Information, die einmal in die Hände der Stasi gelangte, konnte von der Geheimpolizei auf ihren denunziatorischen Gehalt hin ausgeschlachtet und irgendwann zum Nachteil des so Benannten verwandt werden. Entscheidend war somit nicht nur das, um was es ging, sondern mit wem man sich dabei einließ, selbst wenn man nichts Belastendes über einen Mitmenschen weiterzuerzählen glaubte. Wer der Administration, unabhängig, ob es sich um Parteiinstrukteure, die Volkspolizei oder die Geheimpolizei handelte, Auskunft über einen Mitmenschen gab, für den sich diese aus politischen Gründen interessierte, hatte bereits eine Grenze überschritten: Er betei-

---

3 MfS, Bezirksverwaltung Rostock, der Leiter, Dienstanweisung an alle Diensteinheiten, Politisch-operative Sicherung der Fußball-Oberligaspiele, Rostock v. 17.3.1983. BStU, MfS, BV Rostock, Abt. XX, Nr. 296, Bl. 116.

ligte sich an einem Handeln, das einen Mitmenschen zum Objekt der Nach-
forschung, Überprüfung oder Verdächtigung werden ließ und vom denunziatorischen Eifer derer getragen war, die vorbeugend überall nach Verdächtigem
und nicht Statthaftem suchten.

2   »Was heißt hier Denunziation?«

Darüber, was eine Denunziation ist, ist in der Vergangenheit lebhaft diskutiert
worden. Häufig wird auf den Unterschied zur dienstlichen Anzeige verwiesen.
Aber selbst zur Beschreibung dessen, was die Denunziation vom obligatori-
schen Meldevorgang unterscheidet, sind verschiedene Kriterien angeführt
worden. Häufig spricht man dann von einer Denunziation, wenn sie aus eigennützigen Motiven von einer Privatperson erfolgte. Ebenso wird das Kriteri-
um der Freiwilligkeit genannt.[4] All jene, zu deren dienstlichen Aufgaben es
gehörte, Meldungen entgegenzunehmen und weiterzuleiten sowie Meldung
bei Normverstößen zu erstatten, werden demnach nicht zu den Denunzianten
gerechnet. Andere wieder verweisen darauf, dass nicht die Position der mel-
denden Person darüber entscheiden sollte, was eine dienstliche Meldung bzw.
eine Denunziation sei. Sie plädieren dafür, dies vom Inhalt der Meldung abhängig zu machen und zu fragen, ob sie im dienstlichen Auftrag erfolgte. Meldete jemand etwas weiter, was er von Dienst wegen weiterzumelden hatte, oder
enthielt seine Meldung Dinge, die darüber hinaus gingen und etwa den privaten Bereich betrafen?
    Aber war nicht jeder Leiter, selbst jeder untere Polit-Funktionär dazu ange-
halten, politisch Auffälliges wie Verdächtiges, auch wenn es den außerdienstli-
chen Bereich betraf, vertrauensvoll den »Organen« zur Kenntnis zu bringen?
Und war die Bereitschaft, dies zu tun, nicht ein integraler Bestandteil – eine
Conditio sine qua non – unter der jemand in der DDR eine entsprechende
Funktion bekleiden konnte? Überdies galt dies nicht nur für die Funktionsträger im Land: Jedermann war gesetzlich dazu angehalten, bestimmte Verstöße

---

4   Vgl. hierzu u. a.: Inge Marßolek: »Das Denunzieren als eine üble Zeiterscheinung muß nachträglich bekämpft werden«. Denunziation in Deutschland 1933 bis 1949. In: Potsdamer Bulletin für
Zeithistorische Studien (2002) 25, S. 17–34, hier 21; Ralph Ettrich: Der »Inoffizielle Mitarbeiter« als
gezielter Denunziant innerhalb des Systems der Staatssicherheit. Norderstedt 2002, S. 18–20; Gisela
Diewald-Kerkmann: Politische Denunziation im NS-Regime oder Die kleine Macht der »Volksgenossen«. Bonn 1995, S. 7–27; dies.: Politische Denunziation – eine »weibliche Domäne«? Der Anteil von
Männern und Frauen unter Denunzianten und ihren Opfern. In: Zeitschrift für Sozialgeschichte des
20. und 21. Jahrhunderts 11 (1996) 2, S. 11–35, hier 11 f.; Michael P. Hensle: Denunziantentum
und Diktatur. Denunziation als Mittel der Machtausübung und Konfliktaustragung im nationalsozialistischen Deutschland. In: Zeitschrift für Geschichtswissenschaften 51 (2003) 2, S. 144–161,
hier 144 f.

den staatlichen »Organen« mitzuteilen oder gegebenenfalls sogar einzugreifen. Er wurde im Ernstfall per Gesetz zum Vertreter der staatlichen Macht und konnte sich einer entsprechenden Absicherung gewiss sein. Wer einen Verstoß zur Anzeige brachte, über ein Vorkommnis berichtete oder einen Verdacht äußerte, war demnach kein Denunziant mehr, sondern handelte auf der Grundlage einer gesetzlichen Beauftragung. Er bewährte sich als »allseits entwickelte Persönlichkeit« in der »entwickelten sozialistischen Gesellschaft«.

Als Problem der Begriffsbestimmung erweist sich so die vom Einparteienstaat forcierte Aufhebung der Differenzierung zwischen den einzelnen gesellschaftlichen Bereichen, die die Trennung zwischen dem Politischen, allgemein Gesellschaftlichen und Privaten negiert. Sie erschwert es, die »legitime« Anzeigeerstattung und Meldetätigkeit ohne Weiteres vom Begriff der Denunziation abzugrenzen.

Auch bei der Frage, warum Menschen Meldung erstatteten, wird dies mit zu berücksichtigen sein. So, wenn sie glaubten, dass sie sich, wenn sie nichts unternahmen, strafbar machen würden. Eine solche Pflicht zur Mitwirkung enthielt bereits die vom Minister für Staatssicherheit, Wilhelm Zaisser, 1952 erlassene *Polizeiverordnung zum Schutz der Demarkationslinie zwischen der Deutschen Demokratischen Republik und Westdeutschland:* In Paragraf neun heißt es hier, »die Bevölkerung ist verpflichtet, alle Personen, die sich widerrechtlich in dem 500 m Schutzstreifen aufhalten, sofort der Deutschen Grenzpolizei zu melden.«[5] Strafbar machte sich in der DDR ebenso jeder, der von einer Fluchtabsicht etwas erfuhr und die Behörden nicht umgehend informierte. Immer wieder führte dies, nach einem entsprechenden Fluchtversuch, aufgrund der unterlassenen Meldung zu Vernehmungen, Inhaftierungen und Verurteilungen.[6]

Einen anderen Zugang zu dem, was als Denunziation in der Diktatur bezeichnet werden kann, fand man in der frühen Bundesrepublik. Dabei mochten die aktuelle Ost-West-Auseinandersetzung und die alltäglichen Meldungen über die Repressionen der sowjetischen und ostdeutschen Stellen eine wichtige Rolle gespielt haben. Verbunden war dies mit der Erkenntnis, dass man es in Deutschland nach der NS-Herrschaft mit einer weiteren Diktatur zu tun hatte. Hinzu kam nicht nur die Erfahrung vom Versagen der bürgerlichen Rechtsprechung und ihrer Instrumentalisierung im NS-Staat. Als ein Markstein in diesem Erkenntnisprozess ist das 1954 von Annedore Leber herausgegebene

---

5   Polizeiverordnung zum Schutz der Demarkationslinie zwischen der Deutschen Demokratischen Republik und Westdeutschland, vorliegendes (Original-)Dokument enthält kein Datum der Ausstellung, trat aber am 27.5.1952 in Kraft. BStU, MfS, BdL-Dok. Nr. 5120, Bl. 1–9, hier 6.

6   Vgl. u. a. Wolfgang Sciesinski: Zeuge des Glaubens. 37 Jahre in der DDR-Diktatur. Leipzig 2012, S. 46 f.

Buch »Das Gewissen steht auf. 64 Lebensbilder aus dem deutschen Widerstand 1933–1945«[7] zu nennen. Der hier als Vermächtnis formulierte Anspruch
fand auch schon zuvor eine entsprechende Würdigung. Sie richtete sich nicht
zuletzt auch an jene, die in der zweiten deutschen Diktatur ihre »staatsbürgerliche Pflicht« zur Denunziation nicht »erfüllen« wollten, ihren Nachbarn nicht
anzeigten und ihrem Gewissen folgten. Bezeichnenderweise erfuhr nun jener
Paragraf des Deutschen Strafgesetzbuch von 1871, der den bestrafte, der »einen Anderen mit der Begehung eines Verbrechens bedroht«[8], in der jungen
Bundesrepublik eine Ergänzung. Bereits 1951 stellte der neu in das StGB
eingefügte Zusatz »die politische Verdächtigung, die den Denunzierten der
Gefahr aussetzt, aus politischen Gründen im Widerspruch zu rechtsstaatlichen
Grundsätzen bestraft oder sonst geschädigt zu werden«, unter Strafe. Enthalten
war hier, über die Novellierung hinaus, ein umfassendes Konzept. Da die
Bundesrepublik den Anspruch erhob, für die Interessen aller Deutschen da zu
sein, richtete sich § 241 (a) auch an die Bewohner Ostdeutschlands. Er forderte, dass sich jeder, der in Ostdeutschland eine Anzeige einreichte oder einen
Verdacht aussprach, die Frage stellen sollte, ob der, den er so belastete, in der
Folge nicht mit einer rechtsstaatswidrigen Verfolgung zu rechnen habe. Nach
§ 241 (a) galt dies allumfassend: Eine Berücksichtigung aus der Position heraus, in der die Meldung erfolgte, kennt der Paragraf nicht. Annedore Leber
lieferte für diese Sicht auf die Dinge die ideengeschichtliche Erklärung: »Vielleicht werden wir richtig – vielleicht aber falsch reagieren«, schrieb sie in ihrem
Vorwort zu »Das Gewissen steht auf«. Weiter fuhr sie fort, »das Wesentliche«
sei, dass »wir uns immer wieder bewußt machen, wie die rechte Entscheidung
und danach auch die unsere sein sollte«, und erhob eine weitreichende Forde-
rung. Der Einzelne solle, »wenn es not tut, aus der Reihe« treten, »um für das
Recht, das Leben und die Seele seines Mitmenschen einzustehen«.[9]

Doch mutet dies nicht illusorisch an? Zwar hatte man sich diese Bewertungsmaßstäbe in der jungen Bundesrepublik und selbst hier noch unter Mü-
hen erarbeitet. Bezogen auf die Verhältnisse in der DDR mochte dies konsequent gedacht sein. Der Umgang bundesdeutscher Gerichte mit den Anklagen
gegen NS-Täter und die Gerichtsverfahren belegten jedoch, dass sich eine
universelle Sicht nur schwer durchsetzen ließ.[10] Die Gerichte hatten dabei
häufig durchaus plausible Gründe, so, wie sie es taten, zu verfahren: Schließlich hütete sich die bundesdeutsche Justiz zu Recht davor, nach »sowjetischem

---

7   Annedore Leber: Das Gewissen steht auf. 64 Lebensbilder aus dem deutschen Widerstand
1933–1945. Frankfurt/M. u. a. 1954.

8   Strafgesetzbuch für das Deutsche Reich. Textausgabe mit kurzen Anmerkungen und Sachre-
gister. Hg. v. Karl Pannier. 7. Aufl., Leipzig 1986, S. 68, § 241.

9   Leber: Das Gewissen steht auf, S. 6.

10   Der Bundesminister der Justiz (Hg.): Im Namen des Deutschen Volkes. Justiz und Nationalsozialismus. Katalog zur Ausstellung des Bundesministers der Justiz. Köln 1989, S. 396–446.

Standrecht«, das die Anwesenheit an einem Ort bereits mit der Tat gleichsetzte, vorzugehen. Nicht wenige Politiker rückten jedoch durch ihre indifferente Sicht auf die NS-Zeit und die Verteidigung von »Pflichterfüllung« und »Befehlsnotstand« die Akribie der Gerichte in ein weniger günstiges Licht. Die Diskussion jener Jahre und das zögerliche Agieren von Richtern und Staatsanwälten hinterließen einen fatalen Eindruck. Manch ein Gericht in der Bundesrepublik geriet nicht unverschuldet in den Verdacht, aus Nachsicht, »Korpsgeist« und unter dem Eindruck der Ost–West-Konfrontation, dem, der in der NS-Zeit seine Pflicht geflissentlich erfüllt hatte, dies nicht vorwerfen zu wollen. Den Menschen der Nachkriegsära mochten daher die Bewertungsmaßstäbe, die Annedore Leber in ihrem Vorwort und der § 241 (a) formulierten, womöglich unverständlich bis fremd vorgekommen sein.

Konnte so der von Annedore Leber formulierte Grundsatz über die Bundesrepublik hinaus ausstrahlen? Zunächst lassen sich berechtigte Zweifel an dem in der Bundesrepublik formulierten Kodex hinsichtlich seiner Wirksamkeit bezogen auf die DDR anmelden. So muss man davon ausgehen, dass ein Großteil der DDR-Bewohner den bundesdeutschen § 241 (a) in seiner aktuellen Fassung von 1951 nicht einmal kannte. Allgemein bekannt war hingegen, dass die Bundesrepublik in der Zentralen Erfassungsstelle der Landesjustizverwaltungen in Salzgitter Gesetzesverstöße der DDR-Behörden und Regierungsstellen protokollierte; § 241 (a) bot dabei die Chance, jene zu belangen oder ihnen den privilegierten Flüchtlingsstatus vorzuenthalten, die sich in der DDR an der Verfolgung von Regimegegnern beteiligt hatten, sofern sie später in den Westen kamen. Zum anderen gab es bei der Ausformulierung dessen, was als Moral anzusehen ist, zu allen Zeiten unterschiedliche Bezugssysteme. Dies war auch in der DDR nicht anders. Für den, der in der Vorstellungswelt der SED lebte oder auch nur ordnungsstaatlich dachte und die DDR als Staat akzeptierte, war die Abgabe einer Meldung höchstwahrscheinlich keine Denunziation: Denunziation und das, was heute als Denunziation bezeichnet wird, war für den, der dies tat, eventuell nur eine Pflichterfüllung. Die Bewertung blieb abhängig vom jeweils vermittelten normativen Wertesystem. Die SED bediente sich gezielt der Propaganda und inszenierte die Empörung als Mittel, um die Meldebereitschaft in der Bevölkerung zu erhöhen. Die Formel von der »revolutionären Wachsamkeit« diente nicht nur dazu, die Aufmerksamkeit und Meldebereitschaft zu stimulieren. In der Presse, auf Wandzeitungen und in Politschulungen ereiferte man sich über jene, die das Gesellschaftsmodell und damit den Menschheitstraum von einer »gerechten Welt« gefährdeten und somit zu »Verbrechern« an der Prophezeiung wurden.

Andererseits ließe sich als Entgegnung der kategorische Imperativ der inneren Vernunft von Immanuel Kant anführen. Die Weitermeldung eines Nachbarn oder Arbeitskollegen war, wenn ihm ungerechtfertigte wie unverhältnismäßige Repressionen oder auch nur Nachteile drohten, kaum mit der inneren

Vernunft in Einklang zu bringen. Dem konnten sich auch die, die andere denunzierten, nicht vollständig entziehen. Die Informationsweitergabe ging stets einher mit der Rechtfertigung des eigenen Tuns, die dem schlechten Gewissen entgegenwirken sollte. Nach der verqueren Logik derer, die im Sinne der staatlichen Ordnung handelten, traf den Denunzierten selbst die Schuld, dass er denunziert worden war. Die Diffamierung, Vorverurteilung, Ausgrenzung des Denunzierten und die normative Sanktionierung seines Verhaltens waren ebenso wie Neid, Kränkung, Eitelkeit und Pflichtgefühl konstitutive Voraussetzungen für die Denunziation. Ins Feld führen ließe sich demgegenüber das Argument, dass wohl die Mehrheit der DDR-Bevölkerung dem SED-Regime distanziert bis ablehnend gegenüberstand und um dessen Unrechtscharakter wusste. Wer in einer politischen Angelegenheit Meldung erstattete, konnte zumindest ahnen, was dem, den er belastete, widerfuhr. Ihm dürfte auch nicht entgangen sein, wie ein Teil seiner Mitmenschen über ihn, wenn sie davon erfuhren, dachte und es im Unterschied zu ihm genügend Menschen gab, die nicht bereit waren, eine entsprechende Meldung abzugeben.

Nicht selten stießen jene, von denen man zu wissen glaubte, dass sie belastende Informationen über andere weitergegeben hatten, bei ihren Mitmenschen auf offene Ablehnung. Nicht wenige ließen die Zuträger ihre Verachtung spüren, gingen zu ihnen auf Distanz und konfrontierten sie mit der Verwerflichkeit ihres Handelns. Dass es zu solchen Reaktionen immer wieder kam, lässt sich nicht nur den Akten der Staatssicherheit entnehmen. Übermittelt sind zum Beispiel zwei solcher Vorfälle, die sich auf Rügen zutrugen. Im Mai 1981 wurde in einem Ferienheim ein Solidarność-Anstecker beschlagnahmt. Die mit der Sache befasste Volkspolizei berichtete der Staatssicherheit, dass sich die Angestellten gegenseitig verdächtigen würden, für die Denunziation verantwortlich zu sein: »Da die W.«, hieß es, »annahm, daß der Heimleiter [...] sie beim ABV ›angeschissen‹ habe«, stellten sie diesen zur Rede. Dieser erklärte ihr, nichts damit zu tun zu haben. Er verdächtigte hingegen den Koch, der sich mit dem ABV häufig zum Kartenspielen traf; auch der Heimleiter hielt den Denunzianten für einen üblen Anschwärzer.[11] Im Juni 1981 gerieten zwei SED-Parteileitungsmitglieder in einer Jungrinderaufzuchtanlage in Klein-Kubitz aneinander. Zuvor hatte ein Arbeiter die Losung »Wir streiken für höhere Löhne« auf ein Brett geschrieben.[12] Vom Direktor wurde daraufhin die Volkspolizei informiert und hinzugezogen. In der anschließenden »außerplanmäßigen Parteileitungssitzung« kam es dann zur offenen Konfrontation.

11 VPKA Rügen, Kriminalpolizei, Information, betr.: Tragen von »Solidarnosc«-Abzeichen aus der VRP, Bergen, v. 13.5.1981. BStU, MfS, BV Rostock, AKG, Nr. 559, Bl. 99 f.

12 MfS, BV Rostock, KD Rügen, betr.: die Reaktion der Beschäftigten des VEG Ummanz, insbesondere der Kollegen der JAA (Jungrinderaufzuchtanlage) Klein-Kubitz, in Auswertung des Vorkommnisses v. 25.06.1981 (Beschmieren einer Bohle mit dem Inhalt ›Wir streiken für höhere Löhne‹), Bergen, v. 03.07.1981. BStU, MfS, BV Rostock, AKG, Nr. 559, Bl. 76 f.

Das »Parteileitungsmitglied Gen. [Genosse]« B. verwahrte sich entschieden »gegen die Art und Weise der Anzeige [...] durch den Gen. Dr. [...] beim VPKA Rügen.« Laut B. sei »die Anzeige [...] [eine] ›gottlose Schweinerei‹«. Auch auf der Belegschaftsversammlung rumorte es unüberhörbar. Eine Frau erklärte, dass sie es angesichts der Anzeige, die sie als »ungerechtfertigte Anschuldigung« betitelte, fortan ablehne, an »jeglicher gesellschaftlicher Tätigkeit [...] teilzunehmen«. Im Betrieb erzählte sie jedem, warum sie nicht mehr mitmachen wolle. Andere Beschäftigte schlossen sich dem an: Hinter »vorgehaltener Hand« wurde »Gen. Dr. [...] als ›Anscheißer‹ betitelt«. Die Staatssicherheit sorgte sich ernsthaft um »die sicherheitspolitische Wachsamkeit [...] [der] Beschäftigten« und stellte Überlegungen an, wie diese wieder zu »erhöhen«, sprich wiederherzustellen sei.[13]

Auch denen, von denen man anzunehmen meinte, dass sie für die Stasi arbeiten, standen die Menschen in der DDR alles andere als wohlwollend gegenüber: Aufschluss hierüber gibt ein Gespräch, zu dem sich die Rechtsanwälte Gregor Gysi und Lothar de Maizière mit einem Leutnant der Berliner Stasi-Bezirksverwaltung am 12. Oktober 1989 trafen.[14] De Maizière wies den Leutnant darauf hin, dass einer seiner Mandanten von »zivilen Einsatzkräften zusammengeschlagen und mißhandelt worden« sei. Die Nachricht von dem Vorfall habe, so de Maizière weiter, unterschiedliche Reaktionen hervorgerufen: Sein Mandant »gelte in Kirchenkreisen als staatsloyal und werde deshalb angefeindet. Er stehe im Ruf für das MfS zu arbeiten.«[15] Während manch einer angesichts der Gewalt sein Erschrecken zum Ausdruck brachte, meinten andere hinter vorgehaltener Hand, der Vorfall sei zwar zu verurteilen, doch hätte es diesmal nicht den Falschen getroffen.

Deutlich zeigte sich hier, dass sich die IM-Tätigkeit in einem größeren Kontext vollzog und kaum isoliert zu betrachten war. Bei dem von der Polizeiaktion in Mitleidenschaft gezogenen Mandanten, gemeint war der Berliner Professor Heinrich Fink, schien es beinahe schon nebensächlich zu sein, in welcher Form er seine Loyalität gegenüber dem Regime bekundete und mit diesem kooperierte. Tatsächlich wurde er nach 1989 als IM »Heiner« enttarnt und aus der Universität entlassen.[16] Auf unzähligen Veranstaltungen trat er in

---

13 Ebenda.
14 Die beiden Rechtanwälte hatten Leutnant Berger um das Gespräch gebeten. Lothar de Maizière vertrat die Interessen von zwei Mandanten, die Strafanzeige gegen Unbekannt erstattet hatten, weil sie von DDR-»Sicherheitskräften« misshandelt worden waren. Gregor Gysi begleitet ihn bei dem Gespräch. MfS, BV Berlin, Abteilung XX/1. Information zu Stimmungen und Meinungen im RA-Kollegium Berlin zu den Ereignissen am 7./8.10.89 sowie zur Erklärung des Politbüros, Berlin v. 12.10.1989. BStU, MfS, BV Berlin, Abt. XX, Nr. 2471, Bl. 1 f.
15 Ebenda, Bl. 2.
16 Landesarbeitsgericht Berlin. Urteil in der Angelegenheit 12 Sa 32/92. Revision des Prof. Dr. sc. theol. Heinrich Fink, Berlin v. 16.12.1992, S. 1–46. Inge Günther: Arbeitsgericht bestätigt die fristlose Kündigung Heinrich Finks. Wissentliche Mitarbeit bei der Stasi erwiesen genannt. Ex-Rektor

den Jahren zuvor als pflichtergebener Verteidiger der SED und der DDR in Erscheinung und wirkte als Fürsprecher des Regimes in zahlreichen Gremien im In- wie im Ausland mit. Er verwahrte sich gegen jede Kritik an den Verhältnissen in der DDR und versuchte diese durch sein Bekenntnis zum sozialistischen Staat zu entkräften. Emsig und selbstbewusst stellte er sich andererseits auf eine Stufe mit jenen, die als »progressive Kräfte« in der Bundesrepublik gegen die militärische Aufrüstung, die Arbeitslosigkeit und anderes protestierten, um sich gleichzeitig gegen jene zu wenden, die in der DDR Defizite benannten. In den akademischen Kreisen, in denen er sich bewegte, beteiligte er sich an der Ausgrenzung unliebsamer Regimekritiker und schuf somit die Voraussetzungen, um gegen jene geräuschloser vorgehen zu können. In den kirchlichen Gremien, denen er als Theologieprofessor angehörte, sorgte er sich darum, dass der Protest der Kirche bei Verhaftungen von Regimekritikern weniger deutlich ausfiel. Man wusste auch so, mit wem man es in diesem Fall zu tun hatte. Dass er sich dazu verleiten ließ, zusätzlich als IM »Heiner« dem MfS über Kollegen und Andersdenkende zu berichten, zeugte eher vom schlechten Stil des Universitätsprofessors.

## 3	Die Frage nach den Motiven

Der Begriff der Denunziation wird hier als Arbeitsbegriff verwandt. Er ist, wie es Karl Marx in seiner Einleitung zur Politischen Ökonomie am Beispiel des Begriffes der Produktion umschrieb, eine »verständige Abstraktion«[17], ein Hilfsbegriff. Die »verständige Abstraktion« verfolgt den Zweck, einen Begriff zu verwenden, der den an der Diskussion Beteiligten hinlänglich geläufig ist und die Assoziation ermöglicht, was gemeint sei. Dies unabhängig von den Schwierigkeiten, die der Begriff aufwirft. [18]

Immer wieder ist im Zusammenhang mit der Denunziation und der Informationsweitergabe die Frage nach den Motiven gestellt worden. Die Erklärungen

der Humboldt-Universität verliert Prozeß in letzter Instanz. In: Frankfurter Rundschau v. 17.12.1992, S. 1.

17   Karl Marx, Friedrich Engels: Werke. Bd. 13, 7. Aufl. 1971, unveränderter Nachdruck der 1. Aufl. 1961, Berlin (Ost), S. 615–620.

18   Ebenso ließe sich auch der Begriff der Produktion oder der der Kirche infrage stellen. Ersterer, weil er im ökonomischen Sinne in jeder Epoche etwas anderes und letzterer, weil er im theologischen Sinne etwas wesentlich Vielschichtigeres, als es der Begriff nahelegt, umfasst. Karl Marx schrieb zum Begriff der Produktion: Die *Produktion im allgemeinen* ist eine Abstraktion, aber eine verständige Abstraktion, sofern sie wirklich das Gemeinsame hervorhebt, fixiert und uns daher die Wiederholung erspart. Indes dies *Allgemeine*, oder das durch Vergleichung herausgesonderte Gemeinsame, ist selbst ein vielfach Gegliedertes, in verschiedene Bestimmungen Auseinanderfahrendes.

reichen vom »Judaslohn«, den dreißig Silberlingen, über das Motiv der persönlichen Bereicherung, die Wichtigtuerei, Neid und Missgunst, die Pflichtbeflissenheit, die Erpressung bis hin zur politischen Überzeugung. Doch ist die Antwort häufig komplizierter, als es die einzelnen Erklärungen vorzugeben behaupten. Die von der Stasi in den Akten der inoffiziellen Mitarbeiter gelieferten Gründe spiegeln zuallererst nur die Erklärungs- und Rechtfertigungsmuster der Geheimpolizei wider und sind in sich – auch wenn sie Anhaltspunkte geben – zu hinterfragen. Hinzu kommt jene Terminologie, die die Akten durchzieht und die es zu dechiffrieren gilt. Die »Bereitschaft zur Zusammenarbeit auf der Grundlage der Wiedergutmachung« kann dabei sowohl den Tatbestand der blanken Erpressung euphemistisch umschreiben wie ebenso meinen, dass der Betreffende darauf spekulierte, straffrei auszugehen oder auf einen Strafnachlass hoffte. Häufig wurde Untersuchungshäftlingen, deren Haftbefehl aus Mangel an Beweisen nicht länger aufrechterhalten werden konnte, suggeriert, sie würden nur deshalb entlassen, weil sich ihr späterer Führungsoffizier für sie verwandt hätte. Jener erwarte jetzt zu Recht, auf eine entsprechende Kooperationsbereitschaft des Entlassenen hoffen zu dürfen.

Am liebsten schien der Staatssicherheit die Formulierung von der »Zusammenarbeit aus politischer Überzeugung« zu sein. Sie entsprach am weitesten den Vorstellungswelten des MfS. Damit bestärkte man sich nicht nur im eigenen Tun. Zugleich wischte man den Beigeschmack des Spitzeltums von den Zuträgern fort und stellte den Informanten den kommunistischen *Kundschaftern* gleich, die an der »unsichtbaren Front« gekämpft hatten. Die Texte und Formulierungen in den Akten entsprachen den Bildern, die man sich zurechtgelegt hatte. Bücher wie der »Dr.-Sorge-Report« von Julius Mader oder »Sonjas Rapport« von Ruth Werner, letzteres die Erinnerungen der deutschen Agentin des sowjetischen Militärnachrichtendienstes GRU, dienten dabei als Bezugsfolien.[19]

Andererseits sagt selbst die eingangs angeführte Erklärung vom »Judaslohn« nicht viel über die tieferen Motive der historischen Judasfigur aus; sie bewertet lediglich den äußeren Begleitumstand, dass der Verrat belohnt wurde. Warum er stattfand, bleibt in Wirklichkeit offen. Nur selten wird sich die Denunziation und Informationsweitergabe tatsächlich monokausal erklären lassen. Informanten, die von sich aus beteuerten, aus tiefster politischer Überzeugung zu handeln, erhielten beträchtliche Summen vom MfS und möglicherweise waren ebenso die Sehnsucht, gebraucht zu werden, oder Abenteuerlust im Spiel. Umgekehrt beantragten Informanten, deren Schwäche für materielle Beloh-

---

19 Karin Hartewig: Werner, Ruth. In: Jan Wielgohs, Dieter Hoffmann u. a. (Hg.): Wer war wer in der DDR? Bd. II, Berlin 2006, S. 1081 f.; Ruth Werner: Sonjas Rapport. Berlin (Ost) 1977; Julius Mader: Dr.-Sorge-Report. Ein Dokumentarbericht über Kundschafter des Friedens mit ausgewählten Artikeln von Richard Sorge. Berlin (Ost) 1985.

nungen dem MfS hinlänglich bekannt war, das SED-Parteibuch und legten in den Gesprächen mit dem MfS Wert darauf, einer von »ihnen« zu sein.[20] So sagen die in den Akten und auf Befragung angegebenen Motive nur wenig aus; die Erklärung erfolgte vielmehr situationsabhängig. Wie der amerikanische Soziologe C. Wright Mills schrieb, variieren Begründungen, je nach der Situation, in der eine Person ihr Handeln erklären muss.[21]

Bezeichnenderweise setzte sich ein in der DDR 1963 in der Kirchenzeitung »Die Kirche« erschienener Artikel nicht nur mit dem Verrat und den Motiven des Judas auseinander. Der Cottbuser Generalsuperintendent Günter Jacob zog in seiner Predigterörterung Parallelen, die niemanden dazu zwangen, erst zwischen den Zeilen lesen und nach aktuellen Bezügen suchen zu müssen.[22] Unter der Überschrift »Der ihn verriet« teilte Jacob den Lesern mit, dass niemand einen »Anlaß« habe, sich »mit Entrüstung und Abscheu von Judas zu distanzieren«, da »Judas [...] nur ein Name für den Verräter« sei, »den es wahrhaftig nicht nur damals [...] gegeben« habe. »Auch heutzutage«, so Jacob, »beginnt jeder Verrat zuerst mit einem ganz kleinen unscheinbaren Sprung, aber dann kommt man auf die schiefe Bahn, dann gerät man immer mehr ins Gleiten«. Auch Jacob verwies auf die bekannten Motive, die den Verrat beflügeln: »Bei dem einen«, schrieb Jacob, »ist es [...] die Sucht nach dem Gelde. Bei dem andern ist es der Wunsch, seine Position und Stellung zu behaupten. Und wieder bei einem anderen kann es der Ehrgeiz sein, unter allen Umständen Karriere zu machen«. Und dann führt Jacob noch ein Motiv an, das bislang in der Ursachenforschung kaum Erwähnung fand: Den Verrat, »um persönlich ganz sicher zu gehen« oder, weil sich jemand seiner Sache nicht mehr sicher ist. Während ersteres auf all jene zutraf, die einen Vorfall meldeten, um nicht belangt werden zu können, stand hinter letzterem ein komplizierterer Vorgang. Menschen begingen ebenso Verrat und beteiligten sich an Denunziation, weil sie ihre eigenen Zweifel überstimmen wollten, durch ein klares Votum, das sich gegen jene richtete, die diese Zweifel bestärkten. Ebenso verrieten Menschen ihre Mitmenschen, weil sie die Überzeugung verloren

---

20   Z. B. MfS, BV Rostock, Abt. XX/4, Analyse der operativen Entwicklung des IMB »Heinz«, Rostock v. 28.11.1984. BStU, MfS, BV Rostock, AIM 192/91, Bd. I/1, Bl. 118–125; MfS, BV Rostock, Abt. XX/4, Einschätzung und Präzisierung der Konzeption zur langfristigen politisch-operativen Entwicklung des IMB »Jörg Sander«, Rostock v. 2.12.1988. BStU, MfS, BV Rostock, AIM 4164/90, Bl. 238–246. Rahel Frank: »Realer – Exakter – Präziser?« Die DDR-Kirchenpolitik gegenüber der Evangelisch-Lutherischen Landeskirche Mecklenburgs von 1971 bis 1989. Schwerin 2008, S. 394–400.

21   Charles Wright Mills: Situated Actions and Vocabularies of Motive. In: American Sociological Review 5 (1940), S. 904–913.

22   Günter Jacob: Der ihn verriet. Gedanken zur Predigt über Judas. In: Die Kirche v. 31.3.1963, S. 1. Der Text war zuvor in der DDR für den Druck freigegeben und in einem Predigtband publiziert worden: Günter Jacob: Heute, so ihr seine Stimme höret. Ausgewählte Predigten in das gegenwärtige Zeitgeschehen hinein. Berlin (Ost) 1956, S. 102–104.

hatten, dass ein Leben gegen die verordneten Normen weiterhin sinnvoll sei. Die Nähe, das Vertrauen und die Zuwendung derer, die sie nach wie vor für aufrecht hielten, belastete sie angesichts ihrer inneren Abkehr und ihrer Zweifel mit Schuldgefühlen. Aus diesem Schuldgefühl und dem Widerspruch, den sie in sich trugen, wurde Ablehnung, Feindschaft und schließlich Hass, der sich bis zum Verrat steigerte.

4   Das Kapillarsystem

War die Denunziation in den Augen der Herrschenden (lediglich) ein Werkzeug zur Machtausübung? Oder verselbstständigte sich die Denunziation in der alltäglichen Praxis und wurde zur zwar erwünschten, aber ebenso doppelbödigen Begleiterscheinung in der Diktatur, indem sie an die niederen Instinkte der Menschen appellierte und ihnen die Illusion der Partizipation an der Macht suggerierte?

Dass sich das Zuträger-, Melde- oder – wie man will – das Spitzelwesen in Abhängigkeit von anderen Faktoren und in einem vorgegebenen Rahmen entfaltete, ist keine neue Erkenntnis: Hierauf verwies bereits der Berufsrevolutionär Wladimir Iljitisch Uljanov Lenin. Bei den Bestrebungen, den Sozialismus in Russland öffentlich zu diskreditieren, sah er verschiedene Komponenten am Werk. Diese entwickelten ihre Wirkung im konzertierten Zusammenspiel: Gemeinsam würden, so Lenin, »die Lockspitzel der Geheimpolizei oder die Zeitungsknechte der reaktionären Regierungen« versuchen, den Sozialismus mit Anarchismus gleichzusetzen.[23] Lockspitzel heißt es in der deutschen Übersetzung der Schrift »Sozialismus und Anarchismus« von 1905; Lenin sprach konkret von »provokator´tschvujschie agenti«. Am besten zu charakterisieren war die Tätigkeit des betreffenden Spitzels als die der Anstachelung zur Provokation. Im Zusammenspiel mit der Polizei und regierungsnahen Zeitungsredakteuren lieferte sie den Herrschenden neue Argumente im Kampf gegen die Rebellion. Die Lockspitzel, die während der Zeit des Sozialistengesetzes (1878 bis 1890) in Deutschland eingesetzt wurden, handelten ebenso in einem vorab abgesteckten Rahmen. Ihr Einsatz diente einem klar definierten Ziel: Sie kamen vor allem dann zum Einsatz, wenn die Diskussion um die Verlängerung des Sozialistengesetzes von Neuem entfacht wurde.[24] Wie in

---

23   Wladimir Iljitsch Lenin: Sozialismus und Anarchismus. In: Lenin Werke. Bd. 10, Berlin (Ost) 1958, S. 57–60, hier 59. Vgl. auch Dieter Fricke: Aus der Geschichte Berlins. Provokationen der Reaktion von den Arbeitern entlarvt. Vom Kampf revolutionärer Sozialdemokraten gegen polizeiliche Verfolgung 1886. In: ND v. 20./21.9.1986, S. 13.

24   Eugen Ernst: Polizeispitzeleien und Ausnahmegesetze 1878–1910. Ein Beitrag zur Geschichte der Bekämpfung der Sozialdemokratie. Berlin 1911, S. 4–7.

Russland hatten sie dieselbe Aufgabe. Sie sollten jene Beweise »erarbeiten«, die eifrigen Zeitungsredakteuren als Vorlage dienten, um gegen die Sozialdemokraten Stimmung zu machen. Auch hier wirkte ein sich perpetuierendes System. Die Lockspitzel kamen in einer öffentlich geschaffenen Atmosphäre der Anfeindung und Verdächtigung zum Einsatz, um jenen, die den Handlungsrahmen absteckten, oft erst nachträglich die hierfür notwendigen Argumente zu liefern. In der DDR zählten die geheimen Informanten und Zuträger ebenso wie die denunziatorischen Zeitungsartikel zum Portfolio der politischen Verfolgung. Doch schien hier das Instrument des Lockspitzels eher selten zu sein. Zwar lassen sich auch für die DDR Spitzel nachweisen, die einen ausgesprochenen Eifer an den Tag legten und die, über die sie berichteten, in ihrem »gesetzeswidrigen« Tun anstachelten. Doch ist bislang nicht bekannt, ob dahinter eine geheimpolizeiliche Strategie stand. Im Einzelfall hat es dies jedoch tatsächlich gegeben. Bekannt ist etwa der Fall eines von der Stasi-Kreisdienststelle Zwickau geführten IM, der in den 1980er Jahren unter dem Decknamen »Jens Peter« seine Nachbarn und Regimegegner ausspionierte.[25] »Jens Peter« versorgte die Stasi nicht nur mit einschlägigen wie belastenden Informationen über seine Nachbarn, sondern organisierte »auf ›Instruktion‹ der Stasi [...] eine Party«, auf der ein vermeintlicher, aber nicht als solcher zu überführender Regimegegner »unter Alkoholeinfluss dazu gebracht werden sollte«, die DDR zu kritisieren. Das Ziel sei es, hieß es im Bericht der Stasi, »politische Diskussionen generell zu inszenieren« und den Regimegegner »zu veranlassen, unter Zeugen seine wahre politische Haltung zum Ausdruck zu bringen«. Der Plan ging auf. Der Regimekritiker wurde vom Bezirksgericht Karl-Marx-Stadt 1986 zu zwei Jahren und vier Monaten Gefängnis verurteilt. Doch muss an dieser Stelle offenbleiben, ob Lockspitzel in der DDR systematisch zum Einsatz gelangten. Ansonsten bliebe das Instrument des Lockspitzels zuallererst eine Besonderheit der russischen und deutschen Geheimpolizei bei der Anarchisten-, Narodniki- bzw. der Sozialistenverfolgung.

Die von Lenin als »Zeitungsknechte der reaktionären Regierungen« apostrophierten Redakteure und Leitartikler waren auch in späteren Zeiten zugleich Tatbeteiligte am Geschehen. Entsprechende Parallelen lassen sich, was die in der Presse veröffentlichten denunziatorischen Anklagen und »Bloßstellungen« anbelangt, sowohl in der NS-Zeit als auch in den »wilden Jahren« der SED-Herrschaft nachweisen. Hinzu kommen die in der Presse mit Kalkül platzierten Kommentare und Artikel mit Anweisungs- und Richtliniencharakter, in denen gegen sogenannte Abweichler, Staats-, Volks-, Rassen- oder Klassenfeinde polemisiert wurde. Die Leser sollten mit ihnen zur erhöhten Wachsamkeit oder gar Mitwirkung am Geschehen angehalten werden. Neben der

---

25 Sven Becker, Peter Wensierski: Neue Stasi-Indizien gegen Investor an der East-Side Gallery. In: Spiegel-Online v. 10.4.2013.

Einschüchterung der so Gebrandmarkten dienten die Veröffentlichungen einem weiteren Zweck. Die Regime meinten, so die Akzeptanz in der Bevölkerung beim Vorgehen gegen die Regimekritiker sowie die vermeintlichen Volks- und Klassenfeinde erhöhen zu können. Die Kommentatoren, Leitartikler, Journalisten und Leserbriefschreiber konstruierten die ausgrenzenden Parameter und hierzu passenden Feindbilder jeweils entsprechend den ideologischen Vorgaben des Regimes. Die Erklärungs- und vermeintlichen Rechtfertigungsmodelle, die die Anzeige und Verfolgung als legitimen Akt der gesellschaftlichen Selbstverteidigung oder der staatlichen Gefahrenabwehr verklärten, lieferten die Redakteure gleich mit.

Üblich war dies vor allem in den 1950er und frühen 1960er Jahren. Andersdenkende, Regimegegner, vermeintliche »Klassengegner« und selbst Jugendliche, die sich in ihrem Auftreten, in ihrer Kleidung und mit ihren längeren Haaren von dem in der DDR propagierten Bild absetzten, wurden in der Presse angegriffen und diffamiert.[26] Warum jene Methode der Einschüchterung, des Aufrufs zur Mitwirkung und der Anklagevorbereitung ab den 1970er Jahren seltener zur Anwendung gelangte, ist zum Teil noch ungeklärt. Das Ringen um internationale Anerkennung und die sich breitmachende Stagnation, in der die Ruhe im Inneren zum Prinzip der gesellschaftlichen Außendarstellung erhoben wurde, beförderten in den späteren Jahren anscheinend andere Formen des Zuträger- und Anzeigewesen. Die Stasi vertraute verstärkt auf den Einsatz ihrer IM. Hinzu kam die weitere Professionalisierung des Berichts- und Anzeigewesens.

Meist stellte sich dabei so etwas wie eine Interaktion ein. Auf der einen Seite gab es die Personen und Institutionen, die für die Stigmatisierung von Andersdenkenden verantwortlich waren und sich daran beteiligten. Daneben standen die, die den Verrat begingen, die Denunziation durchführten oder Anzeige erstatteten. Ausgenutzt wurden menschliche Schwächen, die es in allen Gesellschaften und zu allen Zeiten gab. Auf der anderen Seite sind die Stellen zu nennen, denen die Denunziation gelegen kam. Häufig spornte man den denunziatorischen Eifer an und ermunterte die Bevölkerung zur Mithilfe, um sich anschließend gleichzeitig auf jene, die die Denunziation ausführten, berufen zu können.

---

26 Unter der Überschrift »Ist nichts tun ehrenhaft?« schrieb die Bad Doberaner Zeitung am 11.11.1965 (S. 5 f.) über einen Prozess gegen langhaarige Jugendliche: »Ihr Anblick bringt das Blut vieler Bürger in Wallung: verwahrlost, lange, zottlige, dreckige Mähnen, zerlumpte Twist-Hosen. Sie stinken zehn Meter gegen den Wind. Denn Waschen haben sie ›freiheitlich‹ aus ihrem Sprachgebrauch gestrichen. Und von einer geregelten Arbeit halten die meisten auch nichts«, um von der Justiz zu fordern: »hier hilft nur Härte«. Laut Bad Doberaner Zeitung handele es sich demnach um »Mitesser«, die das Antlitz unserer Jugend verunstalten«, um »Bummelanten und arbeitsscheue Elemente«.

Bei alledem gab es eine Ambivalenz: Die Informationsweitergabe passte sich mit ihren Rechtfertigungsmustern in den von der Propaganda vorgegebenen Rahmen ein und bemühte diesen, der seinerseits wiederum die Denunziation ankurbelte. So stimulierten wie rechtfertigten sich beide in ihrer Daseinsberechtigung wechselseitig. Dass sich in der SED-Diktatur nicht wie in der NS-Zeit der Effekt der wechselseitigen Beschleunigung einstellte, lässt vermuten, dass:

1. Die Zustimmung zum SED-Regime schnell und in weiten Bevölkerungskreisen – anders als im NS-System – an ihre Grenzen stieß.

2. Viele Menschen sich des Umstandes bewusst waren, dass der Denunziation trotz aller Rechtfertigungsversuche in der Propaganda und Presse etwas Anrüchiges anhaftete und sie Mitmenschen damit in Schwierigkeiten brachten.

3. Viele vor einer Denunziation zurückschreckten, um nicht öffentlich als Spitzel oder Anschwärzer stigmatisiert zu werden. Auch dies spricht gegen eine allzu weitreichende Zustimmung in der Bevölkerung zum SED-Staat.

Dies heißt nicht, dass es in der DDR nicht zahlreiche Denunziationen gab. Der Grad der Durchdringung der Gesellschaft wurde so oder so schnell erreicht: Es genügte, wenn sich unter hundert potenziellen Augenzeugen nur einer als Denunziant hervortat: ein nützlicher Idiot fand sich fast immer – und für denjenigen, der angezeigt worden war, machte es keinen Unterschied, ob er von einem Meldebeflissenen oder gleich mehreren Denunzianten ans Messer geliefert worden war.

Anita Krätzner

Zur Anwendbarkeit des Denunziationsbegriffs für die DDR-Forschung

Eine Hausversammlung im September 1954 in einer Kleinstadt in der DDR. Drei Mitglieder einer Wohnparteigruppe der Sozialistischen Einheitspartei Deutschlands (SED) versuchen, mit Bewohnern eines Mehrfamilienhauses über aktuelle politische Fragen zu diskutieren. Dabei erklären sie den Anwesenden, dass in der DDR niemand dafür eingesperrt würde, wenn er seine Meinung äußere. Über die Reaktionen darauf berichten sie später:

»Die anwesende Frau [...], es soll eine frühere Gutsbesitzerfrau sein, sagte, sie wisse einen solchen Fall. [Der Genosse H.] bat um den Namen des Betreffenden, um die Sache nachprüfen zu können. Ja, der ist im Westen, war die Antwort. Diese Frau machte wiederholt provozierende Bemerkungen, z. B. verurteilte sie das ›Denunzieren‹. [Genosse H.] erläuterte dann eingehend den Unterschied zwischen Anzeige und Denunziantentum. Wenn jemand einen Verbrecher oder Staatsfeind anzeige, dann sei das keine Denunziation, sondern eine notwendige Maßnahme zur Erhaltung der staatlichen und rechtlichen Ordnung. Wenn aber jemand einen anzeige, nur um ihm zu schaden, ihn verleumde und Unwahrheiten berichte, dann sei das Denunziation.«[1]

Die Beteiligten dieser Hausversammlung definieren den Begriff »Denunziation« aus ihrer Erfahrungswelt der 1950er Jahre in der DDR. Für die Frau ist der Akt des Denunzierens bereits gegeben, wenn »Vergehen« bei der Staatsmacht angezeigt werden. Die SED-Funktionäre verstehen den impliziten Vergleich mit dem Nationalsozialismus (NS) und grenzen sich sogleich davon ab. Der Begriff »Denunziation« war in der DDR untrennbar mit den Gräueltaten der Bevölkerung während der NS-Zeit verbunden, in der Menschen bereitwillig Nachbarn, Bekannte und Kollegen dem Regime auslieferten. »Denunziation« – das wird hier deutlich – war für alle Beteiligten ein negativ konnotierter Terminus. Den Vorwurf, ein Denunziant zu sein oder Denunziation zu fördern, galt es von sich zu weisen.

---

1   Abschrift (undatiert, ca. September 1954). BStU, MfS, BV Schwerin, AOP 67/56, Bl. 5–7.

1   »Denunziation« und »Anzeige« – begriffliche Gemeinsamkeiten und Abgrenzung

Bis ins 19. Jahrhundert war der Begriff »Denunziation« vor allem in der juristischen Fachsprache ein terminus technicus, der synonym zur »Anzeige« gebraucht wurde.[2] Daneben existierte auch eine negative Wortbedeutung, die außerhalb des Rechtswesens Anwendung fand. Diese Konnotation verdrängte im Laufe des 19. Jahrhunderts den wertneutralen Begriff. Zunehmend wurde die »Denunziation« zu einer schändlichen, verurteilenswerten Handlung; dem Denunzianten wurden niedere Motive zugesprochen.[3] Die Geschichtswissenschaft hat sich vor allem in der Erforschung des Nationalsozialismus dem Phänomen »Denunziation« gewidmet. Dabei bedienen sich die Historiker unterschiedlicher Definitionsansätze, um zum einen die »Denunziation« von einer legitimen Strafanzeige abzugrenzen und um zum anderen die Motive und die Systembedingungen für die Denunziation zu erklären.[4] Drei Beteiligte einer Denunziation stehen im Fokus der meisten Untersuchungen: Der Denunziant, der Denunzierte und die Einrichtung, an die sich die Denunziation richtet.[5]

Einen frühen Definitionsversuch für die NS-Forschung legte Martin Broszat vor. Er bezeichnete die Denunziation als »die nicht durch Amtspflicht oder Gesetzesnorm gebotene, vielmehr freiwillig erfolgte Anzeige eines angeblichen oder wirklichen Verhaltens, das aus der Sicht des NS-Regimes zu mißbilligen war, mit dem Ziel der Bestrafung dessen, gegen den sich die Anzeige richtete«.[6] Wie Broszat hoben auch Sheila Fitzpatrick und Robert Gellately die Freiwilligkeit als besonderes Indiz zur Kennzeichnung einer Denunziation heraus: »[…] denunciation may be defined as spontaneous communications from individual citizens to the state (or any other authority such as the church) containing accusations of wrongdoing by other citizens or officials and implicitly or explicitly calling for punishment.«[7] Die Geschichtswissenschaft orientierte sich häufig an dieser Definition. Allerdings, so bemerkte Arnd Koch,

---

2   Dazu ausführlich Arnd Koch: Denunciatio. Zur Geschichte eines strafprozessualen Rechtsinstituts. Frankfurt/M. 2006, S. 1–11; Michael Schröter: Wandlungen des Denunziationsbegriffs. In: ders. (Hg.): Der willkommene Verrat. Beiträge zur Denunziationsforschung. Weilerswist 2007, S. 33–70.

3   Schröter: Wandlungen, S. 34; Koch: Denunciatio, S. 5.

4   Einen gelungenen Überblick über die unterschiedlichen Definitionen bietet Koch: Denunciatio, S. 7–11.

5   Bernhard Schlink: Der Verrat. In: Schröter: Der willkommene Verrat, S. 13–31, hier 14.

6   Martin Broszat: Politische Denunziation in der NS-Zeit. Aus Forschungserfahrungen im Staatsarchiv München. In: Archivalische Zeitschrift 73 (1977), S. 221–238, hier 221.

7   Sheila Fitzpatrick, Robert Gellately: Introduction to the Practices of Denunciation in Modern European History. In: Sheila Fitzpatrick, Robert Gellately (Hg.): Accusatory Practices. Denunciation in Modern European History 1789–1989. Chicago 1997, S. 1–21, hier 1.

lässt sich das Moment der Freiwilligkeit nicht als Abgrenzung der Denunziation zu einer legitimen Anzeige verwenden.[8]

Gleichzeitig verweisen einige Historiker auf das häufig spontane Handeln denunzierender Personen. Aber anhand dieses Kriteriums kann ebenfalls keine Abgrenzung der Denunziation zur Anzeige erfolgen.[9] Die »Freiwilligkeit« und »Spontanität« als Definitionsgrundlage für den Begriff »Denunziation« vorauszusetzen, ist vor allem der Versuch, eine Denunziation von einer regelmäßigen Zusammenarbeit mit einer Geheimpolizei abzugrenzen – die Tätigkeit von Informanten und Vertrauensleuten der Gestapo gilt in der NS-Forschung meist nicht als Denunziation.[10] Habe jemand im Auftrag gehandelt, so sei der Verrat weder freiwillig noch spontan erfolgt; der Denunziant hingegen hätte seine Anzeige eher aus eigenem Antrieb getätigt. Die Motive, so bemerkt Gisela Diewald-Kerkmann, stünden beim organisierten Spitzel eher im Hintergrund, während sie beim Denunzianten entscheidend seien.[11] Durch die negative Aufladung des Denunziationsbegriffs werden in der Geschichtswissenschaft dem Denunzianten häufig »niedere«, »unlautere« oder »eigennützige« Motive unterstellt.[12] Dennoch vernachlässigen diese Definitionsansätze den ideologischen Überzeugungstäter, der in völliger Konformität zum System stand.[13]

Auch deswegen ist es schwierig, »freiwillige« und »spontane« Denunziationen anhand des Motivs von einer Spitzeltätigkeit abzugrenzen. Ein »spontaner« Denunziant kann durchaus aus den gleichen Motiven gehandelt haben wie ein installierter Spitzel. Gleichwohl sind Aussagen über die Gründe für die Zuträgerschaft recht schwierig zu ermitteln und bergen die Gefahr einer Überinterpretation.[14] Versuche Gerhard Sälters, denjenigen als Denunzianten zu kennzeichnen, der nicht von der Straftat betroffen war, laufen indes schnell ins Leere, wenn man bedenkt, dass bei schweren Straftaten wie z. B. Mord nicht nur der »Geschädigte« ein Delikt anzeigen sollte und dies von der Gesellschaft auch so gewollt ist.[15]

Die bisherige DDR-Forschung hat sich vor allem mit den systemischen Bedingungen, die Denunziationen förderten, auseinandergesetzt. Dabei lag der

---

8   Koch: Denunciatio, S. 7. Die »Freiwilligkeit« sehen auch andere Autoren als Komponente der Denunziation: Gerhard Sälter: Denunziation – Staatliche Verfolgungspraxis und Anzeigeverhalten der Bevölkerung. In: Zeitschrift für Geschichtswissenschaft 47 (1999) 2, S. 153–165, hier 154; Ela Hornung: Denunziation als soziale Praxis. Fälle aus der NS-Militärjustiz. Wien u. a. 2010, S. 21.

9   Fitzpatrick; Gellately: Introduction; Sälter: Denunziation, S. 154; Hornung: Denunziation, S. 21.

10   Gisela Diewald-Kerkmann: Politische Denunziation im NS-Regime oder Die kleine Macht der »Volksgenossen«. Bonn 1995, S. 24–27.

11   Ebenda, S. 24.

12   Hornung: Denunziation, S. 21.

13   Koch: Denunciatio, S. 9.

14   Siehe dazu im Abschnitt »Die Denunzianten«.

15   Sälter: Denunziation, S. 154. So argumentiert auch Arnd Koch: Koch: Denunciatio, S. 9.

Schwerpunkt der Forschungen auf dem Ministerium für Staatssicherheit (MfS). Es wurden hinreichend die Dienstvorschriften erläutert, die die Zusammenarbeit von inoffiziellen Mitarbeitern (IM) mit dem MfS regelten, es wurde die Zusammensetzung des hauptamtlichen Apparates erklärt und natürlich eine Reihe von Einzelfällen geschildert.[16] Nichtsdestotrotz verharrte die DDR-Forschung in den Kategorien, die auch das MfS bereits benutzt hatte.[17] In frühen Forschungsarbeiten zur DDR-Geschichte wird die »Denunziation« mit der inoffiziellen Mitarbeit häufig gleichgesetzt.[18] Allerdings bleibt dabei außer Acht, dass die Kategorisierung zum inoffiziellen Mitarbeiter durch das MfS noch nichts darüber aussagt, ob jemand einen anderen Menschen auch wirklich denunziert hat. Wiederum andere Historiker[19] versuchen die inoffizielle Mitarbeit von der Denunziation abzugrenzen – wieder im Hinblick auf die Komponenten, ob die Denunziation »spontan« und »freiwillig« erfolgt ist. Allerdings gibt auch Gisela Diewald-Kerkmann zu, dass keine systematischen Forschungsergebnisse über das Verhältnis von »spontanen« und institutionalisierten Zuträgerschaften in der DDR vorliegen. Ihr Erklärungsversuch dafür, dass es im Nationalsozialismus sehr viel mehr spontane Denunziationen gegeben habe und die DDR sich eher auf inoffizielle Mitarbeiter stützte, ist, »dass sich das SED-Regime – im Gegensatz zum Nationalsozialismus – nicht auf eine vergleichbar breite Zustimmung und freiwillige Mitarbeit der Bevölkerung stützen konnte«.[20] Aber in Anbetracht der Vielzahl erfolgter »spontaner«, »freiwilliger« Denunziationen, aber auch derer, die durch inoffizielle Mitarbei-

---

16   Um nur einige bisherige Forschungsarbeiten zu nennen: Helmut Müller-Enbergs (Hg.): Inoffizielle Mitarbeiter des Ministeriums für Staatssicherheit. Teil 1: Richtlinien und Durchführungsbestimmungen. Berlin 2001; Jens Gieseke: Die Stasi 1945–1990. München 2011; Jens Gieseke (Hg.): Staatssicherheit und Gesellschaft. Studien zum Herrschaftsalltag in der DDR. Göttingen 2007; Ingrid Kerz-Rühling, Thomas Plänkers: Verräter oder Verführte. Eine psychoanalytische Untersuchung inoffizieller Mitarbeiter der Stasi. Berlin 2004; Francesca Weil: Zielgruppe Ärzteschaft. Ärzte als inoffizielle Mitarbeiter des Ministeriums für Staatssicherheit. Göttingen 2008.

17   Ilko-Sascha Kowalczuk: Stasi konkret. Überwachung und Repression in der DDR. München 2013, S. 14; S. 209–246.

18   Clemens Vollnhals: Denunziation und Strafverfolgung im Auftrag der »Partei«. Das Ministerium für Staatssicherheit in der DDR. In: Friso Ross, Achim Landwehr (Hg.): Denunziation und Justiz. Historische Dimensionen eines sozialen Problems. Tübingen 2000, S. 247–281; Gabriele Altendorf: Denunziation im Hochschulbereich der ehemaligen DDR. In: Günter Jerouschek, Inge Marßolek, Hedwig Röckelein (Hg.): Denunziation. Historische, juristische und psychologische Aspekte. Tübingen 1997, S. 183–206; Hans-Joachim Maaz: Das verhängnisvolle Zusammenspiel intrapsychischer, interpersoneller und gesellschaftlicher Dynamik – am Beispiel der Denunziation in der DDR. In: Jerouschek; Marßolek; Röcklein: Denunziation, S. 241–247, hier 242.

19   Sälter: Denunziation, S. 156; Gisela Diewald-Kerkmann: Denunziant ist nicht gleich Denunziant. Zum Vergleich des Denunzianten während der nationalsozialistischen Herrschaft und dem Inoffiziellen Mitarbeiter des Ministeriums für Staatssicherheit der DDR. In: Klaus Behnke, Jürgen Wolf (Hg.): Stasi auf dem Schulhof. Der Missbrauch von Kindern und Jugendlichen durch das Ministerium für Staatssicherheit. Hamburg 2012, S. 63–73, hier 70.

20   Diewald-Kerkmann: Denunziant, S. 70.

ter erfolgten, lässt sich nur schwerlich die Vermutung aufrechterhalten, das SED-Regime wäre auf weniger vergleichbar breite Zustimmung gestoßen. Viel eher ist anzunehmen, dass es in der DDR eine neue »Qualität« und »Professionalisierung« der Denunziation gegeben hat. Nicht immer entstand der Erstkontakt aus operativen, strategisch-taktischen Gründen durch die Staatssicherheit. Es gab auch Personen, die bereits durch eine spontane Denunziation an das MfS, die Volkspolizei oder die SED aufgefallen waren und aufgrund dessen für eine inoffizielle Mitarbeit angeworben wurden. Ging aber vielleicht nur der Grad der Eigeninitiative im Gegensatz zum NS-Regime zurück? Dies könnte aber vor allem deswegen der Fall gewesen sein, weil es das MfS schaffte, durch Professionalisierung die Denunziationen zu steuern und auch einzufordern. Das quantitative Verhältnis von systemgebundenen Spitzeln und freiwilligen Zuträgern war anders gelagert als im Nationalsozialismus. In der Gestapo waren V-Leute und Informanten nicht für die flächendeckende Überwachung der Bevölkerung installiert – anders als es das Verständnis des MfS gefordert hatte.

In der Frage, ob eine Anzeigehandlung als Denunziation gewertet werden kann, muss die Haltung der Gesellschaft zu diesem Verhalten einbezogen werden – die Gesellschaft der untersuchten Zeit, aber auch der heutigen Gesellschaft. Durch die moralische Aufladung des Begriffs wird es der Historiker nicht schaffen, die Denunziation als wertneutralen Begriff zu definieren – jedenfalls nicht in Abgrenzung zur legitimen Anzeige. Wenn also die Gesellschaft oder das Gros der Gesellschaft in der DDR die Tat als Denunziation wertete oder gewertet hätte, dann sollten wir dies auch aus den heutigen Gesichtspunkten als solche ansehen – dabei stößt der Historiker aber häufig an seine methodischen Grenzen.[21] Es wird aber nur kaum eine Rolle spielen, ob der Verrat durch einen freiwilligen, spontanen Akt erfolgt ist oder ob dies jemand im Rahmen regelmäßiger Spitzeldienste tat. Bei beiden Handlungen liegt sowohl der Vertrauensbruch als auch der Verstoß gegen die gesellschaftliche Norm vor.

Zählt auch eine Verleumdung als Denunziation? Grenzen dies einige Forscher aus, zählen es andere wiederum hinzu. Allerdings wird beim Blick in die Akten auch klar, dass der Historiker im Nachhinein oftmals nicht zweifelsfrei klären kann, ob es sich um eine Verleumdung handelte oder nicht. Und selbst wenn sich das gemeldete Delikt als unwahr erwies, wie können wir wissen, ob das dem Anzeigenden auch bewusst war? Wie ist jemand, der nur ein Gerücht weitergab, von dem er glaubte, es sei wahr, von einem anderen, der um die Richtigkeit seiner Informationen wusste, nur anhand der Quellenlage zu unterscheiden? Und wie können wir dies als Historiker herausfinden?

---

21 Schröter: Der willkommene Verrat, S. 203.

Laut Parteistatut der SED war ein Parteimitglied zur »Wachsamkeit gegenüber Partei- und Volksfeinden«[22] verpflichtet. Das heißt, dass hier schon ein Auftrag zum Melden von Fehlverhalten vorlag. Wiederum war die Mitwisserschaft bei bestimmten Delikten schon strafbar (bei der »Republikflucht« zum Beispiel). Es stellt sich für den Historiker also die Frage, inwieweit das System die Anzeige bestimmter Delikte voraussetzte und wie stark dagegen die gesellschaftliche Norm, diese Dinge nicht anzuzeigen, galt.

Hinzu kommt die alltägliche Verwendung des Wortes »Denunziation« für andere Handlungen als die im beschriebenen Grundmuster (jemand zeigt jemanden bei einer übergeordneten Instanz an): Es handelt sich um eine zweite Wortbedeutung[23], die nicht ignoriert werden darf. In der Presse wird der Begriff »Denunziation«, wahrscheinlich aufgrund seiner starken negativen Konnotation, häufig dämonisiert. Dazu zählen alle Handlungen des Verleumdens, des öffentlichen Bloßstellens und der öffentlichen Herabwürdigung.[24] Das Wort »Denunziation« findet dort Verwendung für das Schlechte an sich; der Denunziant ist der Teufel. Meines Wissens nach gibt es aber kaum Forschungsliteratur, die die Denunziation als öffentliche Herabwürdigung begreift und sich dieses Themas unter dem Oberbegriff »Denunziation« annimmt.

2   Die Delikte

Das Grundgerüst aller Annäherungen an den Begriff »Denunziation« ist relativ ähnlich: Eine Privatperson erstattet über das Fehlverhalten einer weiteren Person eine Anzeige bei einer übergeordneten Instanz. Deutlich wird außerdem, dass die »Denunziation« im Begriffsfeld der Anzeige enthalten ist. Eine Denunziation ist eine Anzeige, nur mit moralisch negativer Aufladung. Vor allem wegen der pejorativen Prägung des Begriffs fällt es den Historikern

22   Statut der Sozialistischen Einheitspartei Deutschlands (20.–24. Juli 1950). In: Dokumente der Sozialistischen Einheitspartei Deutschlands. Bd. 3, Berlin 1952, S. 162–176, hier 175; Statut der Sozialistischen Einheitspartei Deutschlands (22. Mai 1976). In: Dokumente der Sozialistischen Einheitspartei Deutschlands. Bd. 16, S. 82–110.

23   Auch der Duden gibt die »öffentliche Verurteilung« als zweite Wortbedeutung an. Vgl. Duden. Deutsches Universalwörterbuch. Mannheim u. a. 2007, S. 389. Im Wörterbuch der deutschen Gegenwartssprache (DDR) wird die zweite Wortbedeutung nicht rezipiert, dort bedeutet »denunzieren«: »jmdn. aus niedrigen, meist egoistischen Beweggründen anzeigen, verdächtigen«. Wörterbuch der deutschen Gegenwartssprache. Bd. 1, Berlin 1980, S. 788. Der Duden 1980 (DDR) erklärt »denunzieren« als: »aus niederen, meist persönl. Motiven/Beweggründen anzeigen, verleumden«. Der große Duden. Wörterbuch und Leitfaden der deutschen Rechtschreibung. Berlin 1980, S. 118.

24   Beispiele dafür wären: Online-Steckbriefe – Politisch korrekte Denunziation auf Wikipedia. In: Fokus 46 (2012), S. 129; Jochen Staadt: Das Beste von Freunden. Denunziation als Rezension. H-Soz-u-Kult setzt Cyber-Mobbing fort. In: Zeitschrift des Forschungsverbundes SED-Staat 31 (2012), S. 188–197.

schwer, klare Abgrenzungen zu finden. Zum einen sollte die Bewertung durch die betrachtete Gesellschaft einfließen; häufig wird aber auch die Bewertung durch die heutige Gesellschaft in das Urteil einbezogen. Gleichzeitig fragt man, inwieweit das Delikt als sanktionierungswürdig galt und gelten kann. Hier muss man die Verhältnismäßigkeit der Straftat und des Urteils ins Auge fassen und im Sinne Arnd Kochs und Michael Schröters die Normendiskrepanz betrachten. Arnd Koch bemerkt zu Recht,

»keiner der im historiographischen Schrifttum unternommenen Definitionsversuche wird der Komplexität des Denunziationsbegriffs gerecht. Erforderlich ist vielmehr eine umfassende Abwägung verschiedener Faktoren, zu denen neben den bisher genannten Topoi auch die Akzeptanz der verletzten Norm sowie das Vorhandensein der Solidaritätspflichten zwischen Anzeigeerstatter und Angezeigtem zählen.«[25]

Er schlägt eine Annäherung an den Begriff »Denunziation« vor, in dem die Unverhältnismäßigkeit zwischen der Sanktion und dem angezeigten Verhalten herausgearbeitet wird. Auch Michael Schröter macht auf die Normendiskrepanz aufmerksam, die sich bei einer Denunziation zwischen dem Delikt und der Bestrafung ergibt.[26] Die Beurteilung des angezeigten Vergehens trägt somit zur Schärfung der Begrifflichkeit bei. Es ist zum Beispiel allgemeiner Konsens, dass bei schweren Verbrechen wie einem Mord, der Anzeigende nicht als Denunziant bezeichnet wird.[27]

Vor allem wenn politische oder quasipolitische Vergehen angezeigt wurden, neigen wir dazu, dies als Denunziation zu werten. Aber wenn das Delikt politisch interpretiert oder instrumentalisiert wurde, dann kann ebenfalls von einer Denunziation gesprochen werden. Dies gilt zum Beispiel, wenn ein Zwangsarbeiter im Nationalsozialismus für den Diebstahl von Lebensmitteln mit dem Tod bestraft werden oder ein Mitglied einer Landwirtschaftlichen Produktionsgenossenschaft (LPG) aufgrund einer Hausschlachtung wegen »Diebstahls von Volkseigentum« belangt werden konnte.[28] Gleiches gilt, wenn sich eine politische Dimension eines Vergehens ergab, das gar keinen Straftatbestand aufwies. Zum Beispiel konnte in der DDR das Bekanntwerden eines Ehebruchs zur Enthebung aus einer beruflichen Position führen, gleichfalls dieser aber auch als Faustpfand für eine Erpressung genutzt werden. »Delikte« oder Normabweichungen, die sich in der DDR-Zeit als politisch oder quasipolitisch werten ließen und/oder bei denen das Strafmaß teilweise die Verhältnismäßigkeit vermissen ließ, waren unter anderem: Illegaler Waffenbesitz, Staatsverleumdung, staatsfeindliche/staatsgefährdende Propaganda und Hetze, Republikflucht(-absichten), Bildung oder Mitgliedschaft in einer illegalen Organisa-

25 Koch: Denunciatio, S. 11.
26 Michael Schröter: Der willkommene Verrat. In: ders.: Der willkommene Verrat, S. 203–226.
27 Koch: Denunciatio, S. 8.
28 Ebenda.

tion, Spionage, Sabotage, staatsgefährdende Gewaltakte, Behinderung staatlicher Organe, Fahnenflucht, Schmuggel, Asozialität, systemkritische Äußerungen, Hören und Sehen westlicher Sender, unerwünschte (West-)Kontakte, Besitz von Westzeitschriften. Wurden diese Delikte in der DDR gemeldet, so wurde und wird dies meist als Denunziation gewertet.

3   Die Empfänger von Denunziation

Denunziation richtet sich immer an eine höhere Instanz, die in der Lage ist, Macht auszuüben und den Denunzierten zu bestrafen. In der DDR konnte es unterschiedliche Empfänger von Denunziation geben. Am offenkundigsten war das Ministerium für Staatssicherheit eine Einrichtung, die denunziatorische Handlungen empfing und steuerte. Personen konnten sich direkt an das Ministerium für Staatssicherheit wenden oder/und als inoffizielle Mitarbeiter angeworben werden.

Aber auch darüber hinaus gab es Stellen, an die sich »mitteilungsbedürftige« DDR-Bürger wandten, um missliebige Personen bei der Staatsmacht in Misskredit zu bringen. Ein zentraler Anlaufpunkt war die Volkspolizei. Deren Rolle im Prozess des Empfangs von Denunziation wurde bisher von der Forschung vernachlässigt. Es existiert zwar eine Reihe von Forschungen, die die »freiwilligen Helfer der Volkspolizei« als unterste Stufe polizeilicher Überwachung charakterisiert. Aber es bleibt immer noch offen, wie stark frequentiert die Volkspolizei als Denunziationsempfänger war und ob ihr Mitwirkungsangebot nicht unterschätzt oder vernachlässigt wird.[29] Gleiches gilt für die Zusammenarbeit von Volkspolizei, SED und Staatssicherheit. Wenn Straftaten, die den Zuständigkeitsbereich des MfS berührten, bei der Volkspolizei angezeigt wurden, erging selbstverständlich eine Meldung an die Staatssicherheit.

---

29   Zur Rolle der Volkspolizei bisher am umfangreichsten Thomas Lindenberger: Volkspolizei. Herrschaftspraxis und öffentliche Ordnung im SED-Staat 1952–1968. Köln u. a. 2003; außerdem zur Rolle der freiwilligen Helfer Gerhard Sälter: Loyalität und Denunziation in der ländlichen Gesellschaft der DDR. Die freiwilligen Helfer der Grenzpolizei im Jahr 1952. In: Schröter: Der willkommene Verrat, S. 159–184. Auch Heidrun Budde mahnt an, dass die Rolle der Zuträgerschaft an den Abschnittsbevollmächtigten und die Volkspolizei in Bezug auf die Systemstabilisierung weitestgehend unterschätzt wurde: Heidrun Budde: Der Spitzelapparat der Deutschen Volkspolizei. In: Verwaltungsrundschau 4 (2010), S. 123–126. Während Heidrun Budde die Zuträger als »heimlichen Club der Schwätzer und Aufpasser« in vielen Teilen der DDR-Gesellschaft vermutet, so glaubt Renate Hürtgen, die Volkspolizei oder das MdI hätten sich häufig nur auf »zuverlässige Kader« stützen können. Vgl. Heidrun Budde: Ein Appell an das Böse und seine Folgen. In: Deutschland Archiv 43 (2010) 4, S. 640–650, hier 642; Renate Hürtgen: Denunziation als allgemeine Selbstverständlichkeit? In: Deutschland Archiv 44 (2010) 5, S. 873–874, hier 873.

Andere Behörden konnten ebenso Empfänger von Denunziation werden. Bei Wohnungsstreitigkeiten beispielsweise wurden in einigen Fällen denunziatorische Hinweise z. B. über das Schwarzwohnen an die Abteilung Wohnungspolitik beim Rat des Bezirkes gegeben. Die Strafverfolgung konnte über die Bestrafung der Ordnungswidrigkeiten hinaus durchaus politischen Charakter annehmen, wenn zum Beispiel das Ministerium für Staatssicherheit diese Fälle instrumentalisierte oder das Schwarzwohnen scheinbar in Verbindung mit »staatsfeindlichen Aktivitäten« stand.[30] Die SED, die Freie Deutsche Jugend (FDJ) und der Freie Deutsche Gewerkschaftsbund (FDGB) waren in Betrieben und Bildungseinrichtungen erster Ansprechpartner für denunziatorische Handlungen, ohne dass die Hürde, sich schriftlich, telefonisch oder persönlich an eine Behörde oder staatliche Instanz zu wenden, überbrückt werden musste. In diesen Fällen gab meistens der zuständige Funktionsträger die Meldung über das Vergehen an übergeordnete Gremien oder aber auch an die Staatssicherheit oder die Volkspolizei weiter und leitete die Strafverfolgung ein. Durch das Berichtswesen der SED, der FDJ und des FDGB lässt sich aber nur sehr schlecht entschlüsseln, inwieweit eine Denunziation Ausgangspunkt der Informationsberichte von Partei und Massenorganisationen war.[31]

4   Die Denunzianten

Was wissen wir über die Motive von Denunzianten? Die Schriftstücke, die Zeugnisse der denunziatorischen Handlung sind (Meldung bei der Volkspolizei oder dem MfS) geben nur wenige Hinweise auf das Motiv. In vielen Fällen enthalten sie lediglich die Informationen über den Beschuldigten und das Delikt, dessen er bezichtigt wurde. Nur in den wenigsten Fällen machten sich die Empfänger der »Anzeige« die Mühe, das mögliche Motiv für die Denunziation zu ermitteln. Sehr selten lieferte der Zuträger den Grund für seine Anzeige selbst (z. B.: »Da war noch eine Rechnung offen.«[32]). Für die strafverfolgenden Behörden war das Motiv des Denunzianten in den meisten Fällen nicht von Belang, außer wenn sich herausstellte, dass die Anschuldigungen unwahr waren.

Aus diesem Grund liefern häufig nur die Akten der geheimen Informatoren/inoffiziellen Mitarbeiter Hinweise auf die Gründe der »Kooperation« mit der Staatsmacht. Wird zwar bei der Verpflichtungserklärung in den meisten

---

30   Udo Grashoff: Schwarzwohnen. Die Unterwanderung der staatlichen Wohnraumlenkung in der DDR. Göttingen 2011, S. 23.
31   Siehe dazu die Beiträge von Olga Galanova und Hedwig Richter in diesem Band.
32   BStU, MfS, BV Leipzig, Tb 193, grün.

Fällen vermerkt, es handle sich um eine »freiwillige Zusammenarbeit aus politischer Überzeugung«, so fällt die Bewertung im Nachhinein ambivalent aus. Es lässt sich wohl häufig eine Vielzahl verschiedener Motive herausfiltern, die zu unterschiedlichen Anteilen den Anstoß gaben, eine Person zu denunzieren. Natürlich konnten aus Neid, Rache, Hass oder Eifersucht Personen verraten werden. Aber genauso konnte ein Denunziant aus Geltungssucht agieren. So waren die MfS-Offiziere, die Parteisekretäre oder Polizisten auch Anlaufstellen für Personen, die sich von der Gesellschaft wenig angenommen fühlten oder denen vom MfS oder der Volkspolizei vermittelt wurde, wie wichtig ihre verräterische Tätigkeit sei. Indem sie diese denunziatorischen Handlungen vornahmen, galten sie plötzlich etwas; sie wurden zur Stütze des Systems erhoben, sie waren »Soldaten« und »Agenten«.

Manchmal schaffte es das System, Menschen, deren soziale Beziehungen zerrüttet waren, aufzufangen und ihnen mit der Spitzeltätigkeit einen Lebenssinn zu geben. Diese Menschen bauten häufig eine enge Bindung zu der weisungsgebenden Instanz auf, vor allem zu konkreten Personen (z. B. zum Führungsoffizier) und betrachteten sie teilweise als familiären Ersatz. In einigen Fällen waren diese Personen gleichzeitig Zuträger aufgrund ihrer politischen Überzeugung. In fast allen Verpflichtungserklärungen wird auf die ideelle Überzeugung als Motiv für die Zusammenarbeit verwiesen; natürlich handelte ein Teil der Zuträger auch im Glauben an das System; bei vielen ergab sich aber eine Gemengelage aus unterschiedlichen Motiven.

In anderen Fällen wurden die Zuträger unter Druck gesetzt; die Staatssicherheit erpresste sie mit einem »Faustpfand« oder versprach ihnen Strafminderung, wenn sie in Haft waren. Andere wiederum sahen finanzielle Reize in der Zusammenarbeit und berichteten, um Geld zu bekommen.

In den Akten finden sich gewöhnlich keine Selbstzuschreibungen als Denunziant. Bei der Ablehnung der Zusammenarbeit mit den staatlichen Instanzen – unter anderem mit der Staatssicherheit – bezogen sich einige darauf (»Ich will kein Denunziant sein«), aber die Zuträger sahen sich selbst nicht als Denunzianten. Sogar das Ministerium für Staatssicherheit hatte hierzu eine ambivalente Haltung. Es sah die Zuträgerschaft als wichtiges Moment ihrer Herrschaftssicherung an, verurteilte aber Denunziationen in der NS-Zeit scharf. Sie schrieb ihren Zuträgern nicht die Begrifflichkeit eines Denunzianten zu. Dennoch war dem MfS sehr wohl bewusst, dass die Gesellschaft diese Handlungen missbilligte und machte sich dies auch zunutze. Eine Form der »Zersetzung« durch die Staatssicherheit konnte die Streuung eines Gerüchts, jemand sei inoffizieller Mitarbeiter, sein.[33]

---

33 Sandra Pingel-Schliemann: Zersetzen. Strategie einer Diktatur. Berlin 2002, S. 230. Deutlich wurde dies bereits 1993 im Sonderheft des »Spiegel« zur Stasi-Akte von Wolfgang Templin. Vgl. Von »Peter« zu »Verräter«. In: Der Spiegel (Sonderheft) v. 1.1.1993, S. 16–31.

Bei dem Begriff »Denunziation« handelt es sich in den meisten Fällen um eine Fremdzuschreibung – in der Regel aus der Sicht des Betroffenen, sofern er davon Kenntnis hat – durch die Gesellschaft und in wenigen Fällen auch durch die Institution, die davon profitiert. Interessant ist die Definition von »Denunziation« seitens der Funktionärselite in der SED. Diese wollte sich vom Nationalsozialismus abgrenzen und die negative Belegung des Begriffs nicht für die eigene Praxis der Herrschaftsausübung zulassen. So kam auch eingangs erwähntes Beispiel über die Hausversammlung zustande. Nur wer die Unwahrheit erzähle, sei ein Denunziant, aber eben nicht derjenige, der »Verbrechen« aus Sicht der SED aufkläre. Eine besondere Stilblüte ergibt sich aus einer Operativen Personenkontrolle in den 1980er Jahren, die den Decknamen »Denunziant« trägt. Hier bezeichnete das Ministerium für Staatssicherheit eine von Ost- nach West-Berlin ausgereiste Frau als »Denunziant«, weil sie die Stasi-Zuträgerschaft ihres Mannes an die Westberliner Behörden meldete.[34]

5   Zusammenfassung

Kategorien aufzubrechen, die vom MfS selbst verwendet wurden, ist besonders für ein Projekt, das sich mit dem Phänomen »Denunziation« auseinandersetzt, vielversprechend. Es ist in Bezug auf die Frage nach konkreten Handlungen, Spielräumen und Anpassungsstrategien interessant, zu untersuchen, wer wen und welche Handlung in der DDR denunzierte. Dafür lässt sich wieder das eingangs erwähnte Beispiel der Hausversammlung heranziehen. Die beiden SED-Funktionäre, von denen der Bericht über das Ereignis stammte, leiteten diesen an die SED-Kreisleitung weiter. Aufgefüllt wurden diese Ausführungen mit diversen weiterführenden Beschuldigungen und Verdächtigungen. Die Frau, die sich über das Denunzieren beschwerte, sei nicht nur eine ehemalige Gutsbesitzerfrau gewesen (und damit feindlich eingestellt), sondern stehe unter dem Einfluss westlicher Sender. Zusätzlich zum Bericht der Funktionäre suchte eine Nachbarin, Mitglied der SED, die SED-Kreisleitung auf. Dort berichtete sie, dass die Frau staatsfeindlich sei und die Menschen in ihrer Umgebung entsprechend beeinflussen würde. Außerdem sei sie Kartenlegerin und zur Krönung: Ihr Sohn sei Mechaniker beim RIAS.[35] Aufgrund dieser spontanen Denunziation bei der SED wurde die Nachbarin als Kontaktperson für die Staatssicherheit registriert. Zusätzlich verpflichtete das MfS eine Frau aus dem Ort, die sich von der Frau die Karten legen lassen und darüber dem MfS als

---

34   Bericht über die Einstellung der OPK »Denunziant« vom 30. Juni 1986. BStU, MfS, AOPK 970/88, Bl. 438–446.
35   Abschrift vom 23. September 1954. BStU, MfS, BV Schwerin, AOP 67/56, Bl. 8 f.

geheimer Informator berichten sollte. Im Gegensatz zur Nachbarin machte sie keine denunziatorischen Äußerungen, sondern trug dazu bei, die Vorwürfe zu entkräften.[36]

Diese Differenzierung wird nur deutlich, wenn der Historiker die Einzelfälle genau betrachtet. In dem geschilderten Fall machte eine Person, die als geheimer Informator (später wird diese Kategorie vom MfS als inoffizieller Mitarbeiter bezeichnet) verpflichtet wurde, keine denunziatorischen Aussagen. Im Gegensatz dazu denunzierte eine andere Person eine Nachbarin aufgrund ihrer politischen Haltung bei der SED.[37]

Was nach einem Anfangsverdacht gegen eine Person von den Behörden registriert wurde und in welcher Kategorie der Vorfall letztendlich landete, unterscheidet sich oftmals. So stehen IM-Akten, die nur aus wenigen Blättern bestehen und in denen keine Denunziation auftaucht, neben denen, wo jemand über viele Jahre hinweg in zahlreichen Berichten Freunde, Verwandte oder Kollegen an die Stasi verraten hat.

»Denunziation« bleibt ein problemhafter Begriff; egal für welche historische Epoche er verwendet wird. Eine komplette Historisierung des Themas, wie sie gefordert wird,[38] ist außerdem schwierig, weil es immer noch Betroffene gibt; Menschen, die denunziert haben, Menschen, die denunziert wurden, und Menschen, die Denunziationen entgegengenommen haben.

---

36 Abschlussbericht vom 10. Februar 1956. Ebenda, Bl. 50–51.
37 Ebenda.
38 Holger Zaunstöck: Das Milieu des Verdachts. Akademische Freiheit, Politikgestaltung und Emergenz der Denunziation in Universitätsstädten des 18. Jahrhunderts. Berlin 2010, S. 16.

Anhang

Abkürzungen

ABV	Abschnittsbevollmächtigter
ACDP	Archiv für Christlich-Demokratische Politik
ADBR	Landesarchiv Bas-Rhin (Elsass)
ADHR	Landesarchiv Haut-Rhin (Elsass)
AM	Agenturischer Mitarbeiter (VA) – inoffizieller Mitarbeiter des Bereichs Aufklärung
AOPK	Archivierte OPK-Akte → OPK
AS	Amtliche Sammlung des Bundesrechts (Schweiz)
BA	Bundesanwaltschaft (Schweiz)
BAR	Schweizerisches Bundesarchiv
BArch	Bundesarchiv
BdL	Büro der Leitung/des Leiters (MfS)
BDM	Bund Deutscher Mädel
BDVP	Bezirksbehörde der Deutschen Volkspolizei
BRB	Bundesratsbeschluss (Einzel-Entscheid des Schweizer Bundesrats)
BStU	Der Bundesbeauftragte für die Unterlagen des Staatssicherheitsdienstes der ehemaligen Deutschen Demokratischen Republik
BV	Bezirksverwaltung (MfS)
CdL	Comités de libération (Befreiungskomitee)
CDU	Christliche Demokratische Union
DAF	Deutsche Arbeitsfront
DDR	Deutsche Demokratische Republik
DFV	Datenfernverarbeitung
Diss.	Dissertation
FDGB	Freier Deutscher Gewerkschaftsbund (DDR)
FDJ	Freie Deutsche Jugend (DDR)
Gen.	Genosse
Gestapo	Geheime Staatspolizei
GHI	Geheimer Hauptinformator
GI	Geheimer Informator
GRU	Glawnoje Raswed iwatelnoje Uprawlenije – (russ.) Hauptverwaltung für Aufklärung; sowjetische Auslandsspionage
GV	Geschlechtsverkehr
HA	Hauptabteilung
HJ	Hitlerjugend
HLS	Historisches Lexikon der Schweiz
H-Soz-u-Kult	Humanities – Sozial- und Kulturgeschichte (Fachforum und moderierte Informations- und Kommunikationsplattform für Historikerinnen und Historiker)
HStA Drd.	Hauptstaatsarchiv Dresden
IHTP	Institut d'Histoire du Temps Présent (Institut für Zeitgeschichte)
IM	Inoffizieller Mitarbeiter
IMB	Inoffizieller Mitarbeiter der Abwehr mit Feindverbindung bzw. zur unmittelbaren Bearbeitung im Verdacht der Feindtätigkeit stehender Personen

k.k.	kaiserlich-königlich
KD	Kreisdienststelle (MfS)
Komintern	Kommunistische Internationale
KP	Kommunistische Partei
KPD	Kommunistische Partei Deutschlands
KPS	Kommunistische Partei der Schweiz
KPZ	Kommunistische Partei Zürich
KWVO	Kriegswirtschaftsverordnung
KZ	Konzentrationslager
LArch	Landesarchiv
LHASA	Landeshauptarchiv Sachsen-Anhalt
LPG	Landwirtschaftliche Produktionsgenossenschaft (DDR)
MdI	Ministerium des Innern (DDR)
MfS	Ministerium für Staatssicherheit (DDR) → Stasi
Mme.	Madame
MSGP	Mährisch-Schlesisches Gubernium-Präsidium
MZA Brno	Mährisches Landesarchiv Brünn
ND	Neues Deutschland (DDR) – Tageszeitung; 1950–1989 Zentralorgan des ZK der SED
Nds. StAS	Niedersächsisches Landesarchiv – Staatsarchiv Stade
NS	Nationalsozialismus
NSDAP	Nationalsozialistische Deutsche Arbeiterpartei
OPK	Operative Personenkontrolle (MfS)
Org.leiter	Organisationsleiter
PD	Polizeidirektion
RAD	Reichsarbeitsdienst
RdB	Rat des Bezirkes (DDR)
RdK	Rat des Kreises (DDR)
RdS (R.d.St.)	Rat der Stadt
RFB	Roter Frontkämpferbund
RGASPI	Russisches Staatsarchiv für soziale und politische Geschichte Moskau
RGO	Revolutionäre Gewerkschaftsorganisation
RIAS	Rundfunk im amerikanischen Sektor
RStGB	Reichsstrafgesetzbuch
SächsHStADD	Sächsisches Hauptstaatsarchiv Dresden
SächsStAL	Sächsisches Staatsarchiv Leipzig
SA	Sturmabteilung
SBZ	Sowjetische Besatzungszone
SED	Sozialistische Einheitspartei Deutschlands
SFB	Sonderforschungsbereich
SMT	Sowjetisches Militärtribunal
SOWI	Sozialwissenschaftliche Informationen (Zeitschrift)
StA	Staatsarchiv
Stasi	Staatssicherheit(sdienst)
StGB	Strafgesetzbuch – der DDR
SVS	Sicherheits- und Verschlusssache
SVV	Schweizerischer Vaterländischer Verband
UdSSR	Union der Sozialistischen Sowjetrepubliken
VEG	Volkeigenes Gut
V-Mann	Vertrauensmann
VPKA	Volkspolizeikreisamt

WKP(B)	Kommunistische Partei der Allunion (Bolschewiki); (Kommunistische Partei der Sowjetunion)
ZK	Zentralkomitee (SED)
ZPKK	Zentrale Parteikontrollkommission

Literatur

Abke, Stephanie: Denunziation – ein typisch weibliches Delikt? Frauen und Denunziation im Kreis Stade 1933–1949. In: Stader Jahrbuch 89–90 (2001), S. 215–228.

Abke, Stephanie: Sichtbare Zeichen unsichtbarer Kräfte. Denunziationsmuster und Denunziationsverhalten 1933–1949. Tübingen 2003.

Altendorf, Gabriele: Denunziation im Hochschulbereich der ehemaligen DDR. In: Jerouschek, Günter; Marßolek, Inge; Röckelein, Hedwig (Hg.): Denunziation. Historische, juristische und psychologische Aspekte. Tübingen 1997, S. 183–206.

Baecque, Antoine de: La dénonciation publique dans la presse et le pamphlet (1789–1791). In: Chisick, Harvey (Hg.): The Press in the French Revolution. Oxford 1991, S. 261–279.

Baecque, Antoine de: Le corps de l'histoire. Métaphores et politique (1770–1800). Paris 1993.

Baker, Keith Michael (Hg.): The French Revolution and the Creation of Modern Political Culture. Bd. 4, Oxford 1994.

Barck, Simone; Plener, Ulla (Hg.): Verrat. Die Arbeiterbewegung zwischen Terror und Trauma. Berlin 2009.

Baruch, Marc-Olivier (Hg.): Une poignée de misérables. L'Épuration de la société française après la Seconde Guerre mondiale. Paris 2003.

Bauerkämper, Arnd; Sabrow, Martin; Stöver, Bernd (Hg.): Doppelte Zeitgeschichte. Deutschdeutsche Beziehungen 1945–1990. Bonn 1998.

Becker, Sven; Wensierski, Peter: Neue Stasi-Indizien gegen Investor an der East-Side Gallery. In: Spiegel-Online v. 10.4.2013. http://www.spiegel.de/panorama/east-side-gallery-stasi-indizien-gegen-investor-maik-uwe-hinkel-a-893550.html (letzter Zugriff 19.6.2013).

Behnke, Klaus; Wolf, Jürgen (Hg.): Stasi auf dem Schulhof. Der Missbrauch von Kindern und Jugendlichen durch das Ministerium für Staatssicherheit. Hamburg 2012.

Bergère, Marc: Comment juger la »délation« à la Libération? In: Joly, Laurent (Hg.): La délation dans la France des années noires. Paris 2012, S. 287–306.

Bergère, Marc: Les pouvoirs publics et la conduite des processus d'épuration. In: Baruch, Marc-Olivier (Hg.): Une poignée de misérables. L'Épuration de la société française après la Seconde Guerre mondiale. Paris 2003

Bergère, Marc: Une société en épuration. Épuration vécue et perçue en Maine-et-Loire, de la Libération au début des années 1950. Rennes 2003.

Bergmann, Jörg: Geheimhaltung und Verrat in der Klatschkommunikation. In: Spitznagel, Albert (Hg.): Geheimnis und Geheimhaltung. Erscheinungsformen, Funktionen, Konsequenzen. Göttingen 1998, S. 139–148.

Bergmann, Jörg; Galanova; Olga: Objectifying suspicion – Suspicious objectivity. Documentary practices of Stasi protocols (im Druck).

Bergmann, Karl Hans: Der Schlaf vor dem Erwachen. Stationen der Jahre 1931–1949. Berlin 2002.

Berlière, Jean-Marc (mit Laurent Chabrun): Les policiers français sous l'occupation. Paris 2001.

Berr, Michael; Beyrau, Dieter; Rauh, Cornelia (Hg.): Deutschsein als Grenzerfahrung. Minderheitenpolitik in Europa zwischen 1914 und 1950. Essen 2009.

Bessel, Richard; Jessen, Ralph (Hg.): Grenzen der Diktatur. Staat und Gesellschaft in der DDR. Göttingen 1996.

Bock, Bettina: »Blindes« Schreiben im Dienste der DDR-Staatssicherheit. Eine text- und diskurslinguistische Untersuchung von Texten der inoffiziellen Mitarbeiter. Bremen 2013.

Boltanski, Luc: La dénonciation. In: Acte de la recherche en sciences sociales 51 (1984), S. 3–40.

Broszat, Martin: Politische Denunziation in der NS-Zeit. Aus Forschungserfahrungen im Staatsarchiv München. In: Archivalische Zeitschrift 73 (1977), S. 221–238.

Broszat, Martin; Fröhlich, Elke; Grossmann, Anton (Hg.): Bayern in der NS-Zeit. Bd. IV: Herrschaft und Gesellschaft im Konflikt. München u. a. 1981.

Bucholtz, Mary: The politics of transcription. In: Journal of Pragmatics 32 (2000) 10, S. 1439–1466.

Budde, Heidrun: Der Spitzelapparat der Deutschen Volkspolizei. In: Verwaltungsrundschau 4 (2010), S. 123–126.

Budde, Heidrun: Ein Appell an das Böse und seine Folgen. In: Deutschland Archiv 43 (2010) 4, S. 640–650.

Capdevila, Luc: Les Bretons au lendemain de l'Occupation. Imaginaire et comportement d'une sortie de guerre. 1944–1945. Rennes 1999.

Chisick, Harvey (Hg.): The Press in the French Revolution. Oxford 1991.

Chvojka, Michal: Josef Graf Sedlnitzky als Präsident der Polizei- und Zensurhofstelle in Wien (1817–1848). Ein Beitrag zur Geschichte der Staatspolizei in der Habsburgermonarchie. Frankfurt/M. u. a. 2010, S. 22–24.

Chvojka, Michal: Tra nazionalismo e assolutismo. I Carbonari, prigionieri politici di stato nello Spielberg. In: Leoncini, Francesco (Hg.): L'Alba dell'Europa Liberale. La trama internazionale delle cospirazioni risorgimentali. Rovigo 2012, S. 31–48.

Danzer, Doris: Zwischen Vertrauen und Verrat. Deutschsprachige kommunistische Intellektuelle und ihre sozialen Beziehungen (1918–1960). Göttingen 2012.

Degen, Bernard: Landesstreik. In: HLS, Version v. 9.8.2012, http://www.hls-dhs-dss.ch/textes/d/D16533.php (letzter Zugriff: 7.6.2013).

Der große Duden. Wörterbuch und Leitfaden der deutschen Rechtschreibung. Berlin 1980.

Die Schweiz und die Flüchtlinge zur Zeit des Nationalsozialismus. Hg. Unabhängige Expertenkommission Schweiz – Zweiter Weltkrieg. Zürich 2002.

Die Schweiz, der Nationalsozialismus und der Zweite Weltkrieg. Hg. Unabhängige Expertenkommission Schweiz – Zweiter Weltkrieg. Zürich 2002.

Diewald-Kerkmann, Gisela: Denunziant ist nicht gleich Denunziant. Zum Vergleich des Denunzianten während der nationalsozialistischen Herrschaft und dem Inoffiziellen Mitarbeiter des Ministeriums für Staatssicherheit der DDR. In: Behnke, Klaus; Wolf, Jürgen (Hg.): Stasi auf dem Schulhof. Der Missbrauch von Kindern und Jugendlichen durch das Ministerium für Staatssicherheit. Hamburg 2012, S. 63–73.

Diewald-Kerkmann, Gisela: Politische Denunziation – eine »weibliche Domäne«? Der Anteil von Männern und Frauen unter Denunzianten und ihren Opfern. In: 1999. Zeitschrift für Sozialgeschichte des 20. und 21. Jahrhunderts 11 (1996) 2, S. 11–35.

Diewald-Kerkmann, Gisela: Politische Denunziation im NS-Regime oder Die kleine Macht der »Volksgenossen«. Bonn 1995.

Diewald-Kerkmann, Gisela: Vertrauensleute, Denunzianten, Geheime und Inoffizielle Mitarbeiter in diktatorischen Regimen. In: Bauerkämper, Arnd; Sabrow, Martin; Stöver, Bernd (Hg.): Doppelte Zeitgeschichte. Deutsch-deutsche Beziehungen 1945–1990. Bonn 1998, S. 282–295.

Dördelman, Katrin: Denunziationen im Nationalsozialismus. Geschlechtsspezifische Aspekte. In: Jerouschek, Günter; Marßolek, Inge; Röckelein, Hedwig (Hg.): Denunziation. Historische, juristische und psychologische Aspekte. Tübingen 1997, S. 157–167.

Döscher, Hans-Jürgen: Der Fall »Behrens« in Stade. Eine Dokumentation zum Verhältnis Kirche–Partei–Staat im Dritten Reich. In: Stader Jahrbuch 1972, S. 70–90.

Duden. Deutsches Universalwörterbuch. Mannheim u. a. 2007.

Eckert, Rainer: »Flächendeckende Überwachung«. Gestapo und Stasi – ein Vergleich. In: Der Spiegel (Sonderheft) v. 1.1.1993, S. 165–167.

Engelking, Barbara: »Sehr geehrter Herr Gestapo«. Denunziationen im deutsch besetzten Polen 1940/41. In: Mallmann, Klaus-Michael; Musial, Bogdan (Hg.): Genesis des Genozids. Polen 1939–1941. Darmstadt 2004, S. 206–220.

Ernst, Andreas; Wigger, Erich: Innovation und Repression. Die Restabilisierung der bürgerlichen Schweiz nach dem Ersten Weltkrieg. In: Imhof, Kurt; Kleger, Heinz; Gaetano, Romano (Hg.): Zwischen Konflikt und Konkordanz. Analyse von Medienereignissen in der Schweiz der Vor- und Zwischenkriegszeit. Zürich 1993, S. 109–171.

Ernst, Eugen: Polizeispitzeleien und Ausnahmegesetze 1878–1910. Ein Beitrag zur Geschichte der Bekämpfung der Sozialdemokratie. Berlin 1911.

Erren, Lorenz: »Selbstkritik« und Schuldbekenntnis. Kommunikation und Herrschaft unter Stalin (1917–1953). München 2008.

Ettrich, Ralph: Der »Inoffizielle Mitarbeiter« als gezielter Denunziant innerhalb des Systems der Staatssicherheit. Norderstedt 2002, S. 18–20.

Fallersleben, Hoffmann von (Hg.): Politische Gedichte aus der deutschen Vorzeit. Leipzig 1843.

Fallersleben, Hoffmann von (Hg.): Unpolitische Lieder. Hamburg 1840.

Fallersleben, Hoffmann von (Hg.): Unpolitische Lieder. Theil 2. Hamburg 1841.

Farge, Arlette; Foucault, Michel: Le Désordre des familles. Lettres de cachet des Archives de la Bastille au XVIIIe siècle. Gallimard Julliard. Paris 1982.

Fasora, Lukáš; Hanuš, Jiří; Malíř, Jiří (Hg.): Člověk na Moravě 19. Století. Brno 2008.

Fitzpatrick, Sheila; Gellately, Robert (Hg.): Accusatory Practices. Denunciation in Modern European History 1789–1989. Chicago 1997.

Fitzpatrick, Sheila: Denunciation and Problems of Loyalty and Citizenship. In: Hohkamp, Michaela; Ulbrich, Claudia (Hg.): Der Staatsbürger als Spitzel. Denunziation während des 18. und 19. Jahrhunderts aus europäischer Perspektive. Leipzig 2001, S. 383–396.

Fitzpatrick, Sheila; Gellately, Robert: Introduction to the Practices of Denunciation in Modern European History. In: Fitzpatrick, Sheila; Gellately, Robert (Hg.): Accusatory Practices. Denunciation in Modern European History 1789–1989. Chicago 1997, S. 1–21.

Fitzpatrick, Sheila; Gellately, Robert: Introduction to the Practices of Denunciation in Modern European History. In: The journal of modern history 68 (1996) 4, S. 747–767.

Forcher, Michael: Die geheime Staatspolizei im vormärzlichen Tirol und Vorarlberg. Diss. Innsbruck 1966, S. 128–142.

Forschungsprogramm. Sonderforschungsbereich 584 »Das Politische als Kommunikationsraum in der Geschichte«. http://www.uni-bielefeld.de/(es)/geschichte/forschung/sfb584/allgemein/forschungsprogramm.html (letzter Zugriff: 27.5.2013).

Frank, Rahel: »Realer – Exakter – Präziser«? Die DDR-Kirchenpolitik gegenüber der Evangelisch-Lutherischen Landeskirche Mecklenburgs von 1971 bis 1989. Schwerin 2008.

Friedrich, Wolfgang-Uwe: Bürokratischer Totalitarismus – Zur Typologie des SED-Regimes. In: German Studies Review 17 (1994), special issue: Totalitäre Herrschaft – totalitäres Erbe, S. 1–21.

Fulbrook, Mary: Methodologische Überlegungen zu einer Gesellschaftsgeschichte. In: Bessel, Richard; Jessen, Ralph (Hg.): Grenzen der Diktatur. Göttingen 1996, S. 274–297.

Gast, Uriel: Von der Kontrolle zur Abwehr. Die eidgenössische Fremdenpolizei im Spannungsfeld von Politik und Wirtschaft 1915–1933. Zürich 1997.

Gautschi, Willi: Der Landesstreik 1918. Zürich 1988.

Gayraud, Jean-François: La dénonciation. Paris 1995, erster Teil.

Gellately, Robert: Denunciation as a Subject of Historical Research. In: Historische Sozialforschung 26 (2001) 2/3, S. 16–29.

Gellately, Robert: The Gestapo and German Society. Political Denunciation in the Gestapo Case Files. In: The Journal of Modern History 60 (1988) 4, S. 654–694.

Geller, Mikhail: Mashina i vintiki. Istorija formirovanija sovetskogo cheloveka. Moskau 1994.

Gerrits, André: The myth of jewish communism. A historical interpretation. Brüssel 2009.

Gieseke, Jens (Hg.): Staatssicherheit und Gesellschaft. Studien zum Herrschaftsalltag in der DDR. Göttingen 2007.

Gieseke, Jens: Bevölkerungsstimmungen in der geschlossenen Gesellschaft. MfS-Berichte an die DDR-Führung in den 1960er- und 1970er Jahren. In: Zeithistorische Forschungen/Studies in Contemporary History, Online-Ausgabe 5 (2008) 2. http://www.zeithistorische-forschungen.de/16126041-Gieseke-2-2008 (letzter Zugriff: 1.5.2013).

Gieseke, Jens: Die Stasi 1945–1990. München 2011.

Gieseke, Jens: Einleitung. In: ders. (Hg.): Staatssicherheit und Gesellschaft. Studien zum Herrschaftsalltag in der DDR. Berlin 2007, S. 7–20.

Godineau, Dominique: Cityoennes tricoteuses. Les femmes du peuple à Paris pendant la Révolution Française. Aix en Provence 1988 (2004).

Grashoff, Udo: Schwarzwohnen. Die Unterwanderung der staatlichen Wohnraumlenkung in der DDR. Göttingen 2011.

Guilhaumou, Jacques: Fragments of a Discourse on Denunciation (1789–1794). In: Baker, Keith Michael (Hg.): The French Revolution and the Creation of Modern Political Culture. Bd. 4, Oxford 1994, S. 139–155.

Guilhaumou, Jacques: L'avènement des porte-paroles de la République (1789–1792). Villeneuve d'Asq 1998.

Härter, Karl: Security and »Gute Policey« in Early Modern Europe: Concepts, Laws and Instruments. In: Historische Sozialforschung 35 (2010) 4, S. 41–65.

Hartewig, Karin: Werner, Ruth. In: Wielgohs, Jan; Hoffmann, Dieter u. a. (Hg.): Wer war wer in der DDR? Bd. II, Berlin 2006.

Hartewig, Karin: Zurückgekehrt. Die Geschichte der jüdischen Kommunisten in der DDR. Köln u. a. 2000.

Henke, Klaus-Dietmar; Woller, Hans (Hg.): Politische Säuberung in Europa. Die Abrechnung mit Faschismus und Kollaboration nach dem Zweiten Weltkrieg. München 1991.

Hensle, Michael P.: Denunziantentum und Diktatur. Denunziation als Mittel der Machtausübung und Konfliktaustragung im nationalsozialistischen Deutschland. In: Zeitschrift für Geschichtswissenschaften 51 (2003) 2, S. 144–161.

Herlemann, Beatrix: Die Emigration als Kampfposten. Die Anleitung des kommunistischen Widerstandes in Deutschland aus Frankreich, Belgien und den Niederlanden. Königstein im Taunus 1982.

Hettling, Manfred: Bürgerlichkeit. Eine ungesellige Geselligkeit. In: Hettling, Manfred (Hg.): Eine kleine Geschichte der Schweiz. Frankfurt/M. 1998, S. 227–264.

Hettling, Manfred (Hg.): Eine kleine Geschichte der Schweiz. Der Bundesstaat und seine Traditionen. Frankfurt/M. 1998.

Hjorth, Ingeborg u. a. (Hg.): Fienden blant oss. Angiveri i Norge under andre verdenskrig. Ekne 2011.

Hofmann, Jürgen: Das Trauma des Verrats an der Arbeiterbewegung. Versuch einer Einführung. In: Barck, Simone; Plener, Ulla (Hg.): Verrat. Die Arbeiterbewegung zwischen Terror und Trauma. Berlin 2009, S. 9–17.

Hohkamp, Michaela; Ulbrich, Claudia (Hg.): Der Staatsbürger als Spitzel. Denunziation während des 18. und 19. Jahrhunderts aus europäischer Perspektive. Leipzig 2001.

Hornung, Ela: Denunziation als soziale Praxis. Fälle aus der NS-Militärjustiz. Wien u. a. 2010.

Hürtgen, Renate: Denunziation als allgemeine Selbstverständlichkeit. In: Deutschland Archiv 44 (2010) 5, S. 873–874.

Hüttenberger, Peter: Heimtückefälle vor dem Sondergericht München 1933–1939. In: Broszat, Martin; Fröhlich, Elke; Grossmann, Anton (Hg.): Bayern in der NS-Zeit. Bd. IV: Herrschaft und Gesellschaft im Konflikt. München u. a. 1981. S. 435–526.

Im Hof, Ulrich u. a. (Hg.): Geschichte der Schweiz und der Schweizer. Basel 1986.

Imhof, Kurt; Kleger, Heinz; Gaetano, Romano (Hg.): Zwischen Konflikt und Konkordanz. Analyse von Medienereignissen in der Schweiz der Vor- und Zwischenkriegszeit. Zürich 1993.

Im Namen des Deutschen Volkes. Justiz und Nationalsozialismus. Katalog zur Ausstellung des Bundesministers der Justiz. Hg. v. Bundesminister der Justiz. Köln 1989, S. 396–446.

Jacob, Günter: Der ihn verriet. Gedanken zur Predigt über Judas. In: Die Kirche 18 (1963) 13, 31.3.1963.

Jacob, Günter: Heute, so ihr seine Stimme höret. Ausgewählte Predigten in das gegenwärtige Zeitgeschehen hinein. Berlin (Ost) 1956.

Jeanneret, Pierre: Genfer Unruhen. In: HLS, Version v. 25.8.2005, übersetzt aus dem Französischen http://www.hls-dhs-dss.ch/textes/d/D17337.php (letzter Zugriff: 7.6.2013).

Jerouschek, Günter; Marßolek, Inge; Röckelein, Hedwig (Hg.): Denunziation. Historische, juristische und psychologische Aspekte. Tübingen 1997.

Jessen, Ralph; Richter, Hedwig: Non-Competitive Elections in 20th century dictatorships: Some questions and general considerations. In: Jessen, Ralph; Richter, Hedwig (Hg.): Voting for Hitler and Stalin. Elections under 20th century dictatorships. Frankfurt/M. u. a. 2011, S. 9–36.

Jessen, Ralph: Diktatorische Herrschaft als kommunikative Praxis. Überlegungen zum Zusammenhang von »Bürokratie« und Sprachnormierung in der DDR-Geschichte. In: Lüdtke, Alf; Becker, Peter (Hg.): Akten. Eingaben. Schaufenster. Die DDR und ihre Texte. Erkundungen zu Herrschaft und Alltag. Berlin 1997.

Jessen, Ralph; Richter, Hedwig (Hg.): Voting for Hitler and Stalin. Elections under 20th century dictatorship. Frankfurt/M. u. a. 2011.

Joly, Laurent (Hg.): La délation dans la France des années noires. Paris 2012.

Jost, Hans Ulrich: Bedrohung und Enge. In: Im Hof, Ulrich u. a. (Hg.): Geschichte der Schweiz und der Schweizer. Basel 1986, S. 731–820.

Jost, Hans-Ulrich: Der historische Stellenwert des Landesstreiks. Nachwort zu: Gautschi, Willi: Der Landesstreik 1918. Zürich 1988, S. I–XVI.

Kamis-Müller, Aron: Antisemitismus in der Schweiz 1900–1930. Zürich 1990.

Kaufmann, Claudia; Leimgruber, Walter (Hg.): Was Akten bewirken können. Integrations- und Ausschlussprozesse eines Verwaltungsvorgangs. Zürich 2008.

Kershaw, Ian: The »Hitler Myth«. Image and Reality in the Third Reich. Oxford 1984.

Kerz-Rühling, Ingrid; Plänkers, Thomas: Verräter oder Verführte. Eine psychoanalytische Untersuchung inoffizieller Mitarbeiter der Stasi. Berlin 2004.

Klee, Ernst: »Euthanasie« im NS-Staat. Die ›Vernichtung unwerten Lebens‹. Frankfurt/M. 1983.

Koch, Arnd: Denunciatio. Zur Geschichte eines strafprozessualen Rechtsinstituts. Frankfurt/M. 2006.

Koch, Josef [Sepp Schwab]: Der Kampf gegen Spitzelei und Provokation. Moskau 1935.

Kohser-Spohn, Christiane: Das Private wird politisch. Denunziationspraxis in einem Grenzland während der Französischen Revolution. In: Hohkamp, Michaela; Ulbrich, Claudia (Hg.): Der Staatsbürger als Spitzel. Denunziationen während des 18. und 19. Jahrhunderts aus europäischer Perspektive. Leipzig 2001, S. 211–269.

Kohser-Spohn, Christiane: Elsass 1945. Eine Gesellschaft wird gesäubert. In: Berr, Michael; Beyrau, Dieter; Rauh, Cornelia (Hg.): Deutschsein als Grenzerfahrung. Minderheitenpolitik in Europa zwischen 1914 und 1950. Essen 2009, S. 111–134.

König, Mario: Politik und Gesellschaft im 20. Jahrhundert. Krisen, Konflikte, Reformen. In: Manfred Hettling (Hg.): Eine kleine Geschichte der Schweiz. Der Bundesstaat und seine Traditionen. Frankfurt/M. 1998, S. 21–90.

Kowalczuk, Ilko-Sascha: Stasi konkret. Überwachung und Repression in der DDR. München 2013.

Kreis, Georg: Staatsschutz. In: HLS, Version v. 27.2.2012. http://www.hls-dhs-dss.ch/textes/d/D17352.php. (letzter Zugriff: 7.6.2013).

Krug-Richter, Barbara; Mohrmann, Ruth-Elisabeth (Hg.): Frühneuzeitliche Universitätskulturen. Kulturhistorische Perspektiven auf die Hochschulen in Europa. Köln u. a. 2009.

Kundrus, Birthe: Kriegerfrauen. Familienpolitik und Geschlechterverhältnisse im Ersten und Zweiten Weltkrieg. Hamburg 1995.

Laborie, Pierre: Les Français des années troubles. De la guerre d'Espagne à la Libération. Paris 2001.

Ladendorf, Otto: Über Zitatensammlungen. In: Zeitschrift für den deutschen Unterricht 25 (1911) 4, S. 256 f.

Lagrou, Peter: Mémoires patriotiques et Occupation nazie. Résistants, requis et déportés en Europe occidentale 1945–1965. Brüssel 2003.

Leber, Annedore: Das Gewissen steht auf. 64 Lebensbilder aus dem deutschen Widerstand 1933–1945. Berlin (West) u. a. 1954.

Leitner, Hermann: Der geheime Dienst in seinen Anfängen. Zur Zeit des österreichischen Absolutismus. Diss. Wien 1994.

Lenin, Wladimir Iljitsch: Sozialismus und Anarchismus. In: Lenin Werke. Bd. 10, Berlin (Ost) 1958, S. 57–60.

Leo, Annette: Die Falle der Loyalität. Wolfgang Steinitz und die Generation der DDR-Gründerväter und -mütter. In: von der Lühe, Irmela; Schildt, Axel; Schüler-Springorum, Stefanie (Hg.): »Auch in Deutschland waren wir nicht wirklich zu Hause.« Jüdische Remigration nach 1945. Göttingen 2008, S. 299–312.

Leoncini, Francesco (Hg.): L´Alba dell´Europa Liberale. La trama internazionale delle cospirazioni risorgimentali. Rovigo 2012.

Lindenberger, Thomas: Die Diktatur der Grenzen. Zur Einleitung In: ders. (Hg.): Herrschaft und Eigen-Sinn in der Diktatur. Studien zur Gesellschaftsgeschichte der DDR. Köln u. a. 1999, S. 13–44.

Lindenberger, Thomas (Hg.): Herrschaft und Eigen-Sinn in der Diktatur. Studien zur Gesellschaftsgeschichte der DDR. Köln u. a. 1999.

Lindenberger, Thomas: Volkspolizei. Herrschaftspraxis und öffentliche Ordnung im SED-Staat 1952–1968. Köln u. a. 2003.

Lněničková, Jitka: České země v době předbřeznové 1792–1848. Prag 1999.

Lohmann, Hartmut: »Hier war doch alles nicht so schlimm ...«. Stade im Nationalsozialismus. Stade 1991.

Lucas, Colin: The Theory and the Practice of Denunciation in the French Revolution. In: Journal of Modern History 68 (1996), S. 768–795.

Lucien Jaume: Le discours jacobin et la démocratie. Paris 1989.

Lüdtke, Alf: »... den Menschen vergessen«? – oder: Das Maß der Sicherheit. Arbeiterverhalten der 1950er Jahre im Blick von MfS, SED, FDGB und staatlichen Leitungen. In: Lüdtke, Alf; Becker, Peter (Hg.): Akten. Eingaben. Schaufenster. Die DDR und ihre Texte. Erkundungen zu Herrschaft und Alltag. Berlin 1997, S. 189–192.

Lüdtke, Alf; Becker, Peter (Hg.): Akten. Eingaben. Schaufenster. Die DDR und ihre Texte. Erkundungen zu Herrschaft und Alltag. Berlin 1997.

Lüdtke, Alf: Denunziationen. Politik aus Liebe? In: Hohkamp, Michaela; Ulbrich, Claudia (Hg.): Der Staatsbürger als Spitzel. Denunziation während des 18. und 19. Jahrhunderts aus europäischer Perspektive. Leipzig 2001, S. 397–407.

Lüdtke, Alf; Fürmetz, Gerhard: Denunziation und Denunzianten. Politische Teilhabe oder Selbstüberwachung. In: SOWI – Sozialwissenschaftliche Informationen 27 (1998) 2, S. 80–86.

Lühe, Irmela von der; Schildt, Axel; Schüler-Springorum, Stefanie (Hg.): »Auch in Deutschland waren wir nicht wirklich zu Hause.« Jüdische Remigration nach 1945. Göttingen 2008.

Maaz, Hans-Joachim: Das verhängnisvolle Zusammenspiel intrapsychischer, interpersoneller und gesellschaftlicher Dynamik – am Beispiel der Denunziation in der DDR. In: Jerouschek, Günter; Marßolek, Inge; Röcklein, Hedwig: Denunziation. Historische, juristische und psychologische Aspekte. Tübingen 1997.

Mader, Julius: Dr.-Sorge-Report. Ein Dokumentarbericht über Kundschafter des Friedens mit ausgewählten Artikeln von Richard Sorge. 2. Aufl., Berlin (Ost) 1985.

Mallmann, Klaus-Michael: Die V-Leute der Gestapo. Umrisse einer kollektiven Biographie. In: Paul, Gerhard; Mallmann, Klaus-Michael (Hg.): Die Gestapo. Mythos und Realität. Darmstadt 1995, S. 268–287.

Mallmann, Klaus-Michael: Brüderlein & Co. Die Gestapo und der kommunistische Widerstand in der Kriegsendphase. In: Paul, Gerhard; Mallmann, Klaus-Michael (Hg.): Die Gestapo im Zweiten Weltkrieg. »Heimatfront« und besetztes Europa. Darmstadt 2000, S. 270–287.

Mallmann, Klaus-Michael; Musial, Bogdan (Hg.): Genesis des Genozids. Polen 1939–1941. Darmstadt 2004.

Martschukat, Jürgen (Hg.): Geschichte schreiben mit Foucault. Frankfurt/M. 2002.

Marßolek, Inge: »Das Denunzieren als eine üble Zeiterscheinung muß nachträglich bekämpft werden«. Denunziation in Deutschland 1933 bis 1949. In: Potsdamer Bulletin für Zeithistorische Studien (2002) 25, S. 17–34.

Marx, Karl; Engels, Friedrich: Werke. Bd. 13, 7. Aufl., unveränderter Nachdruck der 1. Aufl. 1961, Berlin (Ost) 1971.

Mills, Charles Wright: Situated Actions and Vocabularies of Motive. In: American Sociological Review 5 (1940), S. 904–913.

Mohr, Markus; Viehmann, Klaus (Hg.): Spitzel. Eine kleine Sozialgeschichte. Berlin 2004.

Mohr, Markus: An den Spitzel Ernst Rambow wird noch immer gedacht. In: Mohr, Markus; Viehmann, Klaus (Hg.): Spitzel. Eine kleine Sozialgeschichte. Berlin 2004, S. 99–104.

Muhle, Susanne u. a. (Hg.): Die DDR im Blick. Ein zeithistorisches Lesebuch. Berlin 2008.

Müller, Reinhard u. a. (Hg.): Die Säuberung. Moskau 1936. Stenogramm einer geschlossenen Parteiversammlung. Reinbek bei Hamburg 1991.

Müller, Reinhard: Menschenfalle Moskau, Exil und stalinistische Verfolgung. Hamburg 2011.

Müller, Reto Patrick: Innere Sicherheit Schweiz. Rechtliche und tatsächliche Entwicklungen im Bund seit 1848. Egg bei Einsiedeln 2009.

Müller-Enbergs, Helmut: IM-Statistik 1985–1989. Berlin 1993.

Müller-Enbergs, Helmut (Hg.): Inoffizielle Mitarbeiter des Ministeriums für Staatssicherheit. Teil 1: Richtlinien und Durchführungsbestimmungen. Berlin 2001.

Müller-Enbergs, Helmut: Die inoffiziellen Mitarbeiter. Berlin 2008, S. 35–38.

Müller-Enbergs, Helmut: Inoffizielle Mitarbeiter des Ministeriums für Staatssicherheit. Teil 3: Statistiken. Berlin 2008.

Münkel, Daniela: Nationalsozialistische Agrarpolitik und Bauernalltag. Frankfurt/M. u. a. 1996.

Novick, Peter: L'épuration française 1944–1949. Paris 1985 (London 1968).

Online-Steckbriefe – Politisch korrekte Denunziation auf Wikipedia. In: Fokus 46 (2012), S. 129.

Paul, Gerhard; Mallmann, Klaus-Michael (Hg.): Die Gestapo. Mythos und Realität. Darmstadt 1995.

Paul, Gerhard; Mallmann, Klaus-Michael (Hg.): Die Gestapo im Zweiten Weltkrieg. »Heimatfront« und besetztes Europa. Darmstadt 2000.

Paul, Gerhard: Private Konfliktregulierung, gesellschaftliche Selbstüberwachung, politische Teilhabe? Neuere Forschungen zur Denunziation im Dritten Reich. In: Archiv für Sozialgeschichte 42 (2002), S. 380–402.

Pingel-Schliemann, Sandra: Zersetzen. Strategie einer Diktatur. Berlin 2002.

Popall, Käthe: Ein schwieriges politisches Leben. Fischerhude 1985.

Rauh, Cornelia: Forschungen zur französischen Zone. Geschichte der Besatzungspolitik oder Geschichte der Besatzungszeit? In Informationen zur modernen Stadtgeschichte 2 (1994), S. 16–21.

Reuband, Karl-Heinz: Denunziation im Dritten Reich. Die Bedeutung von Systemunterstützung und Gelegenheitsstrukturen. In: Historische Sozialforschung 26 (2001) 2/3, S. 219–234.

Richter, Hedwig: Die DDR. Paderborn 2009.

Richter, Hedwig: Die Effizienz bürokratischer Normalität. Das ostdeutsche Berichtswesen. Konferenzpaper bei der Tagung »Politische Kommunikation im Staatssozialismus nach 1945« vom 07.10.2011–08.10.2011 in Bielefeld. In: Tagungsbericht Politische Kommunikation im Staatssozialismus nach 1945. 07.10.2011–08.10.2011, Bielefeld, in: H-Soz-u-Kult, 05.01.2012, http://hsozkult.geschichte.hu-berlin.de/tagungsberichte/id=3986.

Richter, Hedwig: Mass Obedience. Practices and functions of elections in the German Democratic. In: Jessen, Ralph; Richter, Hedwig (Hg.): Voting for Hitler and Stalin. Elections under 20th century dictatorship. Frankfurt/M. u. a. 2011, S. 103–125.

Richter, Hedwig: Pietismus im Sozialismus. Die Herrnhuter Brüdergemeine in der DDR. Göttingen 2009, S. 153–164.

Richter, Hedwig: Rechtsunsicherheit als Prinzip. Die Herrnhuter Brüdergemeine und wie der SED-Staat seine Untertanen in Schach hielt. In: Muhle, Susanne u. a. (Hg.): Die DDR im Blick. Ein zeithistorisches Lesebuch. Berlin 2008, S. 77–85.

Ross, Friso; Landwehr, Achim (Hg.): Denunziation und Justiz. Historische Dimensionen eines sozialen Phänomens. Tübingen 2000.

Rouquet, François: L'épuration dans l'administration française. Agents de l'État et collaboration ordinaire. Paris 1993.

Rousso, Henri: L'Épuration en France. Une histoire inachevée. In: Vingtième siècle 33 (1992), S. 78–105.

Rousso, Henri: L'Épuration. Die politische Säuberung in Frankreich. In: Henke, Klaus-Dietmar; Woller, Hans (Hg.): Politische Säuberung in Europa. Die Abrechnung mit Faschismus und Kollaboration nach dem Zweiten Weltkrieg. München 1991, S. 192–240.

Sälter, Gerhard: Denunziation – Staatliche Verfolgungspraxis und Anzeigeverhalten der Bevölkerung. In: Zeitschrift für Geschichtswissenschaft 47 (1999), S. 153–165.

Sälter, Gerhard: Loyalität und Denunziation in der ländlichen Gesellschaft der DDR. Die freiwilligen Helfer der Grenzpolizei im Jahr 1952. In: Schröter, Michael (Hg.): Der willkommene Verrat. Beiträge zur Denunziationsforschung. Weilerswist 2007, S. 159–184.

Sanders, Daniel (Hg.): Citatenlexikon. Sammlung von Citaten, Sprichwörtern, sprichwörtlichen Redensarten und Sentenzen. Leipzig 1899.

Sattler, Friederike: Wirtschaftsordnung im Übergang. Politik, Organisation und Funktion der KPD/SED im Land Brandenburg bei der Etablierung der zentralen Planwirtschaft in der SBZ/DDR 1945–52. Bd. 2, Berlin 2002, S. 745.

Sauerland, Karol. Dreißig. Silberlinge. Denunziation – Gegenwart und Geschichte. Berlin 2000.

Scheer, Regina: Rambow. Spuren von Verfolgung und Verrat. In: Dachauer Hefte 10 (1994) 10, S. 191–213.

Scherbakova, Irina: Die Denunziation in der Sowjetunion und im postsowjetischen Russland. In: Historische Sozialforschung 26 (2001) 2/3, S. 170–178.

Scherbakowa, Irina: Die Denunziation im Gedächtnis und in den Archivdokumenten. In: Jerouschek, Günter; Marßolek, Inge; Röckelein, Hedwig (Hg.): Denunziation. Historische, juristische und psychologische Aspekte. Tübingen 1997, S. 168–182.

Schlink, Bernhard: Der Verrat. In: Schröter, Michael (Hg.): Der willkommene Verrat. Beiträge zur Denunziationsforschung. Weilerswist 2007, S. 13–31.

Schlotterbeck, Friedrich: ... Wegen Vorbereitung zum Hochverrat hingerichtet ... Stuttgart 1946.

Schlotterbeck, Friedrich: Je dunkler die Nacht ... Erinnerungen eines deutschen Arbeiters 1933–1945. Stuttgart 1986, S. 208–212.

Schröter, Michael (Hg.): Der willkommene Verrat. Beiträge zur Denunziationsforschung. Weilerswist 2007.

Schröter, Michael: Der willkommene Verrat. In: ders. (Hg.): Der willkommene Verrat. Beiträge zur Denunziationsforschung. Weilerswist 2007, S. 203–226.

Schröter, Michael: Wandlungen des Denunziationsbegriffs. In: ders. (Hg.): Der willkommene Verrat. Beiträge zur Denunziationsforschung. Weilerswist 2007, S. 33–70.

Schubert, Helga: Judasfrauen. Zehn Fallgeschichten weiblicher Denunziation im Dritten Reich. Frankfurt/M. 1990.

Schwarz, Hans: Der Schweizerische »Vaterländische« Verband und sein Generalsekretär. In: Die Nation v. 6.9.1944.

Sciesinski, Wolfgang: Zeuge des Glaubens. 37 Jahre in der DDR-Diktatur. Leipzig 2012.

Simmel, Georg: Soziologie. Untersuchungen über die Formen der Vergesellschaftung. Berlin 1908.

Simonin, Anne: L'indignité nationale. Ein châtiment republicain. In Baruch, Marc-Olivier (Hg.): Une poignée de misérables. L'Épuration de la société française après la Seconde Guerre mondiale. Paris 2003.

Simonin, Anne: Le déshonneur dans la République. Une histoire de l'indignité 1791–1958. Paris 2008.

Spitznagel, Albert (Hg.): Geheimnis und Geheimhaltung. Erscheinungsformen, Funktionen, Konsequenzen. Göttingen 1998.

Staadt, Jochen: Das Beste von Freunden. Denunziation als Rezension. H-Soz-u-Kult setzt Cyber-Mobbing fort. In: Zeitschrift des Forschungsverbundes SED-Staat 31 (2012), S. 188–197.

Stieglitz, Olaf: Sprachen der Wachsamkeit. Loyalitätskontrolle und Denunziation in der DDR und in den USA bis Mitte der 1950er Jahre. In: Historische Sozialforschung 26 (2001) 2/3, S. 119–135.

Stieglitz, Olaf: Undercover. Die Kultur der Denunziation in den USA. Frankfurt/M. 2013.

Stieglitz, Olaf: Wort-Macht, Sichtbarkeit und Ordnung. Überlegungen zu einer Kulturgeschichte des Denunzierens während der McCarthy-Ära. In: Martschukat, Jürgen (Hg.): Geschichte schreiben mit Foucault. Frankfurt/M. 2002, S. 241–256.

Stolle, Uta: Traumhafte Quellen. Vom Nutzen der Stasi-Akten für die Geschichtsschreibung. In: Deutschland Archiv 30 (1997), S. 209–221.

Studer, Brigitte; Haumann, Heiko (Hg.): Stalinistische Subjekte. Individuum und System in der Sowjetunion und der Komintern 1929–1953. Zürich 2006.

Studer, Brigitte: Biografische Erfassungslogiken. Personenakten im Verwaltungsstaat und in der Geschichtsschreibung. In: Kaufmann, Claudia; Leimgruber, Walter (Hg.): Was Akten bewirken können. Integrations- und Ausschlussprozesse eines Verwaltungsvorgangs. Zürich 2008, S. 139–149.

Thomas, Gerhard: Zweieinhalb Jahre unschuldig in Bützow und Waldheim. Ein düsteres Kapitel der früheren DDR-Geschichte: Unmenschliche Urteile der SED-Klassenjustiz. In: Die Kirche. Evangelische Wochenzeitung v. 10.5.1990, S. 3.

Thonfeld, Christoph: Frauen und Denunziation. Anmerkungen aus geschlechterhistorischer Perspektive. In: Krauss, Marita (Hg.): Sie waren dabei. Mitläuferinnen, Nutznießerinnen, Täterinnen im Nationalsozialismus. Göttingen 2008, S. 127–147.

Thonfeld, Christoph: Sozialkontrolle und Eigensinn. Denunziation am Beispiel Thüringens 1933 bis 1949. Köln u. a. 2003.

Thürer, Andreas: Der Schweizerische Vaterländische Verband und die in ihm zusammengeschlossenen Bürgerwehren 1919–1923. Basel 1976 (unpubl. Lizentiatsarbeit).

Thürer, Andreas: Der Schweizerische Vaterländische Verband, 1919–1930/31. Diss. Basel 2010.

Uhlíř, Dušan: Kriminálník. Případ Johanna Georga Grasela. In: Fasora, Lukáš; Hanuš, Jiří; Malíř, Jiří (Hg.): Člověk na Moravě 19. Století. Brno 2008, S. 465–477.

Ulbricht, Walter: Die Aktivisierung und Überprüfung des Mitgliederbestandes unserer Parteien (Vorschläge zur Durchführung der Parteikontrolle). In: Kommunistische Internationale 10 (1929), S. 1780–1786.

Unfried, Berthold: »Ich bekenne«. Katholische Beichte und sowjetische Selbstkritik. Frankfurt/M. 2006.

Vatlin, Alexander: Der Einfluss des Grossen Terrors auf die Mentalität der Komintern-Kader. Erfahrungen und Verhaltensmuster. In: Studer, Brigitte; Haumann, Heiko (Hg.): Stalinistische Subjekte. Individuum und System in der Sowjetunion und der Komintern 1929–1953. Zürich 2006.

Virgili, Fabrice: La France »virile«. Des femmes tondues à la Libération. Paris 2000.

Vollnhals, Clemens: Denunziation und Strafverfolgung im Auftrag der »Partei«. Das Ministerium für Staatssicherheit in der DDR. In: Ross, Friso; Landwehr, Achim (Hg.): Denunziation und Justiz. Historische Dimensionen eines sozialen Problems. Tübingen 2000, S. 247–281.

Von »Peter« zu »Verräter«. In: Der Spiegel (Sonderheft zur Stasi-Akte von Wolfgang Templin) v. 1.1.1993, S. 16–31.

Voneau, Jean-Laurent: L'Épuration en Alsace. La face méconnue de la Libération 1944–1953. Strasbourg 2005.

Weber, Alexander: Soziale Merkmale der NSDAP-Wähler. Zürich 1969.

Weber, Hermann: Der deutsche Kommunismus. Dokumente. Köln u. a. 1963, S. 254–259.

Weber, Hermann; Staritz, Dieter u. a. (Hg.): Kommunisten verfolgen Kommunisten. Stalinistischer Terror und »Säuberungen« in den kommunistischen Parteien Europas seit den dreißiger Jahren. Berlin 1993.

Weil, Francesca: Zielgruppe Ärzteschaft. Ärzte als inoffizielle Mitarbeiter des Ministeriums für Staatssicherheit. Göttingen 2008.

Werner, Ruth: Sonjas Rapport. Berlin (Ost) 1977.

Wielgohs, Jan; Hoffmann, Dieter u. a. (Hg.): Wer war wer in der DDR? Bd. II, Berlin 2006.

Willi Bredel über Ernst Ottwalt. Bericht an die Kaderabteilung der Komintern, Nov. 1936 (Reg. in russ. Sprache). In: Europäische Ideen 79 (1992), S. 6–10.

Williams, Benn: Dénoncer les délateurs. L'Épuration dans le Rhône 1944–1953. In: Joly, Laurent (Hg.): La délation dans la France des années noires. Paris 2012, S. 307–319.

Wörterbuch der deutschen Gegenwartssprache. Bd. 1, Berlin 1980.

Zaunstöck, Holger: Das Milieu des Verdachts. Akademische Freiheit, Politikgestaltung und die Emergenz der Denunziation in Universitätsstädten des 18. Jahrhunderts. Berlin 2010.

Zaunstöck, Holger: Die arkane Kultur der Studenten und die Emergenz der Denunziation. Halle 1765–1768. In: Krug-Richter, Barbara; Mohrmann, Ruth-Elisabeth (Hg.): Frühneuzeitliche Universitätskulturen. Kulturhistorische Perspektiven auf die Hochschulen in Europa. Köln u. a. 2009, S. 133–155.

Zehl Romero, Christiane: Anna Seghers. Eine Biographie 1947–1983. Berlin 2003.

Zoozmann, Richard (Hg.): Zitaten- und Sentenzenschatz der Weltliteratur alter und neuer Zeit. Leipzig 1910.

Autorinnen und Autoren

Stephanie Abke, Dr., Jg. 1969, Historikerin und Politikwissenschaftlerin, seit 2006 Leitung der Geschäftsstelle der EWE-Stiftung in Oldenburg.

Michal Chvojka, Dr., Jg. 1979, Historiker, seit 2009 wissenschaftlicher Mitarbeiter (assistant professor) an der Universität Trnava, Slowakei.

Doris Danzer, Dr., Jg. 1979, Historikerin, seit 2012 freie Lektorin und Übersetzerin in München sowie Referentin an der KZ-Gedenkstätte in Dachau

Olga Galanova, Dr., Jg. 1981, Soziologin, seit 2010 Post-Doktorandin an der Universität Bielefeld.

Udo Grashoff, Dr., Jg. 1966, Historiker, seit 2008 wissenschaftlicher Mitarbeiter an der Universität Leipzig.

Christian Halbrock, Dr., Jg. 1963, Historiker, seit 2007 wissenschaftlicher Mitarbeiter in der Abteilung Bildung und Forschung des BStU in Berlin.

Christiane Kohser-Spohn, Dr., Jg. 1958, Historikerin, lebt als freie Historikerin in Berlin.

Anita Krätzner, Dr., Jg. 1984, Historikerin, seit 2012 wissenschaftliche Mitarbeiterin der Abteilung Bildung und Forschung des BStU in Berlin.

Hedwig Richter, Dr., Jg. 1973, Historikerin, seit 2011 wissenschaftliche Mitarbeiterin an der Universität Greifswald.

Dorothe Zimmermann, Jg. 1982, Historikerin, seit 2011 Doktorandin an der Universität Zürich.